MITTELALTER

W0180265

Florian Neumann, geboren 1963, studierte Geschichte, Italianistik und Philosophie. Nach langjähriger Lehrtätigkeit an der Universität München leitet er heute ein Unternehmen für historische Dienstleistungen, das u. a. Kurse und Ausstellungen organisiert. Er ist Autor zahlreicher Publikationen zur Geschichte und Literatur des Mittelalters und der Frühen Neuzeit.

MITTELALTER

Florian Neumann

Impressum

Umschlagvorderseite von links nach rechts und von oben nach unten:
Carcassonne (Manfred Görgens) / Karl der Große überwacht den Bau des Aachener Münsters, Buchmalerei (picture-alliance/akg-images) / Kreuzritter zu Pferd, Miniatur aus dem 15. Jahrhundert (picture-alliance/KPA/HIP/Ann Ronan Picture Library) / Silbernes Büstenreliquiar Karls des Großen, nach 1349 (picture-alliance/akg-images/Erich Lessing) / Kreuzgang im Kloster von Moissac (picture-alliance/Godong)

Umschlagrückseite von links nach rechts:
Spinnende Frau und ein Mann, der sich am Kaminfeuer die Füße wärmt, Buchmalerei aus dem 15. Jahrhundert (akg-images) / Avignon mit dem Papstpalast, Buchmalerei, 1409 (akg-images)

Frontispiz:
Gott als Schöpfer in einer Bible moralisée, um 1220–1230 (Wien, Österreichische Nationalbibliothek)

Bibliographische Information der Deutschen Bibliothek:
Die Deutsche Bibliothek verzeichnet diese Publikation in der Deutschen Nationalbibliographie; detaillierte bibliographische Angaben sind im Internet über http://dnb.ddb.de abrufbar.

Originalausgabe
© 2006 DuMont Literatur und Kunst Verlag, Köln
Alle Rechte vorbehalten
Druck: Rasch, Bramsche
Buchbinderische Verarbeitung: Bramscher Buchbinder Betriebe
Printed in Germany
ISBN 10: 3-8321-7619-5
ISBN 13: 978-3-8321-7619-8

Inhalt

Inhalt

Vorwort

Mehr als tausend Jahre Geschichte in einem schmalen Taschenbuch – ist das zu schaffen? Die Frage habe ich oft gehört. Die Antwort folgt auf den nächsten 180 Seiten. Zugegeben: Das Buch ist ein »Schnellkurs«, in dem ich die Geschichte des Mittelalters nicht Jahr für Jahr wiedergebe. Es ist ein Buch, in dem es – im Sinne der Reihe – vielmehr darum geht, Akzente zu setzen, Wichtiges von Unwichtigem zu scheiden, Nebensächliches wegzulassen und größere Kontexte anschaulich darzustellen.

Es ist ein Werk für all diejenigen, die sich rasch über die wesentlichen Zusammenhänge in der Geschichte des Mittelalters informieren möchten: für Schüler und Studenten vor Prüfungen; für Museums- und Ausstellungsbesucher, die sich größere historische Entwicklungslinien vergegenwärtigen wollen; für alle, die beabsichtigen, ihre Geschichtskenntnisse aufzufrischen; und für Leser, die sich erst einmal ein Grundgerüst von historischen Zahlen und Fakten aneignen möchten, bevor sie die Lektüre von umfangreicheren und spezielleren Geschichtsbüchern aufnehmen.

Viele Menschen haben zur inhaltlichen Gestaltung dieses Buchs beigetragen: zunächst die Studenten und Teilnehmer meiner Geschichtskurse – mit ihren beharrlichen Fragen, mit ihrer Neugierde für historische Zusammenhänge und mit ihrem Staunen über den Facettenreichtum des gar nicht so dunklen Mittelalters. Dann die Mitarbeiter von Neumann & Kamp Historische Projekte, die mich in vielfacher Weise bei der Arbeit unterstützt haben. Und nicht zuletzt Sandra Butscher, eine begeisterte Schnellkurs-Leserin, der ich vor Jahren einmal die schnellste Schnellkurs-Version zum Mittelalter vorgelesen habe, woraus dann dieses Buch entstand.

Florian Neumann

Das Mittelalter als Epoche

Kaum eine Epoche der europäischen Geschichte weckt so vielfältige Assoziationen wie die Zeit zwischen 500 und 1500 n. Chr., für die sich die Bezeichnung »Mittelalter« eingebürgert hat. Sie gilt als dunkel und mysteriös, als eine Periode des Aberglaubens und der rohen Gewalt. Entsprechend wird sie auch immer wieder dargestellt: In historischen Bestseller-Romanen oder Filmen wird das Mittelalter in drastischen Bildern vorgeführt, es dient als Quelle der Inspiration für dramatische Fantasy-Epen wie »Der Herr der Ringe« oder »Die Nebel von Avalon«. Das Mittelalter, so scheint es, war von Verhaltensweisen und Denkmustern bestimmt, die heute ungehobelt und fremd anmuten und sich dem modernen, aufgeklärten Denken nicht vollständig erschließen. Schnell ist daher auch für kulturelle Entwicklungen, die rückständig oder irrational erscheinen, das Etikett »mittelalterlich« bei der Hand.

Diese Sichtweise hat, wie alles, ihre Geschichte. Im 14. Jahrhundert begannen sich Gelehrte für die kulturellen Leistungen der Antike zu begeistern. Dabei stellten sie fest, daß sich zwischen ihnen und dem Altertum eine Zeit erstreckte, in der die antike Literatur, Kunst und Gelehrsamkeit nicht die Beachtung fand, die sie ihrer Meinung nach verdiente. Diese Periode »in der Mitte« zwischen der antiken Hochkultur und ihrer eigenen Gegenwart sahen sie in geistiger Umnachtung gefangen und erklärten sie, wie erstmals der italienische Dichter Francesco Petrarca (1304–1374), zum dunklen Zeitalter. Spätere Gelehrtengenerationen, vor allem die der Aufklärung, die mit dem Licht der Vernunft die Dunkelheit des Unverstands vertreiben wollten, zementierten das Bild von der

Der SPIEGEL-Titel 41/2001 bedient das Klischee des irrationalen und von religiösen Fanatismen beherrschten Mittelalters.

verstandesmäßig schwer durchschaubaren und somit finsteren Zeit.

Nicht nur das düstere Bild der Epoche, auch die darauf aufbauende Einteilung der Geschichte in drei Zeitalter (Altertum, Mittelalter, Neuzeit) geht auf Gelehrte des 14. bis 18. Jahrhunderts zurück. In der heute allgemein verbreiteten Form, die das Mittelalter etwa auf die Zeit von 500 bis 1500 n. Chr. festschreibt, ist die Periodisierung das Ergebnis schulischer und universitärer Organisation des Geschichtslehrstoffs. Sie ist eine Hilfskonstruktion, durch die im kontinuierlichen Ablauf der Dinge Zäsuren gesetzt werden, für und gegen die gleichermaßen Argumente vorgebracht werden können.

Für eine Epochenschwelle um 500 stehen etwa folgende Ereignisse: Die Absetzung des letzten (West-) Römischen Kaisers Romulus Augustulus (476), die den Zusammenbruch römischer Herrschaft (und Herrschaftsansprüche) in Westeuropa besiegelte; der Regierungsbeginn König Chlodwigs (um 481), weil Chlodwig die Grundlagen für die beherrschende Stellung legte, die das Frankenreich in den folgenden Jahrhunderten in Mittel- und Westeuropa einnehmen sollte; das Verbot der um 361 v. Chr. von Platon begründeten Akademie in Athen (529) – ein Ereignis, das symbolhaft für den Beginn jener geistigen Beschränkung aufgefaßt wird, die in den Augen vieler neuzeitlicher Gelehrter langfristig das intellektuelle Klima in Europa bestimmte; und die Gründung des Klosters Monte Cassino zwischen Rom und Neapel durch Benedikt von Nursia (529), dessen christliche Ordensgemeinschaft, die Benediktiner, sich von dort aus rasch über ganz Europa ausbreitete und das abendländische Mönchtum nachhaltig beeinflußte.

Für einen historischen Einschnitt um 1500 werden vor allem die Landung von Christoph Kolumbus in Amerika (1492) und der Beginn der Reformation mit Martin Luthers Anschlag der 95 Thesen in Wittenberg (1517) angeführt. Aber auch zahlreiche andere Daten werden gehandelt. So benannte etwa der Schulmeister

Francesco Petrarca. Porträt aus einer Handschrift mit italienischen Werken des Gelehrten und Dichters, 15. Jahrhundert (Florenz, Biblioteca Medicea Laurenziana).
Petrarca begeisterte sich für die lateinische Literatur des Altertums und konnte immer mehr seiner Zeitgenossen von ihrem sprachlichen und inhaltlichen Reichtum überzeugen. Er gilt daher als Wegbereiter der Renaissance.

Christoph Cellarius (1638–1707) aus Zeitz, einer der maßgeblichen Anwälte einer Dreiteilung der Geschichte, die Jahre 312 und 1453 als Eckdaten des *medium aevum*. 312, weil sich in diesem Jahr Konstantin der Große im Westen des Römischen Reichs als Kaiser durchsetzen konnte und daraufhin das Christentum förderte, das für die Entwicklung Europas von grundlegender Bedeutung sein sollte. Und 1453, weil damals mit der Eroberung von Konstantinopel durch die Türken das mächtige Byzantinische Reich im Osten Europas zusammenbrach und Kunst und Kultur des Westens durch griechisch-byzantinische Flüchtlinge nachhaltig beeinflußt wurden.

All diese Ereignisse betreffen nur einzelne Aspekte historischen Geschehens und entfalteten, wenn überhaupt, nur langsam in der Bevölkerung Europas Breitenwirkung. Dennoch hat sich die Periodisierung »um 500« und »um 1500« durchgesetzt, wobei die Rahmendaten weniger als Zäsuren, denn als Orientierungsmarken in längeren Phasen historischer Veränderungen aufgefaßt werden. Gleiches gilt für die gängige Binnengliederung der »mittleren Zeit«. Dabei markiert das Auseinanderfallen des Karolingerreichs Anfang des 10. Jahrhunderts den Übergang vom Früh- zum Hochmittelalter und das Ende der staufischen Dynastie um die Mitte des 13. Jahrhunderts jenen vom Hoch- zum Spätmittelalter.

Der Philologe, Historiker und Geograph Christoph Cellarius war einer der berühmtesten Gelehrten des 17. Jahrhunderts. Seine Zeitgenossen schätzten ihn vor allem als lateinischen Philologen. In der Kulturgeschichte hat er bleibende Bedeutung erlangt, weil er die Dreiteilung der Geschichte in Altertum, Mittelalter und Neuzeit durchsetzte.

Zeitvorstellungen und Weltbild im Mittelalter

Bereits Gelehrte des Mittelalters unterteilten die Geschichte in Abschnitte, wenn auch aus einem anderen Verständnis heraus. Als Christen lebten sie in der Erwartung des Tages, an dem Christus, wie er versprochen hatte, zurückkehren und die Welt erlösen würde (Matthäus-Evangelium, 24,29ff.). Um diesen Zeitpunkt näher bestimmen zu können, orientierten sich die Ge-

»Deutschland« im Mittelalter

Die Benennung des Reichs, aus dem sich über die Jahrhunderte das Deutsche Reich entwickeln sollte, ist nicht einfach. Das Fränkische Reich war seit dem Engagement der Karolinger als Schutzherren der Römer eng mit Rom verbunden. Diese Verbindung wurde durch die Erneuerung des Kaisertums durch Otto den Großen 962 noch einmal verstärkt. Im 10. Jahrhundert kam für den Verband der Franken, Sachsen, Thüringer, Bayern, Schwaben und Lothringer zudem die Bezeichnung *regnum Teutonicorum* (Reich der Deutschen) auf. Man kann zu dieser Zeit in Anbetracht der römischen Tradition von einem »Römisch-Deutschen Reich« sprechen. Die Bezeichnung »Heilig« wurde im 12. Jahrhundert gebäuchlich. Sie sollte im Konflikt mit den weltlichen Machtansprüchen der Päpste diesen gegenüber die Gleichrangigkeit, Gottunmittelbarkeit und Erhabenheit des Reiches ausdrücken. Der umfassende Titel »Heiliges Römisches Reich deutscher Nation« oder auch »deutscher Lande« wurde erst im späten Mittelalter (zuerst 1409) ausgebildet. Damit wurde im Zuge eines in Europa erstarkenden Nationalbewußtseins eigens auf die deutschen Reichsgebiete hingewiesen, zugleich aber weiterhin der Anspruch der »deutschen« Herrscher auf das römische Imperium zum Ausdruck gebracht.

lehrten an den Kirchenvätern Augustinus (354–430) und Hieronymus (ca. 347–420). Beide hatten Deutungen der Weltgeschichte vorgenommen, die ihnen zu diesem Zweck nützlich waren. Augustinus hatte den Geschichtsverlauf in sechs Zeitalter unterteilt, weil seiner Meinung nach Gott mit den sechs Schöpfungstagen auch den Ablauf der Geschichte vorgeprägt hatte. Das letzte Zeitalter hatte mit der Geburt Christi begonnen und sollte mit seiner zu erwartenden Wiederkehr enden.

Im Gegensatz zur Lehre von den sechs Weltaltern vertrat Hieronymus die sogenannte Vier-Reiche-Lehre. Er bezog sich dabei auf die im Alten Testament geschilderte Deutung eines Traums von König Nebukadnezar durch Daniel (Buch Daniel, 2). Dem König war eine Statue erschienen – das Haupt aus Gold, der Rumpf aus Silber, die Hüften aus Bronze, die Beine aus Eisen und die Füße aus Eisen und Ton – die von

Der Kirchenvater Aurelius Augustinus war einer der einflußreichsten christlichen Gelehrten der Spätantike. Seine zahlreichen philosophischen und theologischen Werke wurden im Mittelalter viel gelesen.

einem Stein zermalmt wurde. Die Teile der Statue wurden von oben nach unten in Anlehnung an die Deutung Daniels auf die Reiche der Assyrer-Babylonier, Meder-Perser, Makedonier und Römer bezogen, und man befürchtete, daß nach der Teilung des Römischen Reichs in zwei unterschiedliche Teile (wie die Füße der Statue) die Welt vor dem Untergang stand. Um zu erklären, warum das Weltende nach dem Niedergang des Römischen Reichs (476) noch nicht eingetreten war, griff man gerne auf die Lehre von der *Translatio Imperii* (Übertragung des Kaisertums) zurück, nach der das römische Imperium mit der Kaiserkrönung Karls des Großen (800 in Rom) auf die Franken (und später die Deutschen) übergegangen war. (Dabei wurde vernachlässigt, daß es in Konstantinopel noch einen Kaiser gab, der sich als Nachfolger der römischen Kaiser verstand.)

Eine genauere terminliche Bestimmung der Erlösung der Welt verbot sich nach den Worten Christi im Matthäus-Evangelium (24,36): »Jenen Tag aber und jene Stunde [der Wiederkehr] kennt niemand, auch nicht die Engel im Himmel.« Dennoch wurden immer wieder Berechnungsversuche unternommen.

Der christliche Glaube bestimmte das Leben der Menschen. Der Jahreslauf war von zahlreichen Feiertagen durchsetzt, an denen sie dem Leben Jesu und der Heiligen gedachten. Häufig wurden bedeutende Ereignisse wie Krönungen oder Vertragsabschlüsse auf Kirchenfeste gelegt. Auch wichtige Termine (zum Beispiel für bestimmte Abgaben) verband man mit kirchlichen Gedächtnistagen. Nicht zuletzt wurde der Jahreswechsel am höchsten Festtag des Kirchenjahres, am 25. Dezember als dem Tag der Geburt Christi, begangen. Ab dem 9. Jahrhundert be-

Der Kirchenvater Sophronius Eusebius Hieronymus hat ein umfangreiches Werk hinterlassen. Er übersetzte die Bibel neu ins Lateinische und schuf zahlreiche Hilfsmittel zu ihrer Auslegung. In diesem Rahmen befaßte er sich auch mit der Ausdeutung der Daniels-Prophetie, auf der die Vier-Reiche-Lehre aufbaut.

gann sich zudem die Datierung »nach Christi Geburt« durchzusetzen, die auf Berechnungen des römischen Mönchs Dionysius Exiguus (gest. vor 556) aufbaut.

Deutlichen Ausdruck fand das christliche, von der Auslegung der Bibel beeinflußte Denken der mittelalterlichen Gelehrten auch in der Vorstellung, die sie sich von der Welt machten. Bis ins 13. Jahrhundert zeigten Weltkarten wie die berühmte des Klosters Ebstorf kein reales Bild der Erde, sondern eine Idealdarstellung des vom Heilsgeschehen bestimmten christlichen Kosmos. Auf der runden Ebstorf-Karte, einer sogenannten Radkarte, schwimmen die seinerzeit bekannten Erdteile auf dem Weltozean. Die ganze obere Hälfte der geosteten Karte nimmt Asien ein, die untere Hälfte besteht zu je etwa gleichen Teilen aus Europa und Afrika. Die Kontinente sind durch ein T-förmiges Meer voneinander getrennt. Im Zentrum der Karte befindet sich Jerusalem, also der Ort, an dem Christus den Tod am Kreuz erlitt. Die Welt, die nach christlichem Verständnis nur durch und in Christus als Gottes Sohn bestand hat, erscheint als der Leib des Gekreuzigten selbst.

Die Weltkarte aus dem Kloster Ebstorf im östlichen Niedersachsen wurde vermutlich in der ersten Hälfte des 13. Jahrhunderts hergestellt. Sie ist mit über 12 Quadratmetern die größte Weltkarte, die aus dem Mittelalter überliefert ist.

Lebensbedingungen im Mittelalter

Die Werke, die von der Zeitkonzeption und dem Weltverständnis des Mittelalters Zeugnis geben, stammen allesamt von Klerikern oder Mönchen. Das ist kein Zufall. Mit dem Untergang des Römischen Reichs im späten fünften Jahrhundert ging die Zahl der Schulen stark zurück und immer weniger Menschen konnten folglich lesen und schreiben. Der Analphabetismus war daher im achten Jahrhundert in allen sozialen Schichten fast die Regel. Häufig wurde nur noch in Klöstern und an größeren Kirchen Unterricht im Lesen und Schreiben erteilt – und auch hier nur für Personen, die mit der jeweiligen Institution verbunden waren: für Mönche und Priester, die für Gottesdienst und Seelsorge mit der Bibel und den Schriften der christlichen Autoritäten vertraut sein

Monatsarbeiten aus einer astronomischen Sammelhandschrift, Anfang des 9. Jahrhunderts (Wien, Österreichisches Nationalmuseum). Die Darstellung zeigt die typische Kleidung der Landbevölkerung im frühen Mittelalter.

sollten. Erst seit dem 12. Jahrhundert und vor allem im Spätmittelalter nahm mit der Ausweitung der Handelsbeziehungen und der dafür notwendigen Schriftlichkeit die Alphabetisierung allgemein wieder zu.

Die schriftlichen Zeugnisse aus dem Früh- und Hochmittelalter sind vor allem von den kirchlichen Lebens- und Gedankenkreisen ihrer Verfasser geprägt. Dinge des Alltags und die Lebensumstände ihrer Mitmenschen erschienen den Priestern und Mönchen nicht berichtenswert. Über diese Angelegenheiten geben heute vor allem archäologische Funde Auskunft. Durch sie und durch Erkenntnisse aus Wissenschaften wie der historischen Klimaforschung oder Medizingeschichte können die Lebensverhältnisse der Menschen im Mittelalter rekonstruiert werden.

In einer Zeit, in der über 90 Prozent der Menschen auf dem Land von Ackerbau und Viehzucht lebten, waren klimatische Bedingungen und Wetterverhältnisse von existentieller Bedeutung. Aus vereinzelten Angaben in Geschichtswerken und vergleichenden Untersuchungen von Klima- und Gletscherforschern konnte ermittelt werden, daß das Klima zwischen dem 8. und 13. Jahrhundert wärmer und trockener war als in den übrigen Perioden des Mittelalters. Verschiedentlich auftretende Wetterauffälligkeiten wie längere Zeiten extremer Trockenheit oder Regenphasen hatten stets starke Ernteeinbußen oder Mißernten zur Folge. Da weder Vorratshaltung noch Konservierung von Lebensmitteln über längere Zeit bekannt oder überhaupt möglich war, kam es in solchen Fällen unausweichlich zu Hungersnöten.

Chemische Bodenanalysen von ausgegrabenen mittelalterlichen Siedlungen haben ergeben, daß im Mittelalter vor allem Kohl und Hülsenfrüchte angebaut wurden. Als Grundnahrungsmittel diente allgemein Getreide, das zu Brot verarbeitet oder zu Getreidebrei verkocht wurde. Als Gewürze verwendete man Bohnenkraut, Petersilie, Koriander und Dill. Daneben fand, wenn überhaupt, Salz Verwendung, das in Salzbergwerken abgebaut wurde. Besonders wertvolle Aromastoffe waren Pfeffer, Gewürznelken und Safran. Da sie aus dem Mittelmeerraum eingeführt werden mußten, waren sie teuer und daher nur in den Küchen der Reichen vorhanden. Auch Honig, den einzigen im Mittelalter bekannten Süßstoff, konnten sich nur Wohlhabende leisten. Dasselbe galt für Fleisch, denn Hühner, Kühe, Ziegen, Schafe waren für die einfache Bevölkerung zu wertvoll, um sie zu schlachten. Sie lieferten mit Eiern und Milch wichtige Nahrungsmittel, die zudem weiterverarbeitet werden konnten.

Da Nahrungsmittel nicht immer in ausreichender Menge zur Verfügung standen und man noch keine Kenntnis von den lebenswichtigen Inhaltsstoffen hatte, litten die Menschen häufig an Mangelerscheinungen und waren anfällig für Krankheiten aller Art. Beengte Lebensverhältnisse und aus heutiger Sicht miserable hygienische Verhältnisse taten ein Übriges. Die Menschen wohnten in der Regel in Holzhütten oder -häusern, die meist nur aus einem Raum bestanden und in der Mitte eine Feuerstelle zum Kochen hatten. Krankheiten konnten sich hier leicht ausbreiten. Es sind Berichte erhalten über Cholera, Typhus, Lepra und über die besonders in italienischen Sumpfgebieten häufig auftretende Malaria. Auch Erkältungen und rheumatische Erkrankungen waren verbreitet, denn generell waren die Menschen in ihren Hütten genauso wie auf den schwer beheizbaren Burgen den Witterungsverhältnissen stark ausgesetzt. Die gewöhnlich aus Leinen gefertigte Kleidung bot nur notdürftigen Schutz vor Kälte und Feuchtigkeit. Pelzmäntel waren eine Kostbarkeit und wiederum nur in höheren sozialen Schichten verbreitet.

Krankheiten und schwere körperliche Arbeit hatten Einfluß auf die durchschnittliche Lebenserwartung der Menschen. Anthropologische Untersuchungen von Skeletten mittelalterlicher Friedhöfe haben ein Durchschnittsalter von etwa 30 Jahren ergeben, das jedoch differenziert werden muß: Zum einen sind schichtenspezifische Unterschiede im Hinblick auf Ernährung und Arbeitsweise zu berücksichtigen. Die niederen Schichten mußten gewöhnlich harte körperliche Arbeit verrichten und ernährten sich einfacher und einseitiger. Zudem barg die Geburt für jede Frau das hohe Risiko, an Kindbettfieber zu erkranken, weshalb es eine hohe Frauensterblichkeit gab. Auch die Kindersterblichkeit war groß. Wer Kindheit und Jugend überstand, hatte als Mann eine durchschnittliche Lebenserwartung von 47, als Frau von 44 Jahren.

Die qualitativ unterschiedliche Ernährung beeinflußte auch die Körpergröße der Menschen. Im Hochadel waren 1,75 bis 1,80 m Größe keine Seltenheit, die Angehörigen der unteren sozialen Schichten waren in der Regel kleiner.

Die Illumination aus der Manessischen Liederhandschrift zeigt die typische Kleidung von Frau und Mann der Oberschicht: lange Kleider und Gewänder, die über andersfarbigen Unterkleidern getragen wurden.

In Europa sollen um 1000 insgesamt rund 42 Millionen Menschen gelebt haben, wobei rund 5 Millionen auf die 700.000 Quadratkilometer des damaligen Römisch-Deutschen Reichs entfielen. Um 1200 waren es auf dem gleichen Territorium etwa 8 Millionen. Das stetige Bevölkerungswachstum erfuhr erst im 14. Jahrhundert durch die Verbreitung der Pest einen erheblichen Einbruch, nahm aber bereits im 15. Jahrhundert wieder zu.

Die meisten Menschen lebten auf dem Land, aber auch die Städte waren agrarisch geprägt. Anfang des 11. Jahrhunderts gab es auf dem Gebiet des Römisch-Deutschen Reichs schätzungsweise 30 Markt- und Handelsstädte, die etwa 1000 bis 5000 Einwohner hatten. Dazu kamen mehrere Hundert kleine Städte, die zwischen 200 und 1000 Bewohner zählten. Der Rest der Bevölkerung verteilte sich auf Dörfer und kleine Siedlungen, die wie die Städte inselgleich in den großen, oft unerschlossenen Wald- und Heidegebieten lagen. Im 12. Jahrhundert nahm die Zahl der Städte, aber auch ihre Größe deutlich zu. Im Römisch-Deutschen Reich zählten im 15. Jahrhundert schließlich

**Annalen
und Chroniken**
Die einfachste Form
der mittelalterlichen
Geschichtsschreibung
bildeten die Annalen.
In ihnen berichteten
die Verfasser chrono-
logisch nach Jahren
geordnet in aller Kür-
ze über das, was ih-
nen wichtig erschien.
Ausführlicher und
sprachlich weiter
ausgestaltet sind die
sogenannten Chroni-
ken. Man unterschei-
det sie nach ihrem
Gegenstand (z. B.
Reichsgeschichte
oder Kirchenge-
schichte), der Institu-
tion, über die sie be-
richten (z. B. Hof-,
Bistums-, Kloster-
oder Stadtchroniken)
oder nach ihrem
Berichtshorizont
(Welt-, Reichs-, Re-
gionalchronik).

Köln mit 40.000, Lübeck mit 25.000 und Augsburg mit 18.000 Einwohnern zu den größten Städten, reichten damit aber bei weitem nicht an die einwohnerstärksten europäischen Städte heran, an deren Spitze Paris (300.000 Einwohner), Venedig (200.000) und Genua (85.000) standen.

Quellen zur Geschichte des Mittelalters

Die Kenntnisse über die alltäglichen Lebensverhältnisse der Menschen im Mittelalter können größtenteils aus sogenannten Sachquellen oder »Realien« bezogen werden: aus Gegenständen des täglichen Bedarfs, handwerklichen Erzeugnissen, Kunstgegenständen, Bauten, Münzen, Siegeln und ähnlichem. Für Informationen über die politischen Verhältnisse ist man vor allem auf erzählende Quellen wie Geschichtswerke, Lebensbeschreibungen berühmter Persönlichkeiten oder Heiligenviten angewiesen. Daneben bieten zahlreiche dokumentarische Quellen wie Gesetzestexte, Verträge und Urkunden Einblick in das Rechtsverständnis der Menschen im Mittelalter – im geistlichen wie im weltlichen Bereich.

Das Fränkische und später Römisch-Deutsche Reich findet in all diesen Bereichen seit der Ausbildung der kritischen Geschichtsforschung im 19. Jahrhundert bei den Historikern besonderes Interesse, denn das später so genannte »Heilige Römische Reich Deutscher Nation« war im Mittelalter über lange Zeiträume hinweg die beherrschende Macht in Europa. Aufgrund seiner Ausdehung von der Nordsee bis nach Italien lebten im Römisch-Deutschen Reich wie in keinem anderen sowohl römische als auch christliche und germanische Traditionen fort. Aus diesem Grund war das Reich verfassungs-, sozial-, kunst- und kulturgeschichtlich eine vielgestaltige Mittlerinstanz zwischen Altertum und Neuzeit und bildete zugleich in vielerlei Hinsicht einen Ausgangspunkt für neue Entwicklungen, die das Leben der Menschen in Europa bis heute prägen. Die Grundlagen dafür entstanden in der Spätantike und der Zeit der Völkerwanderung.

Aufbau und Gestalt einer mittelalterlichen Urkunde

Die wichtigsten Quellen für die Regierungstätigkeit mittelalterlicher Herrscher sind Urkunden. Ein Blick auf eines dieser Dokumente läßt viel von dem typischen Selbstverständnis mittelalterlicher Herrscher (hier Otto III.) erkennen: Sie verstanden sich als von Gott unmittelbar eingesetzt und handelten in seinem Namen.

Urkunden aus dem Früh- und Hochmittelalter weisen ein bestimmtes Schema auf. Man kann drei Teile unterscheiden:

Das »Protokoll« enthält vor allem Angaben zum Aussteller und zum Empfänger. Es beginnt häufig mit dem »Chrismon«, einer Anrufung Christi mit dem Buchstabenkürzel »C«. Darauf folgt noch einmal ein Appell an Gott, in dessen Namen die Beurkundung erfolgt (etwa: »Im Namen der Heiligen Dreifaltigkeit ...«). Daran schließen sich Name und Titel des Ausstellers an (z.B. »Otto von Gottes Gnaden König ...«). Dann werden Name und gegebenenfalls Titel des Empfängers genannt.

Der »Kontext« besteht aus allen Angaben zum Akt der Beurkundung, etwa (wie hier) einer Schenkung. Diesen Urkundenteil eröffnet eine Formel wie »Es mögen alle, die an Christus glauben, wissen ...«. Dann werden die Umstände erzählt, die zur Schenkung geführt haben. Es folgt eine genaue Beschreibung, was geschenkt wird und eine Androhung von Strafen für den Fall, daß sich jemand nicht an die rechtsverbindlichen Verfügungen hält. Schließlich werden Zeugen genannt, die bei dem Rechtsakt anwesend waren, und es wird eigens auf die Mittel hingewiesen, mit denen der Rechtsakt offiziell beglaubigt wird, hier: das Siegel.

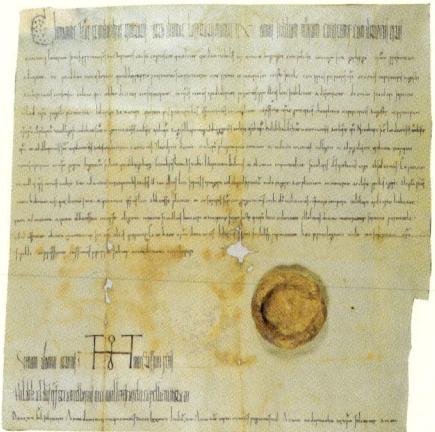

Eine Urkunde Ottos III. vom 18. Januar 987.

Das sogenannte »Eschatokoll« oder Schluß-Protokoll enthält alle Angaben zur Beglaubigung: zunächst eine Signumszeile mit einem Monogramm des Königs. Im Monogramm ist der Name des Herrschers zu einem Zeichen zusammengezogen. Die Urkunden wurden von den Mitarbeitern der Könige geschrieben, die auch das Monogramm fast fertig zeichneten. Die Könige vervollständigten es dann nur noch mit einem Strich, dem sogenannten »Vollziehungsstrich«, und »unterschrieben« auf diese Weise die Urkunde. Danach weist das Dokument noch die Bestätigung des Rechtsakts durch den Kanzler (als Verwaltungsvorsteher des Königs) und die Datierung auf. Häufig enden Urkunden mit einem Segenswunsch, zusammengefaßt in dem Wort »Amen«.

Im Mittelalter wurden Urkunden häufig gefälscht. Da viele Menschen nicht genau wußten, wie eine Urkunde des Königs aussah, konnte man versuchen, mit falschen Dokumenten Rechtsansprüche durchzusetzen. Dazu fertigten Fälscher Urkunden an, die sich an den Originalen orientierten und auf den ersten Blick als echt erscheinen konnten. Eine wichtige Aufgabe von Historikern ist es daher, Urkunden dahingehend zu analysieren, ob sie denen entsprechen, die die Kanzlei eines bestimmten Herrschers ausgestellt hat, also zum Beispiel ob die Formulierungen eines Dokuments mit denen in nachweislichen Original-Urkunden übereinstimmen und ob das verwendete Siegel echt ist.

Machtpolitische und verfassungsgeschichtliche Entwicklungen in der Spätantike

In der Spätantike vollzogen sich tiefgreifende Veränderungen in den gesamteuropäischen Machtverhältnissen, die für die nachfolgenden Jahrhunderte von größter Bedeutung waren: der Zusammenbruch des Römischen Reichs, der Aufstieg neuer Potentaten germanischer Herkunft, die Verbreitung des Christentums und damit ein beständiger Machtzuwachs der Bischöfe von Rom, der Päpste.

Das Römische Reich

Das Römische Reich hatte sich aufgrund seiner großen Ausdehnung als immer schwerer regierbar erwiesen. Probleme bereitete schon allein die Grenzverteidigung: gegen Schotten und Pikten an den Grenzen der Provinz Britannia, gegen die germanischen Stämme in Mittel- und Südosteuropa, gegen die Sassaniden in Kleinasien und gegen die Berber und Mauren in Nordafrika.

Da in diesem Zusammenhang militärische Macht von entscheidender Bedeutung war, wurden im dritten Jahrhundert bewährte Generäle zu Kaisern erhoben. Diese sogenannten Soldatenkaiser stammten aus verschiedenen Provinzen und konnten sich im Reich nicht allgemein durchsetzen. Die meisten von ihnen

Soldatenkaiser
235–238 Maximinus Thrax
238–244 Gordian III.
244–249 Philippus Arabs
249–251 Decius
251–253 Trebonianus Gallus
253–260 Valerian
260–268 Gallienus
268–270 Claudius II.
270–275 Aurelian
276–282 Probus
283–284 Carus

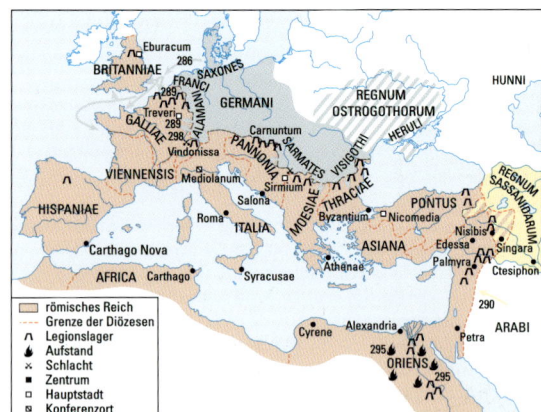

Das Römische Reich zur Zeit Diokletians

fielen nach kurzer Regierungszeit Mordanschlägen zum Opfer. Eine tiefgreifende Regierungs- und Verwaltungsreform gelang erst Kaiser Diokletian (284–305). Dabei kam es zu einer Verteilung der Macht auf verschiedene Regierungs- bzw. Verwaltungseinheiten. Das Reich wurde so von zwei Kaisern mit Residenzen in Mailand und dem vorderasiatischen Nikomedia (dem heutigen Izmit) regiert. Ihnen waren zwei Caesaren zugeordnet, die ihren Sitz zum einen in Trier und York und zum anderen in Sirmium auf dem Balkan hatten. Das System dieser »Tetrarchie« sah vor, daß die Kaiser nach 20 Jahren abdankten, die Caesaren an ihre Stelle traten und neue Caesaren benannten.

Für die Kaiser der Tetrarchie spielten vor allem die Tugenden der Einheit und Gleichheit eine große Rolle. Das kommt auch in der heute bekanntesten Darstellung der Tetrarchen zum Ausdruck, die in späterer Zeit in die marmorne Wandverkleidung der Kathedrale von San Marco in Venedig eingebaut wurde.

Schon nach dem Ende der ersten Tetrarchie im Jahre 305 wurde jedoch offensichtlich, daß das Regierungssystem aufgrund der dynastischen Interessen der Einzelherrscher zum Scheitern verurteilt war. So versuchte Diokletians Mitkaiser Maximian nach seiner Abdankung 305 in Rom seinen Sohn Maxentius als Kaiser durchzusetzen, obwohl bereits zwei neue Kaiser ernannt waren: Licinius und Constantius Chlorus, der zuvor Caesar in York gewesen war. Nach dem frühen Tod des Constantius Chlorus wurde sein Sohn Konstantin 306 in York vom Heer zum Kaiser ausgerufen.

Er baute seine Machtstellung zunächst in Britannien, Gallien und Spanien aus und wurde 312 durch seinen Sieg über Maxentius an der Milvischen Brücke vor Rom zum Herrscher des Westens. Nach seinem Sieg über Kaiser Licinius bei den thrakischen Städten Hadrianopolis und Chrysopolis stieg Konstantin

Konstantin der Große, Marmor, um 315 (Rom, Konservatorenpalast). Der Kopf einer heute nur noch in Fragmenten erhaltenen, ursprünglich 10 Meter hohen Sitzstatue des Kaisers stammt aus der Maxentiusbasilika in Rom.

Die Milvische Brücke im Norden von Rom. An ihr hat Konstantin 312 Maxentius besiegt. Der Legende nach soll Konstantin vor der Schlacht im Traum verkündet worden sein, daß er im Zeichen des christlichen Kreuzes siegen werde. Nach dem militärischen Erfolg habe er sich dann taufen lassen. In Wirklichkeit empfing Konstantin die Taufe aber erst kurz vor seinem Tod.

324 schließlich zum Alleinherrscher des Römischen Reichs auf. Er regierte von der neuen Reichshauptstadt am Bosporus aus, dem einstigen Byzanz, das nach ihm Konstantinopel benannt wurde.

Unter seinen Nachfolgern wurde schnell deutlich, daß das Reich von einem Kaiser allein nur schwer zu regieren war. So erhoben die Kaiser schon bald erneut Mitregenten. Nach dem Tod von Kaiser Theodosius, der im letzten Jahr seiner Regierung (395) noch einmal

Der Konstantinsbogen in Rom wurde 313–315 vom römischen Senat für Kaiser Konstantin errichtet. Anlaß war das 10-jährige Regierungsjubiläum des Herrschers.

Alleinherrscher des Römischen Reichs war, kam es schließlich zur Reichsteilung. Der Osten des Reichs mit der Hauptstadt Konstantinopel und der Westteil mit dem Regierungssitz zunächst in Mailand und ab 404 in Ravenna gingen von nun an getrennte Wege.

Neben diesen machtpolitischen Problemen war das Römische Reich zusätzlich wirtschaftlichen Schwierigkeiten ausgesetzt. Nicht nur die Ausgaben für die Streitkräfte und die Aufwendungen zur Sicherung der Grenzen stellten erhebliche Belastungen dar. Ein großes Problem tat sich zudem in der Landwirtschaft auf. Da die Aristokratie grundsätzlich von Handel und Handwerk ausgeschlossen war, investierte sie vor allem in Landbesitz. Auf diese Weise entstanden Latifundien, die sich oft mit Tausenden von Landarbeitern zu selbstversorgenden Großbetrieben entwickelten. Freier Handel und unabhängiges Gewerbe waren dadurch erheblich eingeschränkt. Die Versuche Diokletians, Gewerbe, Handel und Preise unter seine Kontrolle zu bringen, schlugen fehl, und das von ihm neu eingeführte Steuersystem belastete vor allem die großen städtischen Wirtschaftszentren. Zwar wurden viele Steuerprivilegien führender Bevölkerungsschichten beseitigt; da die Latifundien aber aus dem Steuerverband herausgelöst waren, kam es zu einer weiteren Verlagerung dieser Gesellschaftskreise aufs Land. Die Gutsbesitzer wurden immer mächtiger, denn viele Bauern übergaben ihnen ihr Land, um im Gegenzug von ihnen Schutz vor bewaffneten Banden und Steuereintreibern zu erhalten.

Um die gewaltigen Grundherrschaften zu verteidigen, bildeten die Gutsbesitzer private Truppenverbände aus. Diese Entwicklung war für das Römische Reich in zweifacher Hinsicht problematisch: Zum einen verkomplizierte sie die Machtverhältnisse innerhalb des Reichs, zum anderen kam sie in vielfacher Weise den auf ihre Eigenständigkeit bedachten germanischen Stammesverbänden entgegen, die ihrerseits mit Truppenverbänden auf römisches Gebiet vordrangen und dort eigene Reiche auszubilden begannen.

Die germanischen Stammesverbände

Der Name »Germanen« stammt von den Römern. Er bezeichnete ursprünglich einen niederrheinischen Volksstamm, wurde aber bald schon auf die gesamte Bevölkerung des europäischen Festlands übertragen, die jenseits der römischen Reichsgrenze siedelte. Im dritten Jahrhundert können hier erstmals größere Stammesverbände ausgemacht werden. In vorderster Linie waren dies die Franken, die östlich des Rheins und nördlich des Mains ansässig waren; die Alamannen, die sich über den Limes bis an den oberen Rhein und den Bodensee ausdehnten; die Markomannen, Quaden und Gepiden mit Siedlungsgebieten nördlich der Donau; und die Goten, die im zweiten Jahrhundert von Südskandinavien nach Südosten vorgedrungen waren und zum einen in der ehemaligen römischen Provinz Dacia (Westgoten) und zum andern nördlich des Schwarzen Meers und auf der Krim (Ostgoten) siedelten.

Viele dieser Volksstämme hatten mit dem Römischen Reich wechselseitige Verträge geschlossen. Sie

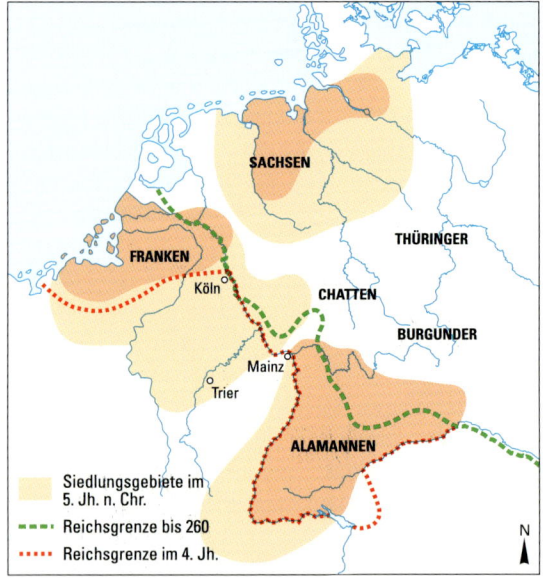

Die Karte zeigt die Verlagerung der Grenze des Römischen Reichs und der Siedlungsgebiete der germanischen Stämme von der Mitte des dritten Jahrhunderts bis zum fünften Jahrhundert.

wurden daher als »Föderaten« (von lat. *foedera*, Verträge) bezeichnet. Durch die Abkommen wurde den Stämmen in der Regel ihre Souveränität und ihr Siedlungsraum garantiert. Ferner wurde zwischen den Vertragspartnern ein gegenseitiger Verzicht auf feindliche Übergriffe festgeschrieben sowie eine Regelung getroffen, die die gegenseitige militärische Unterstützung im Falle eines Angriffs von dritter Seite vorsah. Damit fungierten die Siedlungsgebiete der Föderaten gewissermaßen als »Puffer«, die das römische Reichsgebiet vor Invasionen schützten.

Wie sich die germanischen Stämme im einzelnen ausgebildet haben, ist heute nur noch schwer nachzuvollziehen. Man kann jedoch davon ausgehen, daß sie zunächst als lockere Verbindungen von einzelnen Sippen, Häusern, Gefolgschaften und Siedlungsgemeinschaften hervortraten. Dabei gründete die Zusammengehörigkeit meist auf Verwandtschaft. Häufig galten aber auch die bei Eroberungszügen unterworfenen Personengruppen als stammeszugehörig, wenn sie sich nur den Sitten und Gebräuchen der Eroberer unterordneten. Zur Ausbildung von Machtstrukturen in diesen Gemeinschaften kam es häufig erst dann, wenn die Personenverbände auf ein gemeinsames Ziel hinarbeiteten: Wenn sie vereint Handel trieben, Raub- oder Eroberungszüge unternahmen. Diese Unternehmungen boten einzelnen Personen die Möglichkeit, eine Führungsstellung zu erlangen, so daß sich eine herrschaftliche Kerngruppe herausbildete, die man als Adel bezeichnen kann. Die Adeligen übernahmen in der Regel auch leitende Funktionen in der Rechtsprechung und in den damit gewöhnlich eng verbundenen kultischen Angelegenheiten. Aus dieser Oberschicht gingen in kriegerischen Auseinandersetzungen mit anderen Völkerschaften die sogenannten Heereskönige hervor. Sie konnten zu Stammeskönigen werden, wenn die Kriegszüge länger andauerten oder der Stamm zu dauerhafter Selbstbehauptung gezwungen war. Zur Ausbildung des germanischen Königtums kam es besonders in der Folge der sogenannten Völ-

Sippe, Haus und Gefolgschaft
Unter einer Sippe versteht man den Kreis der Blutsverwandten einer bestimmten Person. Im Mittelalter wird sie häufig als Kreis der männlichen Nachkommen eines gemeinsamen Stammvaters verstanden. Das Haus bildet neben der Sippe einen eigenen Rechtskreis und umfaßt nicht nur die im Haus lebenden Verwandten, sondern auch alle Personen, die zu ihm und dem Hausherrn in einem Abhängigkeitsverhältnis stehen.
Die Gefolgschaft stellt eine erweiterte Form der Hausgenossenschaft dar. Die Gefolgschaft ergab sich gewöhnlich aus einem Treueverhältnis, das durch einen Treueid des Gefolgsmanns gegenüber einem Herrn begründet wurde und Herrn und Mann aneinander band.

kerwanderung. Nach vereinzelten früheren Wanderbewegungen verschiedener Völkerschaften setzte sie im letzten Viertel des vierten Jahrhunderts ein.

Die Völkerwanderung

Auslöser der Völkerwanderung waren hunnische Reiterverbände, die 375 auf der Suche nach Siedlungsraum aus Mittelasien über die Krim nach Osteuropa einfielen. Dadurch kam es zu tiefgreifenden Veränderungen nicht nur in der Machtstruktur des Römischen Reichs, sondern im Spiel der Mächte in ganz Europa.

Völkerschaften und Stammesverbände waren durch die weit nach Mittel- und Westeuropa ausgreifenden Eroberungszüge der Hunnen gezwungen, sich mit den Eroberern zu arrangieren oder sich neue Siedlungsgebiete zu suchen. Dies zeigt sich bereits am Beispiel der Goten, die als erste von den Hunnen angegriffen wurden: Die Ostgoten unterwarfen sich den Eroberern weitgehend. Anders die Westgoten. Ihnen gelang es, über die schützende Donau auf römisches Reichsgebiet vorzudringen – mit weitreichenden Folgen. Die oströmische Regierung war nicht in der Lage, gegen den großen Stammesverband militärisch vorzugehen. Da sie auch keine Entscheidung darüber fällte, wo die Westgoten angesiedelt werden könnten, zogen diese raubend und plündernd durch Thrakien und die Peloponnes. Erst 380 entschied der damalige oströmische Kaiser Theodosius (379–395), den Westgoten ein Siedlungsgebiet in Illyrien zuzuweisen und ihren Anführer Alarich zum *magister militum per Illyricum* zu erheben.

Er hoffte dabei, Alarich und seine Truppen gegen den westlichen Reichsteil einsetzen zu können. Dies gelang ihm nur zum Teil, denn Alarich taktierte in der Folgezeit zwischen Ost- und Westrom. Erst nach dem Tod des mächtigen weströmischen Heerführers Stilicho (410) konnten die gotischen Verbände erfolgreich in den Westteil des Reichs vordringen. Nach ergebnislosen Verhandlungen über Siedlungsgebiete mit der weströmischen Regierung in Ravenna eroberten und

Magister militum, also »Heermeister«, war die offizielle Bezeichnung für den Oberbefehlshaber sowohl der Fußtruppen als auch der Reiterei.

plünderten die Westgoten Rom und drangen weiter in den Süden der Apenninhalbinsel vor, wo Alarich noch 410 verstarb.

Erst unter seinen Nachfolgern glückte eine Ansiedlung der Westgoten in Südfrankreich. Sie erhielten vom weströmischen Kaiser Honorius (395–423) in Aquitanien große Teile des Landes als Grundeigentum zugewiesen, das ihre Könige von der Hauptstadt Toulouse aus als kaiserliche Statthalter verwalteten (Tolosanisches Reich). Nach einer Niederlage gegen die Franken im Jahre 507 drangen die Westgoten nach Spanien vor. Dort gründeten sie ein neues Reich mit der Hauptstadt Toledo. Dieses Toledanische Reich bestand bis zum Einfall der Araber in Spanien (711).

Nach dem Zerfall des hunnischen Reichs um die Mitte des fünften Jahrhunderts gelang auch den Ostgoten eine Reichsgründung. Zuvor waren ostgotische Krieger im Gefolge der Hunnen bis in die römische Provinz Gallien vorgedrungen. Auch als sich dort 451 germanische und römische Verbände gemeinsam und erfolgreich auf den Katalaunischen Feldern (bei Troyes) den Eroberern entgegenstellten, kämpften Ostgoten auf hunnischer Seite. Nach einem weiteren erfolglosen Zug der Hunnen unter ihrem Anführer Attila nach Italien und dessen baldigem Tod (453) löste sich der ostgotische Stammesverband von den Hunnen und

Stilicho, rechter Flügel eines Dyptichons, Elfenbein, um 400 (Monza, Domschatz). Flavius Stilicho wurde unter Theodosius militärischer Oberbefehlshaber im Westen des Römischen Reichs. Er ist hier als Konsul und *magister militum* dargestellt.

Kuppelmosaik des Baptisteriums der Orthodoxen, Ravenna, um 458. Im Zentrum des Mosaiks ist die Taufe Christi im Jordan dargestellt. Die Szene umgibt ein Zug der Apostel mit Märtyrerkronen.

siedelte sich mit Erlaubnis des oströmischen Kaisers in Pannonien an. Teil des dafür ausgearbeiteten Bündnisvertrags war es, daß der ostgotische Königsohn Theoderich als Geisel an den Kaiserhof nach Konstantinopel kam. Er wurde dort nicht nur mit der römischen Kultur vertraut gemacht, sondern lernte auch die römische Verwaltung und das Heerwesen kennen. Als er mit 18 Jahren zu seinem Volk zurückkehrte und die Herrschaft (ca. 481–526) übernahm, nutzte er seine Kenntnisse für den Ausbau seiner Macht.

Da dem Kaiser die Ostgoten zu mächtig und gefährlich wurden, versuchte er ihre Energien zu kanalisieren, indem er Theoderich beauftragte, mit Truppen nach Italien zu ziehen. Dort hatte Odowakar, ein in Diensten des weströmischen Kaisers stehender germanischer Truppenführer, so an Macht gewonnen, daß er 476 den Kaiser Romulus Augustulus (475–476) absetzen konnte. Nach zwei Niederlagen gegen die Ostgoten zog sich Odowakar nach Ravenna zurück, wo er von Theoderich und seinen Truppen drei Jahre lang belagert wurde. Bald nach seiner Kapitulation wurde Odowakar von Theoderich bei einem Festmahl ermordet.

Mit zahlreichen Eroberungszügen gelang es Theoderich, die Herrschaft über die gesamte Apenninhalbinsel zu gewinnen. Er erkannte zwar die Oberhoheit des oströmischen Kaisers an, regierte aber in Wirklichkeit unabhängig von ihm. Theoderich setzte dabei auf Bündnisse mit anderen Germanenreichen unter seiner Leitung, was ihm zumindest vorübergehend auch gelang. Die Bündnisse wurden durch Eheverbindungen zwischen den germanischen Königshäusern bekräftigt.

Das Mausoleum Theoderichs ist die einzig erhaltene Grablege eines Königs aus der Völkerwanderungszeit.

Stilisierte Darstellung des Palasts von Theoderich dem Großen, um 500, Mosaik im Langhaus der ehemaligen Palastkirche Sant'Apollinare Nuovo, Ravenna. 493 eroberte Theoderich Ravenna, das er zur Hauptstadt seines Reichs machte. Da er nicht römisch-katholischen, sondern arianischen Glaubens war, ließ er in Ravenna mehrere Kirchen für die Arianer erbauen – darunter das heute noch existierende Baptisterium der Arianer und die Kirche von Sant' Apollinare Nuovo.

Die Herrschaft über die weströmischen Kernlande war somit an einen germanischen Stamm gefallen. Und auch in der Provinz Africa hatten Germanen die Macht übernommen: Während der hunnischen Eroberungszüge in Mittel- und Westeuropa waren die Vandalen auf der Suche nach Siedlungsgebieten über Gallien zunächst nach Spanien gezogen und im Jahre 429 nach dem fruchtbaren Nordafrika übergesetzt. Dort hatten sie die römische Provinz Africa erobert und schon bald den Schiffsverkehr im westlichen Mittelmeer unter ihre Kontrolle gebracht. 455 plünderten sie bei einem Vorstoß nach Italien sogar Rom.

Auch wenn die Macht im Westen an germanische Stämme übergegangen war, gaben die oströmischen Kaiser ihre Ansprüche auf den Westteil des Reichs nicht auf. Besonders Kaiser Justinian (527–565) bemühte sich darum, die Staatsverwaltung und Rechtssicherheit im gesamten Reich wieder herzustellen. Daher ging er auch bald gegen die Germanenreiche in Italien und Nordafrika vor. Justinians Feldherr Belisar konnte bei seinen Kriegszügen gegen Vandalen und Ostgoten große Erfolge verbuchen. Er profitierte von der Feindschaft der römischen Bevölkerung gegen die Germanen und von Streitigkeiten in den jeweiligen Herrscherfamilien.

533 besiegte Belisar die Vandalen und machte Nordafrika wieder zur oströmischen Provinz. Danach zog er

Kaiser Justinian ist vor allem für die Sammlung von Rechtstexten bekannt, die auf seine Veranlassung hin vorgenommen wurde. Sie ging in den sogenannten Corpus Iuris Civilis ein.

Kaiser Justinian mit Gefolge, vor 547 (Mosaik, San Vitale, Ravenna). Die Darstellung in der Apsis des Presbyteriums der Kirche San Vitale zeigt Justinian in vollem Ornat und mit Diadem in Begleitung von Patriziern und Leibwachen (links) und Erzbischof Maximin und zwei Diakonen mit liturgischen Geräten (rechts). Die Szene, in der der Kaiser Gott Gaben darbringt, macht Justinians Selbstverständnis als christlicher Kaiser deutlich.

mit seinen Truppen auch gegen die Ostgoten. Die Kämpfe in Italien zogen sich jedoch länger hin. Nach heftigem Widerstand der Gotenkönige Totila und Teja unterlag das ostgotische Heer dem Feldherrn Narses, dem Nachfolger Belisars, erst 553 in einer Entscheidungsschlacht am Vesuv.

Die danach wieder durchgesetzte oströmische Herrschaft konnte sich jedoch nur in Teilen der Apenninhalbinsel halten. 568 brachen die Langobarden, die ursprünglich an der unteren Elbe gesiedelt hatten, als letzter Germanenstamm der Völkerwanderung in Norditalien ein. Sie gründeten ein Reich mit der Hauptstadt Pavia, von wo aus sie in den folgenden zwei Jahrhunderten zahlreiche Eroberungszüge nach Mittelitalien unternahmen. Auf der Halbinsel verblieben nur Ravenna und Teile Unteritaliens unter der Kontrolle Ostroms. Sie waren wie auch Rom selbst ständigen Angriffen der Langobarden ausgesetzt, die vor allem im Süden der Halbinsel verschiedene, vom lombardischen Königreich räumlich getrennte Machtzentren auszubauen begannen.

Der Aufstieg der Franken
Während die Reiche der Ostgoten und Vandalen nur kurzen Bestand hatten, wuchs zur gleichen Zeit auf dem Gebiet der römischen Provinz Gallien ein weiterer germanischer Machtkomplex heran, der in der europä-

ischen Geschichte größte Bedeutung erlangen sollte: Das Reich der Franken.

Der fränkische König Chlodwig (ca. 481–511) spielte beim Aufbau dieses Reichs die zentrale Rolle. Er entstammte dem Adelsgeschlecht der Merowinger, das sich auf einen legendären Stammvater »Mero« zurückführte und unter den Franken zahlreiche Führungspersönlichkeiten stellte. Chlodwig verstand es, alle Rivalen rasch und skrupellos zu beseitigen und schreckte dabei weder vor List, Verrat noch Mord zurück. Schließlich übernahm er die alleinige Führung der Franken und dehnte seine Herrschaft in drei großen Kriegszügen vom Niederrhein nach Westen, Süden und Osten aus.

Zunächst zog er mit Kampfverbänden gegen den römischen Statthalter Syagrius, der sich in der ehemaligen Provinz Gallien zum eigenständigen Potentaten aufgeschwungen hatte. Durch den Sieg über Syagrius gewann Chlodwig 486 das Gebiet zwischen den Flüssen Somme und Loire. Zehn Jahre später ging er gegen die Alamannen vor, die wie die Franken nach Gallien vorgedrungen waren. Chlodwig unterwarf sie nach hartnäckigem Widerstand. Damit erlangte er die Oberhoheit über das alamannische Siedlungsgebiet westlich und östlich des Oberrheins, am Bodensee und in der heutigen Schweiz. In einem dritten Kriegszug eroberte er schließlich 507 einen großen Teil des westgotischen Herrschaftsgebiets nördlich der Pyrenäen.

Seinen Nachfolgern gelang eine noch weitere Ausdehnung des Fränkischen Reichs. So brachten es die Franken 531 zur Eroberung des Reichs der Thüringer, die zwischen dem Harz und der Donau siedelten. Schließlich konnten sie in den späteren dreißiger Jahren die Burgunder unterwerfen, die im Tal der Rhône und Saône ansässig waren. Bald darauf eroberten sie auch die Provence.

Merowinger
Merowech, der Großvater Chlodwigs, wurde in der frühmittelalterlichen Geschichtsschreibung mit einem mythischen Ahn »Mero« in Verbindung gebracht, von dem die Merowinger angeblich abstammten.

Chlodwig wurde vermutlich am Weihnachtsfest des Jahres 498 zusammen mit seinem Gefolge von Bischof Remigius in Reims getauft.

Chlodwigs Söhne herrschten schließlich über ein Reich, das sich vom Atlantik bis zur Saale und zum Böhmerwald sowie von der Nordsee bis zum Mittelmeer erstreckte. In Mitteleuropa konnten nördlich der Alpen gegenüber den Franken nur die Stämme der Friesen, Sachsen und Bayern ihre Unabhängigkeit weitgehend bewahren.

Chlodwig und die nachfolgenden Könige der Franken verdankten ihre Erfolge und den dauerhaften Bestand ihres Reichs nicht nur ihrem militärischen Geschick, sondern auch der Unterstützung durch große Teile der römischen Bevölkerung in den eroberten Gebieten. Dafür war von entscheidender Bedeutung, daß Chlodwig mit einer großen Zahl fränkischer Adeliger und Krieger um 500 zum christlichen Glauben römisch-katholischer Prägung übertrat. Dieser Glaubensrichtung gehörten die römischstämmigen Bewohner des westlichen Reichsteils an. Die übrigen germanischen Könige bekannten sich zu einer anderen christlichen Lehre, dem sogenannten »Arianismus«, und sind nicht zuletzt deshalb mit ihren Reichen gescheitert. Die Lehre des Priesters Arius (gest. 336), nach der Christus als Mensch geboren und Gott nur ähnlich, nicht aber von Ewigkeit her Gott im Wesen gleich ist, spaltete die Christenheit schon frühzeitig in zwei unversöhnliche Lager – mit weitreichenden Folgen für die machtpolitische Entwicklung in Europa.

Die Christianisierung Europas

Daß eine gemeinsame religiöse Basis für den Rückhalt von Herrschern in der Bevölkerung von großer Bedeutung ist, hatte Kaiser Konstantin frühzeitig erkannt. Kaum war er 313 Herrscher von Westrom, erkannte er, der Sohn einer Christin, die christliche Glaubensgemeinschaft offiziell an und förderte sie später im ganzen Reich. Als Kaiser Theodosius schließlich das Christentum 380 offiziell zur Religion des Römischen Reichs erklärte, breitete es sich in Stadt und Land aus – und das bis in entlegene Gebiete. Schon früh kam es zur Gründung von Klöstern, die aus Zusammenschlüssen religiöser Einsiedler entstanden, welche sich für das dem Gottesdienst geweihte Gemeinschaftsleben Regeln gaben.

Das berühmteste dieser Regelwerke hat Benedikt von Nursia (gest. um 555) für das Kloster Monte Cassino ausgearbeitet, das er 529 auf einem Berg zwischen Rom und Neapel gegründet hat. Benedikt forderte von den Mönchen, unverheiratet zu bleiben und arm zu leben. Die Mönche verpflichteten sich zu Gehorsam, Schweigen und Demut. Die sogenannte Benediktsregel sollte über Jahrhunderte für die Klöster maßgeblich bleiben, die in großer Zahl im Westen Europas gegründet wurden. Im Osten des Römischen Reichs berief man sich dagegen auf Basilius den Großen (gest. 379).

Nicht nur im Mönchtum, auch im Hinblick auf die Glaubenslehre waren in den beiden Reichsteilen schon früh unterschiedliche Traditionen wirksam. Sie führten schließlich zu einer Entfremdung zwischen dem Osten und dem Westen des Römischen Reichs. Die konfessionellen Auseinandersetzungen entzündeten sich vor allem an der Lehre des Priesters Arius. Zur Klärung der von ihm aufgeworfenen Glaubensfrage wurde 325 eigens ein Konzil nach Nicäa in Bithynien (Kleinasien) einberufen. Auch wenn dort Kaiser Konstantin der gegen Arius vertretenen Lehre der Wesensgleichheit von Gottsohn und Gottvater zum Sieg verhalf, setzte sich im Osten des Reichs die Lehre des Arius durch. Im Westen dagegen wurde das sogenannte Nicänische Bekenntnis zur Wesensgleichheit von Gott und Christus verbreitet. Seine bedeutendsten Sachwalter waren die römischen Bischöfe, die sich als Haupt der ganzen Christenheit begriffen und durch die Verbreitung der arianischen Lehre ihre Autorität nicht nur in der Kirche, sondern überhaupt in der Welt in Frage gestellt sahen.

Szenen aus dem Leben des Benedikt von Nursia, um 1070 (Codex Benedictus, Biblioteca Apostolica Vaticana). Die Geschichten von Leben und Wirken Benedikts von Nursia wurden durch eine Darstellung seines Lebens bekannt, deren Autor Papst Gregor der Große ist. Die Abbildungen zeigen Benedikt beim Bau des Klosters auf dem Monte Cassino.

Der Papst
Im vorderen Orient waren die lateinische Bezeichnung *papa* und das griechische *pappas* ursprünglich Ehrentitel für Äbte und Bischöfe. Seit dem späten fünften Jahrhundert wird *papa* ausschließlich als Amtsbezeichnung für die römischen Bischöfe als Oberhirten der Christenheit verwendet.

Guter Hirte (Wandmalerei in den Calixtus-Katakomben, Rom, Mitte des 3. Jahrhunderts). Die Darstellung des Guten Hirten aus einer der ältesten christlichen Friedhofs-Malereien verweist auf die Errettung der Menschen durch Christus.

Die Macht der Päpste

Die römischen Gemeindeoberen, die traditionell als Päpste (von lat. *papa*, Vater) bezeichnet wurden, gingen ganz selbstverständlich davon aus, daß sie von Gott dazu auserwählt waren, die Menschheit ihrer christlichen Bestimmung zuzuführen. Diese Überzeugung versuchten sie gegenüber den Mächtigen, vor allem Kaisern und Königen, immer wieder durchzusetzen. Die Geschichte Europas läßt sich über Jahrhunderte hinweg auch als ein Kampf der Bischöfe von Rom um ihre Vormachtstellung lesen – und das seit dem Jahr 313, als Konstantin die christliche Religion offiziell anerkannte.

Die Bestätigung von 313 machte die Gemeinschaft der Christen zu einer öffentlich-rechtlichen Körperschaft, die dem Kaiser unterstand. Er verfügte von alters her über das *ius in sacris* (Recht in heiligen Angelegenheiten), das er und seine Nachfolger auch vielfach in Anspruch nahmen. Daher wurden Konzilien, wie das berühmte von Nicäa, häufig von den Kaisern einberufen.

Die Kirche von Rom hatte durch die Jahrhunderte gegenüber anderen christlichen Gemeinden eine Führungsstellung erlangt. Sie war eine der ältesten und größten Gemeinschaften, lag im alten Machtzentrum des Reichs und pflegte die Gräber der Apostel Petrus und Paulus.

All dies hatte dazu beigetragen, daß in Rom zahlreiche Versammlungen von Kirchenoberen abgehalten wurden. Doch Rom war keineswegs das alleinige Zentrum des christlichen Glaubens. Diesen Anspruch konnten auch andere alte und große Gemeinden erheben, wie jene von Jerusalem, dem ägyptischen Alexandria oder dem norditalienischen Aquileia. Die Kaiser wiederum sahen den zentralen Ort der Christenheit in Konstantinopel, das Kaiser Konstantin 324 zur neuen

Die Apostel Petrus und Paulus sind beide in Rom gestorben und dort beerdigt worden. Sie hatten maßgeblich zur Verbreitung des christlichen Glaubens beigetragen und wurden entsprechend verehrt.

Hauptstadt seines Reichs bestimmt hatte. Das zeigt sich im Vorgehen von Kaiser Theodosius I.: In einem Dekret vom 27. Februar 380 bestimmte er zunächst den christlichen Glauben in jener Form zur Religion des Römischen Reichs, wie ihn die Kirchen von Rom und Alexandria ausgebildet hatten. Im folgenden Jahr erklärte er dann Konstantinopel zur Hauptstadt des Christentums.

Diese Entscheidung war nicht im Sinne von Damasus (366–384), dem damaligen Bischof von Rom. Wie seine Vorgänger war er der Überzeugung, daß Rom und seinem Bischof der Führungsanspruch in der Christenheit gebühre. Er sprach daher auch erstmals konsequent vom römischen Bischofssitz als »aposto-

Die Hagia Sophia in Konstantinopel (erbaut 532–537) diente als Reichskirche. Hier wohnte der Kaiser den Gottesdiensten zu den wichtigsten Festen des Kirchenjahres bei. Seit 641 ist sie auch Krönungskirche der oströmischen Kaiser. Nach der Eroberung Konstantinopels durch die Türken (1453) wurde die Kirche zur Moschee.

> **Die Einsetzung Petri**
>
> »Ich aber sage Dir: Du bist Petrus, und auf diesen Felsen wer-
> de ich meine Kirche bauen, und die Mächte der Unterwelt wer-
> den sie nicht überwältigen. Ich werde Dir die Schlüssel des
> Himmelreichs geben; was Du auf Erden binden wirst, das wird
> auch im Himmel gebunden sein, und was Du auf Erden lösen
> wirst, das wird auch im Himmel gelöst sein« (Matthäus 16,
> 18f.).

lischem Stuhl« *(sedes apostolica)*. Damit hob er hervor,
was auch ein von ihm 382 einberufenes Konzil unter-
strich: Die Kirche von Rom war apostolisch, weil sie
vom Apostel Petrus durch göttliche Verfügung persönlich gestiftet war. Folglich kam der römischen Gemeinde eine leitende Funktion in der Christenheit zu, denn
Petrus war von Jesus selbst mit der Führung der Christenheit betraut worden. Das war aus dem Matthäus-
Evangelium (16,18f.) bekannt.

Aber Petrus hatte auch andere Gemeinden gegründet. Für die Vormachtstellung der römischen Kirche
gegenüber diesen Gemeinden sollte wenig später ein
Brief von Papst Clemens I. (ca. 91–101) an den Heiligen Jacobus, den Christusbruder, bedeutsam werden.
In diesem Brief (der heute als Fälschung gilt) berichtet
Clemens von den letzten Verfügungen des Petrus.
Kurz vor seinem Tod (zwischen 64 und 67 n. Chr.)
habe der Apostel die römische Gemeinde um sich ver-
sammelt und erklärt: »Ich verleihe ihm (Clemens) die
Gewalt zu binden und zu lösen, so daß, was er auf Erden entscheidet, im Himmel gutgeheißen wird, denn
er bindet, was gebunden, und löst, was gelöst sein
soll.« Die Bischöfe von Rom konnten sich damit als
von Petrus selbst eingesetzte, rechtmäßige Nachfolger
des Apostels verstehen. Und sie konnten sich dadurch
zur Führung der Kirche berechtigt sehen, denn Petrus
hatte in keiner der anderen von ihm gegründeten Gemeinden eine derartige Einsetzung eines Nachfolgers
vorgenommen. Darauf basierte von nun an der Primatsanspruch der römischen Bischöfe, der ständig
weiter untermauert wurde.

Da die Christenheit praktisch mit der Bevölkerung des Römischen Reichs identisch war, konnten nun auch Differenzen mit der führenden politischen Autorität, dem Kaiser, nicht ausbleiben. Von unterschiedlicher Warte aus ging es Papst und Kaiser um die Macht über denselben Personenverband. Die päpstlichen Ansprüche wurden dabei in bildhafte Ausdrücke gefaßt, die an Deutlichkeit nichts zu wünschen übrig ließen. So sprachen die Verteidiger der römischen Kirche von den Gliedern des Körpers, die vom Haupt regiert werden. Das Bild, das aus einem Brief des Apostels Paulus stammt (Kolosser 1,18), wurde von der päpstlichen Seite so gelesen, daß der Körper für die Christenheit steht und das Haupt für den von Petrus besonders ausgezeichneten Bischof von Rom. Und auch aus dem Alten Testament wurden Textstellen herangezogen. So jene, in der Moses den Rat erhält, Richter über das Volk einzusetzen, sich selbst jedoch alle größeren Rechtsfälle – und überhaupt die letzte Entscheidung – vorzubehalten (Exodus 18,21f.).

In der Position des Moses sahen sich nun die römischen Bischöfe. Wie schon zur Zeit des Alten Testaments war die Herrschaft über die Welt von Gott bestimmten Personen anvertraut. Mit dem von Christus begründeten Neuen Bund waren dies die Nachfolger des von ihm besonders ausgezeichneten Apostels Petrus. Sie, die römischen Bischöfe, legten die göttlichen Gesetze der Bibel aus und paßten sie den Bedürfnissen der Herrschaft über die Christen in der Welt an. Der Papst – und kein anderer geistlicher oder weltlicher Machthaber – war in rechtlichen Belangen die oberste Instanz. Alle anderen waren seinen Weisungen ver-

Das Haupt der Kirche
»Er ist das Haupt des Leibes, der Leib aber ist die Kirche. Er ist der Ursprung, der Erstgeborene der Toten; so hat er in allem den Vorrang« (Kolosser 1,18).

Die Einsetzung von Richtern
»Sieh dich im ganzen Volk nach tüchtigen, gottesfürchtigen und zuverlässigen Männern um, die Bestechung ablehnen. Gib dem Volk Vorsteher für je tausend, hundert, fünfzig und zehn! Sie sollen dem Volk jederzeit als Richter zur Verfügung stehen. Alle wichtigen Fälle sollen sie vor dich bringen, die leichteren sollen sie selber entscheiden. Entlaste dich, und laß auch andere Verantwortung tragen!« (Exodus 18,21f.)

Papst Leo I., Miniatur (Biblioteca Apostolica Vaticana). Leo I. ist neben Gregor I. der einzige Papst in der Geschichte, der den Beinamen »der Große« erhielt. Für seine Bemühungen, die christliche Lehre klar und systematisch darzustellen, wurde er von Papst Benedikt XIV. 1754 zum Kirchenlehrer erklärt.

pflichtet. Papst Bonifaz I. (418–422) sprach in diesem Zusammenhang von den Bischöfen Roms als der »apostolischen Spitze« *(apostolicum culmen)*. Und Papst Leo I. (440–461) schloß diese Gedanken bald darauf zu einer umfassenden Theorie päpstlich-monarchischer Herrschaft zusammen. In ihr machte er für die Päpste als Rechtsnachfolger des Heiligen Petrus eine unumschränkte Machtfülle *(plenitudo potestatis)* geltend. Durch diese Machtfülle allein könnten sie ihrer Aufgabe gerecht werden, die Christenheit der Erlösung zuzuführen.

Natürlich war es kaum möglich, diesen Anspruch gegenüber den Kaisern durchzusetzen, die ihrerseits weiterhin auf ihrem angestammten Recht beharrten, »in heiligen Angelegenheiten« Entscheidungen zu treffen oder herbeizuführen.

Bei der Formulierung ihrer Herrschaftsansprüche mußten die Päpste daher ihr Verhältnis zur kaiserlichen Macht genauer bestimmen. Papst Gelasius I. (492–496) arbeitete so eine Lehre aus, die besagte, daß die Päpste kraft Gottes die »geheiligte und unverletzliche Autorität« besaßen, über alles zu entscheiden, was die Christenheit unmittelbar betraf. Sie waren Gott

Blick in das Langhaus von Alt-Sankt Peter in Rom. Aquarellierte Federzeichnung (nach 1605, Biblioteca Apostolica Vaticana). Die Zeichnung zeigt einen Aufriß der alten, von Kaiser Konstantin in Auftrag gegebenen Peterskirche in Rom, die dem heutigen barocken Monumentalbau weichen mußte.

persönlich für alles, was auf Erden geschah, Rechenschaft schuldig. Damit standen sie über den Kaisern, die wiederum dazu verpflichtet waren, das durchzusetzen, was die »geheiligte Autorität der Priester« vorschrieb. Mit anderen Worten: In der Gemeinschaft der Christen gab es nach päpstlicher Vorstellung keine autonome weltliche Gewalt. Auch zur Illustration dieser Gedanken fand sich ein ausdrucksstarkes Bild, auf das in späteren Zeiten häufig verwiesen wurde: die aus dem Lukasevangelium (22,38) bekannten zwei Schwerter, die die Jünger am Ölberg bei sich trugen. Sie sollten für die geistliche und die weltliche Macht stehen. Beide habe Jesus dem Petrus – und damit seinen Nachfolgern im Amt des Bischofs von Rom – übergeben.

Daß am päpstlichen Hof in Rom derart allumfassende Herrschaftskonzepte entwickelt wurden, hatte konkrete machtpolitische Hintergründe: Es war deutlich geworden, daß die Verlagerung des Herrschaftszentrums des Römischen Reichs nach Konstantinopel ernsthafte Probleme mit sich brachte. Im Westen des Reichs lag die Macht bei den Statthaltern des Kaisers in Ravenna. Sie waren nur selten in der Lage, den politischen Erfordernissen gemäß zu handeln. Vor allem der Einfall der germanischen Stämme in Italien beschwor wiederholt Krisen herauf. Häufig übernahmen dann Papst und Kirche die Verteidigung und Verpflegung der Bevölkerung auf der Apenninhalbinsel und führten Verhandlungen mit den Eindringlingen. So brachte 452 Papst Leo I. mit einer römischen Gesandtschaft den Hunnenkönig Attila dazu, nicht weiter gegen Rom zu ziehen. Und 455 erwirkte abermals Leo beim Vandalenherrscher Geiserich, daß Rom von seinen Horden nicht völlig zerstört wurde.

Der Heilige Gregor mit Schreibern, Lothringen, spätes 10. Jahrhundert (Wien, Kunsthistorisches Museum). Die Taube des Heiligen Geistes, die ihm das eingibt, was er schreibt, ist das Attribut Gregors I. Er hat als Verfasser unter anderem von volkstümlichen Predigten und einer Lebensbeschreibung des Heiligen Benedikt von Nursia Berühmtheit erlangt.

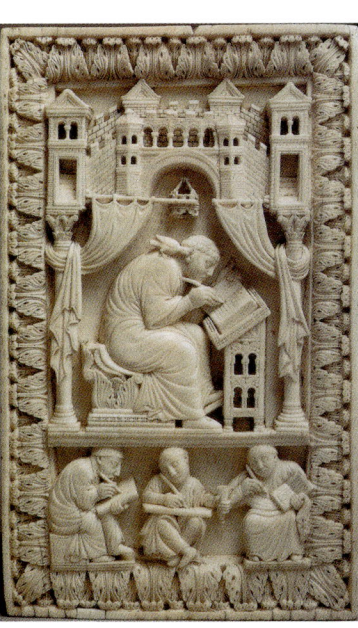

Eine schwierige Lage ergab sich Ende des sechsten Jahrhunderts, als die kaiserliche Verwaltung im Westen vollkommen zusammenbrach. Der damalige Papst, Gregor I. (590–604), ordnete daraufhin die Versorgung der Bevölkerung Italiens aus kirchlichen Gütern an und verschaffte sich damit großes Ansehen. Seine für die Nachwelt größte historische Leistung vollbrachte Gregor I. jedoch auf einem anderen Gebiet: Er begann die Missionierung Spaniens, Galliens und vor allem der britischen Inseln. Damit schuf er die Grundlagen für die römisch-katholische Christianisierung Mitteleuropas, die in den folgenden Jahrhunderten von Britannien ausgehen sollte. Sie brachte Gregor, der die Vision von Europa als einheitlichem christlichem Gemeinwesen hatte, den Titel »Vater Europas« ein. Wenn auch der Anlaß für Gregors Missionierungs-Initiative vor allem seelsorgerischer Natur gewesen sein mag, so dürfte doch auch die Erkenntnis dazu beigetragen haben, daß der päpstliche Primatsanspruch gegenüber der kaiserlichen Regierung in Konstantinopel nicht durchzusetzen sein würde. So war es für den Papst nur konsequent, seine Macht in Gebieten zu stärken, in denen die kaiserliche Regierung kaum noch Einfluß hatte. Auf den britischen Inseln und in Gallien stand jedenfalls schon bald die Autorität des Heiligen Petrus und seiner Nachfolger außer Zweifel.

Dieser Rückhalt in Westeuropa war für das Papsttum in den folgenden Jahrhunderten von großer Bedeutung, denn die Konflikte mit den Kaisern in Konstantinopel nahmen zu. Dies zeigt exemplarisch die Auseinandersetzung von Papst Martin I. (649–653) mit der kaiserlichen Regierung. Der Konflikt hatte seinen Ursprung in der Gesetzgebung von Kaiser Konstans II.

Papst Gregor der Große mit seinen Schreibern, um 860 (Sakramentar Karls des Kahlen, Paris, Bibliothèque Nationale). Auch hier ist Gregor mit der Taube des Heiligen Geistes abgebildet, die ihn inspiriert.

Die Macht der Päpste **Machtverhält-nisse in Europa**

(641–668) zu jener Glaubensfrage, die im Osten des Reichs nach wie vor für Unruhe sorgte: das Wesen Christi. In Übereinstimmung mit dem Patriarchen von Konstantinopel veröffentlichte der Kaiser 648 ein Glaubensedikt, das die rein menschliche Wesenheit Christi zur unumstößlichen christlichen Lehrmeinung erklärte und jegliche weitere Diskussion darüber untersagte. Das war ein Affront gegen den von den Päpsten beanspruchten Lehrprimat, und Papst Nikolaus I. ging sofort dagegen vor. Er berief eine Synode ein, die die römische Lehre bestätigte und den Patriarchen von Konstantinopel und einige weitere führende Geistliche des Ostens exkommunizierte. Dies rief schwere Auseinandersetzungen mit dem Kaiser hervor, der den Widerspruch gegen sein Dekret nicht hinnehmen wollte. Er ließ den Papst gefangennehmen. Ihm wurde in Konstantinopel der Prozeß wegen Hochverrats gemacht, der mit seiner Verbannung auf die Krim endete. Damit war er noch vergleichsweise glimpflich davongekommen. Wenig später wurde einem Verteidiger des römischen Standpunkts die Hand abgehackt und die Zunge herausgerissen. Und als sich Ende des siebten Jahrhunderts Papst Sergius I. (687– 701) weigerte, die Beschlüsse eines von Kaiser Justinian II. (685–695 u. 705–711) einberufenen Konzils zu unterzeichnen,

Bonifatius tauft einen Friesen und erleidet das Martyrium, Fuldaer Sakramentar, um 1000 (Bamberg, Staatsbibliothek).
Bonifatius war vor allem mit der Organisation der bayerischen und alemannischen Kirche befaßt und wurde 746 vom Papst zum Bischof von Mainz ernannt. Er wurde 754 bei Missionsversuchen von aufständischen Friesen erschlagen.

Hl. Lukas, Evangeliar, Mercia oder Northumbria, spätes 8. Jahrhundert (Biblioteca Apostolica Vaticana). Das Evangelistenbild ist ein Beispiel für den hohen Standard der Buchmalerkunst im England des 8. Jahrhunderts.

wurden erneut westliche Geistliche verhaftet, verurteilt, geblendet und verbannt.

Ganz anders die Lage in Nord-, Mittel- und Westeuropa. Hier gewann die römische Kirche durch die erfolgreichen Missionierungen an Einfluß, da sie besonders von angelsächsischen Missionaren vorgenommen wurden, deren Kirche seit ihren Anfängen unter Papst Gregor I. ein besonders enges Verhältnis zur Kirchenleitung in Rom hatte. Dadurch hielt in den Missionsgebieten auch die streng hierarchische römische Kirchenorganisation Einzug, in der ein Erzbischof einer Kirchenprovinz vorstand, die sich aus mehreren von Bischöfen verwalteten Bistümern (nach der griechischen Bezeichnung für Verwaltungsdistrikt auch »Diözesen« genannt) vorstand. So wurde der bei den Friesen missionierende Angelsachse Willibrord vom Papst selbst zu deren Erzbischof ernannt. Und der Missionar Winfried, der vom Papst den Namen Bonifatius erhielt, leistete

Initialseite, Evangeliar, Rhein-Maas-Gebiet, um 800 (Essen, Münsterschatz). Die Kombination von Tieren und Flechtornamenten des Evangeliars steht sowohl in der Tradition der Buchmalerei des Merowingerreichs als auch jener der britischen Inseln.

dem Nachfolger Petri für seine Missionstätigkeit bei Friesen, Hessen, Thüringern und Bayern einen besonderen Gehorsamseid.

Die Missionserfolge und die Orientierung der neuen Gläubigen auf Petrus und seine römischen Amtsnachfolger hin hat schließlich dazu beigetragen, daß sich die Päpste Anfang des achten Jahrhunderts von den Kaisern in Konstantinopel abwandten und zu den einflußreichsten Potentaten Westeuropas, den fränkischen Machthabern, Kontakt aufnahmen. Als dann Mitte des achten Jahrhunderts die Langobarden in Mittelitalien für Unruhe sorgten, kirchliche Besitzungen angriffen und Rom bedrohten, stand für Papst Stephan II. (752–757) fest, wen er um militärischen Beistand bitten mußte: Vom Kaiser in Konstantinopel konnte er kaum noch Unterstützung erwarten. So wandte er sich mit seiner Bitte um Hilfe an die Franken.

Pilger und Pilgerfahrten

Pilgerfahrten, also fromme Reisen zu Orten besonderer Heilsvermittlung, waren schon im frühen Christentum üblich. Nachdem die Heilige Helena, die Mutter Konstantins des Großen, um 326 glaubte, das Kreuz Christi entdeckt zu haben und ihr Sohn wenig später die Grabeskirche in Jerusalem und die Geburtskirche in Bethlehem errichten ließ, wurde der Besuch der heiligen Stätten geradezu zu einer Pflichtübung des römischen Adels.

Weitere Pilgerziele entstanden, als sich die Verehrung der Reliquien von Glaubenszeugen durchsetzte. So reisten Christen aus ganz Europa zu den Gräbern der Apostel Petrus und Paulus in Rom. Auch als in der ersten Hälfte des neunten Jahrhunderts Bischof Theodemir davon ausging, das Grab des Apostels Jacobus in Galizien gefunden zu haben, setzte ein reger Pilgerverkehr dorthin ein. Neben Jerusalem, Rom und Santiago de Compostela wurden auch größere Städte mit Reliquienschätzen zu beliebten Pilgerzentren, so etwa Köln (Hl. Drei Könige), Venedig (Hl. Markus) oder Bari (Hl. Nikolaus von Myra).

Im Früh- und Hochmittelalter hofften die Piger, von Krankheiten zu genesen oder von den Heiligen Hilfe zu erhalten. Daneben gab es auch Pilgerfahrten zur Erfüllung eines Gelübdes oder nach einer Verurteilung zu einer Strafpilgerfahrt.

Ein Hauptanliegen für die frommen Reisen im Spätmittelalter war der Erwerb von Ablässen, also (nach katholischer Lehre) der Nachlaß zeitlicher Sündenstrafen.

Das Reich der Franken unter Merowingern und Karolingern

Seit den ersten Königen aus der Dynastie der Merowinger im späten fünften Jahrhundert beherrschten die Franken große Teile des westlichen Mitteleuropas. Die Machtstrukturen innerhalb des Frankenreichs waren dabei wesentlich von der Grundherrschaft bestimmt. An der Spitze stand der König, dessen Herrschaft sich auf das Königsgut gründete. Dies umfaßte die eroberten Domänen des ehemaligen römischen Gemeinwesens, alle konfiszierten Ländereien und überhaupt das ganze herrenlose Land. Über diesen Grund und Boden konnte der König frei verfügen. Vieles verblieb bei ihm und seiner Familie, große Teile des Landes vergab er aber auch an seine Vertrauten. In erster Linie waren dies die Angehörigen des Adels, die so bald, wie einst der römische Adel, über großen

Grabskulptur König Choldwigs I. in Saint-Denis, 12. Jahrhundert (Paris, Saint-Denis). König Chlodwig ist zuerst in Paris in einer Kirche, die der Heiligen Genoveva gewidmet ist, begraben worden. Erst mit dem Ausbau der Basilika von Saint-Denis sind seine Gebeine im 12. Jahrhundert dorthin überführt worden, wo sie in einem mit einer liegenden Grabskulptur versehenen Sarkophag beigesetzt wurden.

Landbesitz verfügten. Auch die waffentragenden Freien, die Nachkommen der Bauernkrieger, die das Gros der Bevölkerung ausmachten, wurden meist mit Land entlohnt, zu dessen Bewirtschaftung ihnen wie den adeligen Großgrundbesitzern Leibeigene zur Verfügung standen. Diese Hörigen und Sklaven waren häufig an den Grundbesitz gebunden, mit dem sie verkauft werden konnten, denn wie in der römischen Antike galten sie rechtlich als Sache.

Die Verwaltung eines Guts übernahm meist ein Hausvorsteher, ein sogenannter *maior domus* oder Hausmeier. Die königlichen Hausmeier, die bald nicht nur den Königsgütern vorstanden, sondern auch Verwaltungsaufgaben im Reich übernahmen, verfügten über große Macht. Sie konnten die Schwäche einzelner Herrscher oder Streitigkeiten in der Königsfamilie nutzen, um ihre Stellung unter den fränkischen Großen auszubauen. Dabei profitierten sie davon, daß die Merowinger am traditionellen Geblütsrecht festhielten: Beim Tod eines Königs wurde das Reich unter

sämtlichen Söhnen des Herrschers aufgeteilt, weil alle kraft Abstammung mit Königsheil versehen waren und so das gleiche Anrecht auf das Erbe hatten. Die Folge waren oft schwere Auseinandersetzungen, verbunden mit Mord und Totschlag bei der Erbteilung. Solche Erbstreitigkeiten führten auch zur Teilung des Frankenreichs Mitte des sechsten Jahrhunderts in Austrien, Neustrien und Burgund mit den jeweiligen Hauptstädten Reims, Paris und Orléans.

Der Aufstieg der königlichen Hausmeier zeigt sich beispielhaft an Pippin I. (gest. 640) und seinen Nachkommen. Als Hausmeier in Austrien verhalf Pippin Chlothar II. (613–629) zur Herrschaft über das gesamte Merowingerreich und sicherte sich so dessen Gunst. Durch geschickte Heiratsverbindungen verschafften Pippin und seine Nachkommen ihrer Familie wachsenden Reichtum und Einfluß im fränkischen Adel. So konnte sich Pippin II. (679–714) gegen konkurrierende Adelige durchsetzen und sein Hausmeieramt schließlich auf das gesamte Frankenreich ausdehnen. Die Macht seiner Familie überstieg so schon bald die der fränkischen Könige. Das zeigt sich besonders am Beispiel seines Sohnes Karl Martell (714–741).

Die Kirche Saint-Denis im Norden von Paris wurde im 12. Jahrhundert unter Leitung des Abtes Suger von Saint-Denis (1081–1151) zur gotischen Kirche umgestaltet. In diesem Zuge wurde sie auch zur Grablege der französischen Könige bestimmt. Um die fränkische Tradition des französischen Königtums hervorzuheben, wurden damals auch die Gebeine einiger merowingischer und karolingischer Herrscher nach Saint-Denis überführt. So findet man dort die Gräber der Merowinger Chlodwig und Dagobert und der karolingischen Hausmeier Pippin und Karl Martell.

Nachdem dieser sich die Stellung des Hausmeiers gesichert hatte, ordnete er das Frankenreich neu, wobei er dem merowingischen König nominell die Führungsposition überließ. Seinen größten Erfolg konnte Karl Martell 732 in der Schlacht bei Tours und Poitiers verbuchen, in der die fränkischen Truppen unter seiner Führung die Araber besiegten, die über Spanien in das Frankenreich vorgedrungen waren.

Mit dem militärischen Erfolg bewies er sein »Heil« als fränkischer Heerführer, das er gegen das geschwundene Königsheil des schwachen fränkischen Herrschers ausspielte. Aus diesem Grund konnte er es schließlich wagen, nach dem Tod des merowingischen

Islam

Der Islam (arabisch: Hingabe, Unterwerfung), die von Mohammed (571–632) gestiftete monotheistische Religion, breitete sich schon zu Lebzeiten Mohammeds im vorderen Orient aus. Pflicht der Gläubigen ist die Ergebenheit in Gottes Willen. Ihre fünf Pflichten bestehen im Glaubensbekenntnis, den vorgeschriebenen fünf täglichen Gebeten, dem Fasten während des Monats Ramadan, dem Almosengeben und einer Wallfahrt nach Mekka.

Bei Mohammeds Tod bestand bereits ein ganz Arabien umfassender militärisch-politischer Gottesstaat. Er breitete sich nach Osten über Persien aus. Im Westen eroberten islamische Truppenverbände Nordafrika und Spanien und drangen von dort in das Frankenreich vor.

Königs 737 den fränkischen Thron unbesetzt zu lassen, alleine die Regierungsgeschäfte zu führen und das Frankenreich 741 sogar unter seine beiden Söhne Karlmann und Pippin aufzuteilen. Diese setzen auf Druck verschiedener Adelsgruppen 743 noch einmal pro forma einen König aus der Familie der Merowinger ein. Zwar besaß dieses Geschlecht die Königskrone, doch die faktische Macht hatten sie, die später als »Karolinger« bezeichneten Nachkommen Karl Martells.

Als sich Karlmann 747 ins Kloster zurückzog, fiel alle Macht an Pippin, der von nun an in Königsmanier allein regierte, auch wenn er nicht von königlichem Geblüt war. Erst 751 gelang ihm durch umsichtige Vorbereitung die Rangerhöhung: Er ließ sich zunächst auf einer Volksversammlung die Zustimmung zur Absetzung des schwachen merowingischen Königs geben, holte dann von Papst Zacharias (741–752) die Bestätigung ein, daß »es besser sei, jener heiße König, der die Macht habe, als jener, der ohne königliche Macht sei«; ließ sich auf einer Reichsversammlung zum König wählen und anschließend als erster Franke von einem Bischof zum König salben.

Pippin bezog also nicht nur das fränkische Volk in seine Erhebung mit ein und bediente sich der moralischen Autorität des Papstes, sondern behob zudem seinen Mangel an königlicher Abstammung durch eine von der römischen Kirche verliehene sakrale Legitimation. Nach biblischer Lehre, die der Salbung zugrunde lag, verlieh Gott den von ihm erwählten König durch die Salbung Kraft, seine Aufgaben als Herrscher zu erfüllen.

Mit dem kirchlichen Akt von 751 wurde diese Vorstellung auf das Königtum Pippins übertragen und damit das sogenannte Gottesgnadentum begründet, das für die europäische Geschichte von größter Bedeutung werden sollte: Die Königssalbung wurde im Reich der Franken und seinen Folgereichen allgemeine Praxis. Damit ergab sich im Machtgefüge dieser Herrschaften eine grundsätzlich neue Konstellation: Nach wie vor war der König bei der Ausübung seiner Herrschaft auf den Adel angewiesen, über den er durch das Gottesgnadentum herausgehoben war. Als dritte maßgebliche Größe (neben König und Adel) kam jetzt jedoch die Kirche hinzu, die nicht nur die Macht der Könige sakral legitimierte, sondern auch durch die erfolgreiche Christianisierung Mitteleuropas an Einfluß gewann. Fortan war der Erfolg eines Herrschers von seinen guten Beziehungen zu beiden Kräften abhängig: mit den Großen seines Reichs und mit der Kirche, repräsentiert von Papst und Bischöfen. Da jede Seite versuchte, ihre eigenen Interessen durchzusetzen, spielte sich die politische Geschichte der folgenden Jahrhunderte vor allem im Spannungsfeld zwischen diesen drei Mächten ab.

Karolinger
Das Geschlecht der Karolinger ist, wie in frühmittelalterlichen Adelskreisen üblich, nach ihrer ersten bedeutenden Persönlichkeit benannt. In den folgenden Generationen sollten die Namen Karl und Karlmann zu den am häufigsten vergebenen Namen in dem Geschlecht werden.

Patrimonium Petri
Unter dem »Patrimonium (Sancti) Petri« verstand man seit dem 6. Jahrhundert Ländereien, die von Kaisern, frommen Laien und Mitgliedern des Klerus der römischen Kirche vor allem in Mittelitalien übertragen wurden. Als ihr Eigentümer galt der Heilige Petrus, als ihr irdischer Verwalter der Papst.

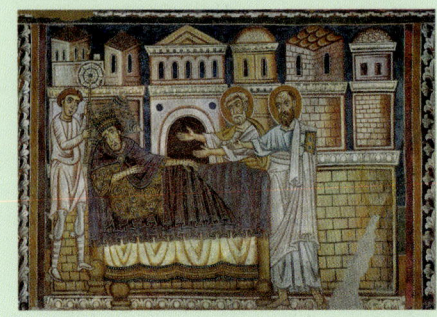

Die Heiligen Petrus und Paulus erscheinen dem kranken Kaiser Konstantin im Traum und verkünden ihm, daß er geheilt wird, wenn er sich vom Papst taufen lässt.

Die Konstantinische Schenkung

Die sogenannte »Konstantinische Schenkung« ist eine Urkunde, die zwischen der Mitte des 8. und der Mitte des 9. Jahrhunderts gefälscht wurde. Angeblich soll Kaiser Konstantin I. (gest. 337) das Dokument für Papst Silvester (314–335) ausgestellt haben.

In dieser Urkunde wird berichtet, wie Kaiser Konstantin von Papst Silvester getauft wurde und dadurch von einer schweren Krankheit genas. Anschließend führt die Urkunde auf, was Konstantin Silvester aus Dankbarkeit dafür schenkte und an Rechten zugestand: Dem Papst wird der kaiserliche Palast in Rom (der Lateran) übertragen, er erhält die kaiserlichen Hoheitszeichen und dazu »Provinzen, Orte und Städte der Stadt Rom, und aller italischen beziehungsweise westlichen Regionen.« Der römische Klerus erhält Würden und Vorrechte des römischen Senats und der Kaiser verläßt Rom, »weil es nicht recht ist, daß der irdische Kaiser dort Macht habe, wo die Herrschaft der Priesterschaft und des Hauptes der christlichen Religion vom himmlischen Kaiser begründet ist.« Mit der Urkunde sollte also die Machtstellung des Papstes gestärkt und seine weltliche Herrschaft im Westen des Reichs begründet werden.

Die berühmteste bildliche Darstellung der Konstantinischen Schenkung befindet sich in der Kirche »Santi Quattro Coronati« in der Nähe des Laterans in Rom. Die Fresken aus der Mitte des 13. Jahrhunderts zeigen sehr detailreich zunächst den Traum des kranken Kaisers: Die Apostel Petrus und Paulus verkünden ihm, dass er geheilt wird, wenn er sich von Papst Silvester taufen lässt. Daraufhin schickt der Kaiser Boten aus, die den Papst aus den Bergen zurückholen, wohin er vor den Heiden geflohen war. Der Kaiser berichtet dem Papst von seiner Traumerscheinung. Konstantin lässt sich von Silvester taufen und wird dadurch von seiner Krankheit geheilt. Die letzte Darstellung zeigt Konstantin, wie er Silvester die Zeichen der Macht und die Stadt Rom übergibt. Der Kaiser führt das Pferd, auf dem der Papst sitzt, am Zügel zur Stadt.

Vor allem die letzte Szene war in den Auseinandersetzungen zwischen Papst und Kaiser im Mittelalter von größter Bedeutung. Konstantin übt hier den sogenannten Stratordienst (Dienst eines Pferdeknechts) aus, womit er sich dem Papst hierarchisch untergeordnet hätte. Eine solche Darstellung konnte keinesfalls im Sinne der Kaiser sein, die sich dem Papst gegenüber mindestens als ebenbürtig ansahen.

Die angebliche Schenkungsurkunde Konstantins wurde schon früh als Fälschung erkannt, spielte aber dennoch in der Auseinandersetzung zwischen Päpsten und Kaisern eine wichtige Rolle. Bereits Otto III. sah das Dokument als nicht authentisch an. 1440 wurde sie von dem Humanisten Lorenzo Valla einer genauen Prüfung unterzogen und endgültig als Fälschung erwiesen.

Pippin III. bemühte sich als fränkischer König um ein gutes Verhältnis zur Kirche. So konnte Papst Stephan II. auch auf ihn zählen, als er sich 754 mit der Bitte um militärische Hilfe gegen die Langobarden an ihn wandte. Um sich Pippins Unterstützung zu versichern, salbte er ihn erneut und verlieh ihm und auch schon seinen beiden Söhnen Karl und Karlmann den Titel »Schutzherr der Römer« *(patricius Romanorum)*. Nach seinem Sieg über die Langobarden 756 zwang Pippin ihren König Aistulf, der römischen Kirche die Gebiete in der Mitte und im Nordosten der Apenninhalbinsel zu übergeben, auf die der Papst im Namen des Heiligen Petrus Anspruch erhob. Aus dem sogenannten »Patrimonium Petri«, das daraufhin als Territorialbesitz entstand, über den der Papst die volle Verfügungsgewalt hatte, entwickelte sich später der Kirchenstaat.

Karl der Große und sein Reich

Als Pippin 768 starb, hinterließ er seinen Söhnen Karl und Karlmann ein Reich, das von Friesland im Norden bis zu den Pyrenäen und zum Mittelmeer im Süden reichte und vom Atlantik – mit Ausnahme der eigenständigen Bretagne – über das Siedlungsgebiet der Alamannen bis hin zum Böhmerwald. Nach dreijähriger Doppelregierung fiel 771 mit Karlmanns Tod das gesamte Reich an Karl.

Während seiner 46jährigen Regierungszeit hat er das Reich in zahlreichen, teilweise parallel verlaufenden Unternehmungen erweitert, an den Grenzen abgesichert und im Innern grundlegend reformiert.

Reiterstatuette von Karl dem Großen oder Karl dem Kahlen, Bronze, 9. Jahrhundert (Paris, Louvre). Dargestellt ist nach Tracht, Krone und Schwert ein karolingischer Herrscher. Häufig wurde in dem Dargestellten Karl der Große erkannt. Da Herrscherbilder aber erst im späteren neunten Jahrhundert regelmäßig vorkommen, dürfte es sich eher um Karl den Kahlen handeln, der zudem in anderen Bildern ähnlich dargestellt ist.

In dem Mann in fränkischer Tracht und mit Richterstab in der Hand hat man Karl den Großen erkennen wollen, der hier mit einer seiner Frauen (er war viermal verheiratet) abgebildet worden sei. Der Richterstab erklärt sich aus der Herkunft der Miniatur: Sie ist einer Sammelhandschrift mit Rechts- und Gesetzestexten des frühen neunten Jahrhunderts vorangestellt.

Szenen aus dem »Stricker« (Staatsbibliothek Berlin). Das im Spätmittelalter verbreitete Epos eines als »Stricker« bekannten Verfassers handelt vom Kampf Karls des Großen gegen die Sarazenen. Hier übergibt er dem Ritter Roland das Schwert Durandal und das Horn Olifant.

Zunächst zog Karl 722 gegen die Sachsen. Er eroberte in wechselvollen Kämpfen ihr Siedlungsgebiet zwischen Friesland und der Elbe und leitete zugleich mit erzwungenen Massentaufen die Christianisierung dieser Region ein. 774 gliederte er nach einem erfolgreichen Feldzug das Langobardenreich in das der Franken ein und bezeichnete sich fortan als »König der Franken und Langobarden«. So weitete er seine Macht auf die Apenninhalbinsel aus und stärkte damit nicht zuletzt seine Position als »Schutzherr der Römer«.

Die späten 80er Jahre standen für Karl im Zeichen der vollständigen Unterwerfung der Bayern. Dazu beseitigte er die Machtstrukturen des Stammes, setzte 788 den Stammesherzog Tassilo III. ab und ließ Bayern durch fränkische Vertraute verwalten. Danach dehnte er in den frühen 90er Jahren den fränkischen Einflußbereich mit Zügen über Bayern gegen die Awaren noch weiter nach Osten aus und schützte das Reichsgebiet durch vorgelagerte militärische Grenzsäume, die sogenannten Marken. Ähnlich verfuhr Karl auch nach mehreren Niederlagen fränkischer Verbände gegen die in Spanien siedelnden Araber: 795 ließ er eine Spanische Mark südlich der Pyrenäen einrichten.

Schon zu Lebzeiten bezeichneten Zeitgenossen Karl als »den Großen«. Am Ende des 8. Jahrhunderts befand er sich dann auf dem Gipfel der Macht. An seinem Hof sah man ihn damals bereits als dem Papst und dem Kaiser in Byzanz ebenbürtig. Karl

Die Karte verdeutlicht die Ausweitung des Fränkischen Reichs unter Karl dem Großen.

Legende der Karte:

- Frankenreich beim Tode Chlodwigs (511 n. Chr.)
- Frankenreich bei Herrschaftsantritt Karl d. Großen (768)
- Eroberungen unter Karl dem Großen (768-814)
- Anlage von Marken
- Einflußgebiete
- 787 Jahr der Eroberung
- wichtige karolingische Königspfalz
- bedeutendes Kloster
- Oströmisches Reich (Byzanz) um 800
- Gebiete islamischer Staaten um 800
- KROATEN slawischer Volksstamm

selbst war sich jedoch bewußt, daß er gerade auf Byzanz besonders Rücksicht nehmen mußte, zumal auf der Apenninhalbinsel noch größere Territorien unter byzantinischer Verwaltung standen und sich dort infolgedessen fränkische und oströmische Interessen überschnitten. Die Situation wurde nicht einfacher, als Karl am 25. Dezember 800 von Papst Leo III. (795–816) in der Peterskirche in Rom zum Kaiser gekrönt wurde. Damit vollzog das Kirchenoberhaupt endgültig die schon lange angebahnte Abwendung der Päpste von den oströmischen Kaisern. Da Karl sich des Vormachtanspruchs bewußt war, den der byzantinische Potentat als direkter Nachfolger der römischen Kaiser gegenüber anderen Herrschern erhob, war der Titel, den Karl nach der Krönung führte, entsprechend umsichtig gehalten.

Er umfaßte neben den Königstiteln den ausdrücklichen Hinweis darauf, daß sein Kaisertum von Gott

Krönung Karls des Gro-
ßen durch Papst Leo III.
Miniatur aus einer fran-
zösischen Handschrift.
Wie die Kaiserkrönung
Karls des Großen am
Weihnachtstag 800 in
Rom erfolgte, ist nicht
genau zu klären. Nach
der fränkischen Ge-
schichtsschreibung wur-
de Karl von Papst Leo
mit der Krönung über-
rascht, von kirchlicher
Seite dagegen stellte
man die Kaiserkrönung
als eine zwischen Karl
und Leo abgesprochene
Handlung dar. Schon von
ihrer politischen Trag-
weite her dürfte die Krö-
nung in gegenseitigem
Einvernehmen erfolgt
sein.

**Die Kaisertitulatur
Karls des Großen**
*Carolus serenissi-
mus augustus a Deo
coronatus magnus
pacificus imperator,
Romanum gubernans
imperium, qui et per
misericordiam Dei
rex Francorum et
Langobardorum.*
(Karl, der erlauchte-
ste Erhabene, von
Gott gekrönter großer
friedensbringender
Kaiser, der das römi-
sche Reich regiert
und zudem durch
Gottes Gnade König
der Franken und
Langobarden ist).

begründet war und benannte Karl nicht einfach als
»Kaiser der Römer«, sondern als »Kaiser, der das Römische Reich regiert«. Mit der umständlichen Formulierung wurde auf den byzantinischen Kaiser Rücksicht genommen, der den Titel »Kaiser der Römer«
führte, und zugleich signalisiert, daß Karls Kaiservor-
stellung nicht unbedingt an die Römer und ihr Reich
gebunden war. 812 einigte sich Karl mit dem damaligen Kaiser Michael I. (811–813) auch vertraglich über
die jeweiligen Ansprüche: Im Vertrag von Aachen
(812) erkannte Kaiser Michael I. Karl den Großen als
Kaiser an. Karl mußte ihm dafür die Herrschaft über
Venetien, Istrien und Dalmatien abtreten.

Die Herrschaftsorganisation

Karls Unternehmungen waren nur möglich, weil er
sich bei der Ausübung seiner Herrschaft auf eine gute
Organisation und die Unterstützung von Adel und Kirche verlassen konnte. Karl stützte sich dabei auf Or-
ganisationsformen, die noch aus der Zeit der Merowinger stammten.

Das Zentrum der Herrschaft bildete der Königshof, der bei Karl und fast allen ihm nachfolgenden Königen nicht an eine Residenz gebunden, sondern ständig auf Reisen war. Der König und sein Hofstaat wohnten gewöhnlich in den sogenannten Pfalzen, befestigten Häuserkomplexen, die dazu bestimmt waren, ihn und sein Gefolge bei den Reisen durch das Reich aufzunehmen. Die wichtigsten Dienstleute dieses Gefolges waren der Kämmerer, der sich um Unterhalt und Unterbringung des Hofstaats zu kümmern hatte, der Truchseß, der für die Verpflegung sorgte, der Mundschenk, der für die Getränke zuständig war, und der Marschall, der Pferde und Stallungen betreute.

Zudem wurden häufig Pfalzgrafen bestellt, die eigens mit der Verwaltung der königlichen Unterkünfte betraut waren. Neben diesen mit Adeligen besetzten weltlichen Ämtern gewann bei Karl die Hofgeistlich-

Karl der Große und Leo III. in der Gothaer Weltchronik, um 1270 (Gotha, Forschungs- und Landesbibliothek). Dargestellt sind die Kaiserrehebung Karls des Großen durch die Römer sowie Karl und Leo III., wie sie gemeinsam zu Gericht sitzen.

Reisekönige und Pfalzen

Ein Königtum ohne eine feste Residenz, das sogenannte Reise- oder Wanderkönigtum, sollte im ostfränkischen und später Römisch-Deutschen Reich bis ins späte Mittelalter bestehen. Der König und sein Hofstaat wohnten in sogenannten Pfalzen, befestigten Häuserkomplexen, die dazu bestimmt waren, ihn und sein Gefolge bei den Reisen durch das Reich aufzunehmen.

»Pfalz« leitet sich von lateinisch *palatium* her, dem Namen des römischen Hügels Palatin. Dort hatten die römischen Kaiser seit Augustus ihre Residenz.

keit an Bedeutung. Sie bestand aus den Kaplänen, die
zunächst den Reliquienschatz des Königs und Kaisers
betreuten und den Gottesdienst bei Hofe versahen. Da
sie alle lesen und schreiben konnten und die Kirchen-
und Verwaltungssprache Latein beherrschten, wurden
sie für die schriftlichen Verwaltungstätigkeiten des
Hofs herangezogen. Später hat man diese mit dem
amtlichen Schriftverkehr befaßte Einrichtung als Kanzlei und ihren Leiter als Kanzler bezeichnet.

Um eine enge Verbindung zwischen Herrscher und
Reich zu gewährleisten, wurden regelmäßig, meist an
hohen Kirchenfesten, Hoftage abgehalten. Zu diesen
Gelegenheiten hatten sich all diejenigen bei Hofe ein-
zufinden, die dem König bei der Ausübung seiner
Herrschaft im Reich zuarbeiteten. Sie mußten ihm dabei über ihre Tätigkeiten Rechenschaft ablegen und
mit ihm Fragen erörtern, die das Reich und seine Verteidigung sowie Rechtssicherung und Verwaltung be-
trafen. Bei Karl dem Großen waren dies in der Regel
Grafen, denn er hatte, um eine wirkungsvolle Rechtsprechung und Friedenssicherung zu ermöglichen, das
Reich in kleinere räumliche Einheiten unterteilt und in
ihnen Grafen als königliche Richter eingesetzt. Machthaber, die über größere Gebiete herrschten, hatte er
zum Zwecke der Vereinheitlichung der Verwaltung
und zur Sicherung seiner Machtstellung beseitigt, wie
die Absetzung Tassilos, des seinerzeit letzten verbliebenen Stammesherzogs, deutlich macht.

Das Lehnswesen

Eine zusätzliche Absicherung gegenüber den mächti-
gen Adeligen in seinem Reich bot dem Herrscher das
Lehnswesen, das sich seit dem siebten Jahrhundert im
Frankenreich entwickelt hatte und von Karl weiter aus-
gebaut wurde. Dem Lehnswesen lag das Prinzip zu
Grunde, daß ein Herr einem Untergebenen etwas für
erwiesene oder noch zu erbringende Leistungen lieh.
Gewöhnlich war das Geliehene (das Lehen) ein Stück
Land, das der Beliehene zu seiner Versorgung auf Le-
benszeit erhielt. Daraus entwickelte sich mit der Zeit

Das Leben der Bauern

Die Gesellschaft war im Mittelalter stark agrarisch geprägt. In den Dörfern bildeten freie und unfreie Bauern eine Gemeinschaft, die das Ackerland bebaute.

Im späten achten Jahrhundert entstand die sogenannte Drei-Felder-Wirtschaft. Dabei baute man auf dem ersten Acker Sommer- und auf dem zweiten Wintergetreide an; den dritten ließ man brach liegen. Zur besseren Nutzung des Bodens wechselte jedes Jahr die Bebauung bzw. Brache. Über Wald, Weide und Wasser durften gleichermaßen alle Dorfbewohner verfügen. Mithilfe der Drei-Felder-Wirtschaft gelang es, den Bodenertrag um 30 bis 50 Prozent zu steigern. Zuvor hatte man, wenn überhaupt, jährlich zwischen Anbau und Brache gewechselt.

Die freien Bauern waren wehrpflichtig. Sie hatten das Recht, Waffen zu tragen, waren aber auch verpflichtet, an Kriegszügen teilzunehmen. Dadurch konnte die Bebauung des Landes oft nicht mehr gewährleistet werden, was für die Bevölkerung erhebliche Versorgungsprobleme zur Folge hatte. Karl der Große verfügte schließlich in seinen Gesetzeswerken, daß nur der in den Krieg zu ziehen habe, der über vier bäuerliche Hofstätten mit zugehörigem Land verfügte, also insgesamt etwa 40 bis 80 Hektar Land. Wer weniger Besitz hatte, mußte sich mit anderen Bauern zusammenzutun, wobei pro vier Hofstätten stets ein Bauer Heerfolge leisten mußte. Die anderen hatten dann seine Felder mitzuversorgen.

Bauern konnten der Heerfolge entgehen, wenn sie sich einem Adeligen oder der Kirche unterstellten. Diese übernahmen dann seine Verpflichtungen und sorgten für seinen Schutz. Die Bauern traten in diesem Fall ihren freien Besitz an den Adeligen oder die Kirche ab und erhielten ihn gegen Dienstleistungen und Abgaben zur Bewirtschaftung zurück. Mit der Abgabe ihres Eigentums verloren die Bauern allerdings auch ihre Freiheit.

Landwirtschaftliche Arbeit war den Bauern vorbehalten. Edelleute gingen – wie hier in der Manessischen Liederhandschrift dargestellt – mit Falken auf die Jagd.

Petrus, Leo III. und Karl der Große, Kolorierte Federzeichnung, Rom nach 1595 (Biblioteca Apostolica Vaticana). Die Nachzeichnung der »Karlsseite« des Triklinumsmosaiks Leos III. zeigt Petrus, der Papst Leo und Karl dem Großen die Symbole ihrer geistlichen beziehungsweise weltlichen Macht überreicht.

ein wechselseitiges Treueverhältnis, wobei der Leihende (Lehnsherr) dem Beliehenen (Lehnsmann, Vasall) Schutz garantierte und von diesem im Gegenzug Rat und Hilfe, Hof- und Kriegsdienste erhielt, wann immer er sie einforderte. Da jeder Lehnsmann selbst wiederum Lehnsherr sein konnte, erfaßte das auf den König als obersten Lehnsherrn ausgerichtete System weite Teile der Gesellschaft. Seine Effizienz erwies sich besonders bei Karls Kriegszügen, denn es ermöglichte ein schnelles Heeresaufgebot durch die jeweiligen Lehnsmannen.

Kirchenreform und Bildungserneuerung

Auch der Unterstützung der Kirche hat sich Karl in vielfacher Weise versichert. So hat er nicht nur die Christianisierung in den von ihm eroberten Gebieten wesentlich unterstützt, sondern auch die Reform der fränkischen Kirche betrieben. Dabei war sein größtes Anliegen, bei den Geistlichen für die Verbreitung des Wortes Gottes ein Mindestmaß an Bildung sicherzustellen.

Um dies zu erreichen, hat er eine Reihe von Gelehrten an seinen Hof gezogen und von ihnen die begabtesten Schüler aus den Klöstern des gesamten Reichsgebiets unterrichten lassen. Nutzen davon hatte nicht nur die Kirche, sondern auch der Kaiser selbst, denn die nach ihrer Ausbildung wieder in sein Herrschaftsgebiet entsandten Schüler konnten wie die Geistlichen der Hofkapelle dem Reich zuarbeiten.

Neben der Schulausbildung regte Karl die Gelehrten seines Hofs auch dazu an, theologische Werke zu schreiben und Lehrbücher zu den Fächern zu verfassen, die seit der Antike die »sieben freien Künste« heißen. In diesem Sinne haben sich besonders Karls Vertrauter Alkuin und sein Schüler Hrabanus Maurus darum bemüht, diese Künste für die Auslegung der Heiligen Schrift nutzbar zu machen.

Die Sieben Freien Künste werden seit der Spätantike in zwei Gruppen unterteilt. Die Fächer des Trivium (Dreiweg) dienen der sprachlich-rhetorischen Ausbildung: Grammatik, Rhetorik, Dialektik. Das Quadrivium (Vierweg) umfaßt Fächer mit mathematischer Grundlage: Arithmetik, Geometrie, Astronomie und Musik.

Das Kloster Corvey ist 822 als direkt dem König unterstehendes Kloster gegründet und dem Heiligen Stephan geweiht worden. Es ist damit das älteste Kloster des damaligen Sachsen. Berühmt ist es durch sein Westwerk, das 885 vollendet wurde. Im neunten Jahrhundert erlangte Corvey als geistiges Zentrum für Sachsen eine zentrale Bedeutung, wie sie das Kloster Fulda für Franken und das Kloster auf der Reichenau für Schwaben hatte.

Hrabanus Maurus, Alkuin, Bischof Otgar von Mainz, Fulda, um 840 (Wien, Österreichische Nationalbibliothek, Ms. 652). Dargestellt ist Hrabanus Maurus, wie er von seinem Lehrer Alkuin zu Bischof Otgar von Mainz geführt wird, dem das Buch »Lob des Heiligen Kreuzes« gewidmet ist. Dieser Handschrift ist die Darstellung vorangestellt.

Karls Initiativen zur Bildungserneuerung erstreckten sich über das gesamte Reichsgebiet, erfaßten aber letztlich nur eine kleine Gruppe von Menschen. Zwar setzte sich Karl schon früh für Schulen ein, die nicht nur Weltgeistlichen und Mönchen zugänglich sein sollten, doch letztlich blieb der Kreis der Schüler auf diese Personengruppen beschränkt und betraf auch nur die im ganzen Reich nach wie vor lateinische Kultur.

In der breiten Bevölkerung bahnten sich inzwischen Veränderungen an, die nicht nur die kulturelle, sondern auch die politische Entwicklung des Frankenreichs nachhaltig beeinflussen sollten. In den einzelnen Regionen kam es zunehmend zur Ausbildung sprachlicher Unterschiede bis hin zur

Hl. Johannes, Lorscher Evangeliar, Hofschule Karls des Großen, um 810 (Biblioteca Apostolica Vaticana). Der Lorscher Kodex ist das zeitlich letzte erhaltene Werk der Hofschule Karls des Großen.

Entstehung eigener Volkssprachen. Sie sollten schon bald, unter Karls Enkeln, nicht wenig zur Teilung des Herrschaftskomplexes in ein west- und ein ostfränkisches Reich beitragen.

Der Zerfall des Fränkischen Großreichs

Karl der Große hat sein Reich 814 Ludwig dem Frommen hinterlassen, dem einzigen seiner Söhne, der ihn überlebte. Erbstreitigkeiten blieben daher bei diesem Herrscherwechsel aus. Doch noch zu Lebzeiten Ludwigs (gest. 840) stellten sich wieder die Nachfolge- und Erbstreitigkeiten ein, die das Reich schon unter den Merowingern geschwächt hatten. Ludwig selbst hat sie frühzeitig heraufbeschworen, weil er bereits kurz nach Beginn seiner Herrschaft daran ging, zwei grundsätzliche Probleme zu lösen: wie er das Reich nach fränkischer Tradition unter seine drei Söhne aufteilen könnte und wie er mit dem unteilbaren Kaisertum zu verfahren hätte. Ludwig hat 817 in einer »Reichsanordnung« *(ordinatio imperii)* seinen ältesten Sohn Lothar zum Kaiser bestimmt und verfügt, daß er den größten Teil des Reiches erhalte; den beiden jüngeren – Pippin und Ludwig – wies er kleinere Territo-

Ludwig der Fromme in Hrabanus Maurus' Laus sanctae crucis (Biblioteca Apostolica Vaticana). In dem sprachlich hochkomplexen Werk hob Hrabanus Maurus innerhalb eines bestehenden Textes bestimmte Buchstaben so hervor, daß sie einen eigenen Text und ein Bild ergaben.

Karl der Große und sein Sohn Pippin von Italien, in: Liber legum, Oberitalien, Ende des 10. Jahrhunderts (Modena, Biblioteca Capitolare). Das Buch enthält eine Sammlung von Gesetzestexten Karls und Pippins.

rien zu und erlegte ihnen die Unterordnung unter Lothar auf.

Da sich Ludwig der Fromme selbst schon kurz darauf nicht mehr an seine Anordnung hielt und nachträglich einen Reichsteil für einen weiteren Sohn aus zweiter Ehe (Karl den Kahlen) bestimmte, kam es zur Auflehnung der Söhne gegen den Vater. Die Auseinandersetzungen, in denen schließlich alle Brüder in wechselnden Allianzen auch gegeneinander vorgingen, überdauerten den Tod Ludwigs des Frommen. Sie wurden erst 843 mit einem Vertrag beigelegt, in dem das Reich nach dem frühen Tod Pippins (gest. 838) unter den drei verbliebenen Brüdern aufgeteilt wurde. Im Vertrag von Verdun wurde Lothar als Kaiser das fränkische Kerngebiet zugesprochen, das von der Nordsee bis nach Italien reichte, den Ostteil erhielt Ludwig »der Deutsche«, den Westen Karl der Kahle.

Die Vorstellung von der Einheit des Reichs geriet danach genauso schnell in Vergessenheit wie das Kaisertum als allumfassende zivile und militärische Befehlsgewalt. Nach dem Tod Lothars fiel der Kaisertitel 855 mitsamt den italienischen Territorien des abermals aufgeteilten Teilreichs an Ludwig, den ältesten seiner drei Söhne. Danach blieb das Kaisertum an die Herrschaft über Italien gebunden, wo es verschiedene Könige bis 924 erwarben oder für sich in Anspruch nahmen.

Das Reich der Franken wurde nach zahlreichen weiteren Teilungen und neuerlichen Zusammenführungen einzelner Territorien 885 ein letztes Mal in einer Hand vereint. Da alle anderen Linien der Karolinger inzwischen ausgestorben waren, übernahm Karl III. »der Dicke«, ein Sohn

Kaiser Lothar, Tours, um 850 (Lothar-Evangeliar, Paris, Bibliothèque Nationale).
Lothar, der Sohn Ludwigs des Frommen, war ab 817 Mitkaiser. Das Evangeliar entstand aus Anlaß seiner Versöhnung mit seinem Bruder Karl dem Kahlen. Das Bild ist ganz auf die Darstellung von Lothars Macht angelegt: Dem gebieterisch Thronenden sind zwei Soldaten beigegeben, die Schwert, Lanze und Schild halten.

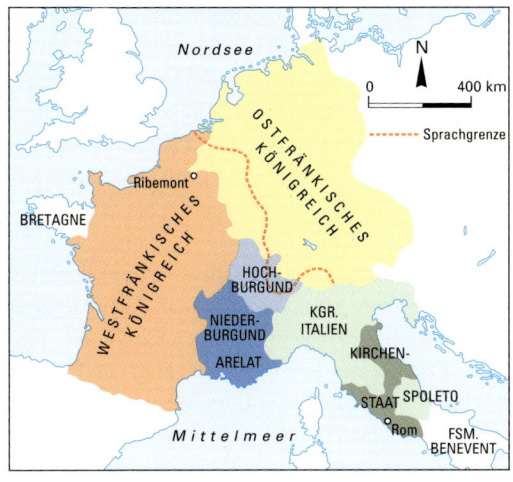

Die Karte zeigt die Folgereiche des karolingischen Großreichs nach dem letzten der zahlreichen Teilungsverträge, dem Vertrag von Ribemont im Jahre 880.

Ludwigs des Deutschen, auch die Herrschaft über die anderen Reichsteile. Er war den Herausforderungen der Regierung eines derart großen Herrschaftsgebiets allerdings nicht gewachsen und wurde daher schon 887 von führenden Adeligen zur Abdankung gezwungen. Ein schwerwiegendes Problem, dessen er nicht Herr geworden war, bildete die Verteidigung des Reichs gegen eine zunehmende Zahl äußerer Angriffe, nicht nur im Süden von den Arabern, sondern seit der Mitte des Jahrhunderts auch im Norden. Dort sorgten normannische Verbände aus Skandinavien für Unruhe, die mit wendigen Schiffen nicht nur schnelle Raubzüge an den Küsten unternahmen, sondern auch Flüsse hinauffuhren und vor allem Klöster und Städte plünderten.

Da der König den erforderlichen Schutz nicht gewähren konnte, gelang es verschiedenen Adeligen im Süden des Reichs, eigene Königreiche zu begründen. So sind aus dem Fränkischen Großreich 887/888 schließlich fünf Königreiche hervorgegangen: Neben den nun wieder getrennten westfränkischen und ostfränkischen Reichen Hoch- und Niederburgund sowie Italien. Die Reiche sollten sich von nun an weitgehend unabhängig von einander entwickeln.

Frankreich
987 Ende der Herr-
schaft der Karolin-
ger, Beginn der Dy-
nastie der Kapetin-
ger (franz. Könige bis
1792).

England
871–899 Alfred der
Große König von
Wessex
Kämpfe gegen die
Dänen
959–975 Edgar
Herrscher über ganz
England
1016–1035 Knut
der Große (von Däne-
mark) wird zum engli-
schen König gewählt

Nach dem Auseinanderfallen des karolingischen Großreichs trat die politische Geschichte Europas in eine
neue Phase – das sogenannte Hochmittelalter. Die
Herrschaftsformen sollten sich in den karolingischen
Nachfolgereichen allerdings erst nach und nach konsolidieren. Dabei kam es im Osten nach einer längeren
Übergangsphase zu einer grundsätzlichen dynastischen Neuorientierung.

Im ostfränkischen Reich wählten die einflußreichsten Adeligen mit Arnulf von Kärnten, einem Neffen
Karls des Dicken, noch einmal einen Karolinger zum
König. In seiner rund zwölfjährigen Herrschaft
(887–899) mußte sich Arnulf vor allem mit der Verteidigung des Reichs befassen. Der Bevölkerung machten
nicht nur die Normanneneinfälle im Norden zu schaffen. Im Osten und in Oberitalien verbreiteten gegen
Ende des Jahrhunderts zudem die Angriffe von ungari-

Die Karte zeigt die Lage
und Ausdehnung der
deutschen Stammesher-
zogtümer im 10. Jahr-
hundert.

schen Reiterverbänden Angst und Schrecken. Angesichts der dauernden massiven Bedrohung durch äußere Feinde trat besonders nach Arnulfs Tod (899) unter seinem noch minderjährigen Sohn, Ludwig dem Kind (900–911), die Machtlosigkeit des Königtums deutlich hervor. Da sich die Bevölkerung daraufhin ohne den König zu helfen suchte, kam es zu Entwicklungen, die für die Herrschaftsstruktur im Reich von nachhaltiger Bedeutung waren: Die Selbsthilfe bedurfte der Organisation und damit einer Führung, für die sich in verschiedenen Stämmen des Reichs mächtige Adelsfamilien empfahlen und nach zahlreichen Rivalitätskämpfen auch durchsetzten. Als Ludwig das Kind 911 starb, hatten sich in Sachsen, Bayern und Franken unter adeliger Führung neue Stammesherzogtümer ausgebildet, zu denen wenig später das Herzogtum Schwaben hinzutrat. Die Bedeutung der Stammesherzöge zeigte sich noch im selben Jahr, als sie sich entschieden, einen aus ihrer Mitte zum neuen König zu bestimmen – den Frankenherzog Konrad.

Konrad I. und die Stammesherzöge

Die Wahl Konrads (911–918) macht zunächst zweierlei deutlich: Zum einen, daß unter den Stämmen des ostfränkischen Reichsteils und ihren Repräsentanten ein Bewußtsein der Zusammengehörigkeit entstanden war, das auch ohne das karolingische Königtum bestand; und zum anderen, daß dem fränkischen Stamm nach wie vor eine zentrale Bedeutung für die Herrschaft über das Reich beigemessen wurde.

911–918 Konrad I.

Es war allerdings noch unklar, wie die Machtverhältnisse zwischen dem König und den Stammesherzögen geregelt würden. Da der neue Herrscher aus ihren Reihen stammte und sich nicht auf eine karolingische Abstammung berufen konnte, war er den Herzögen in keiner Weise überlegen. Doch König Konrad verkannte die neue Lage und verlegte sich darauf, seine Ansprüche am Königtum der Karolinger zu orientieren. Weil er daher eine Unterordnung der Stammesherzöge unter seine Macht erwartete und diese dazu nicht bereit waren, ging er schließlich gegen sie vor. Dabei versuchte er sich der Kirche und einflußreicher Bischöfe zu versichern, doch war der Klerus in der Regel auf einen Ausgleich mit den neuen Stammesgewalten bedacht.

Zu einer folgenreichen Machtprobe zwischen König und Bischof auf der einen und zwei Anwärtern auf das Stammesherzogtum auf der anderen Seite kam es jedoch in Schwaben. Dort hatten die Brüder Erchanger und Berthold den königstreuen Bischof Salomo von Konstanz in ihre Gewalt gebracht und wurden nach ihrer Gefangennahme dafür von einer Synode 916 zu lebenslanger Haft verurteilt. Konrad setzte sich über dieses Urteil hinweg und ließ die beiden hinrichten, womit er die Stammesherzöge noch mehr gegen sich aufbrachte. Als Konrad 918 starb, war deutlich, daß schon kurz nach Ausbildung der Stammesherzogtümer ein Königtum ohne Einbeziehung der Stammesgewalten nicht mehr möglich war.

Heinrich I. und die Konsolidierung des Reichs

Konrad traf die weitblickendsten Entscheidungen erst, als er schon im Sterben lag. Angesichts der Machtverhältnisse im Reich erwirkte er bei seiner Familie den Verzicht auf geblütsrechtliche Ansprüche hinsichtlich des Throns und empfahl den Stammesherzögen die Wahl seines mächtigsten Gegners, des sächsischen Herzogs Heinrich.

Da die Herzöge von Schwaben und Bayern der Wahl fernblieben, war für Heinrich I. (919–936) die Ausgangslage seiner Königsherrschaft denkbar ungünstig. Doch anders als Konrad war er um einen Ausgleich mit den Stammesgewalten bemüht. Von entscheidender Bedeutung für die Regelung der Machtverhältnisse im Reich war es, daß Heinrichs endgültige Anerkennung der Stammesherzöge daran gekoppelt war, daß diese ihm huldigten und einen Vasalleneid leisteten. Dadurch wurden Herrscher und Stammesgewalten durch das beide Seiten verpflichtende Lehnsrecht aufeinander bezogen und aneinan-

919–936 Heinrich I.
925 Angliederung Lothringens an das ostfränkische Reich
926 Waffenstillstand mit Ungarn
933 Sieg über die Ungarn an der Unstrut
933 Unterwerfung der Elbslaven und Böhmen

der gebunden. Die Herzöge wurden auf diese Weise nach dem König die ersten Teilhaber an der Macht im Reich. Sie lösten damit auf höherer Ebene die Grafen ab, die unter den Karolingern die Vertreter der königlichen Zentralgewalt gewesen waren und sich nun, meist abermals durch lehnsrechtliche Bindungen, den Herzögen anschlossen. Und noch in einer weiteren Hinsicht hat Heinrich eine grundlegende Entscheidung für das Reich getroffen: In seiner »Hausordnung« von 929 regelte er seine Nachfolge dahingehend, daß nur einer seiner Söhne, Otto, mit der Zustimmung der Herzöge die Macht übernehmen sollte. Heinrich brach also mit dem alten Herkommen, das allen Königssöhnen den gleichen Anteil an der Herrschaft zusprach. Auf diese Weise sicherte er

Heinrich I., Kaiserchronik, um 1113 (Cambridge, Corpus Christi College, Ms. 373). Die Darstellung stammt aus einer anonymen Kaiserchronik, die für Kaiser Heinrich V. verfaßt wurde.

Verwandtschaftstafel der Ottonen, Salier und Staufer, 2. Hälfte 12. Jahrhundert (Wolfenbüttel, Herzog August Bibliothek, Cod. Guelf. 74.3 Aug. 2°). Auf der Tafel aus der Chronica Sancti Pantaleonis werden die Verwandtschaftsverhältnisse zwischen den drei Herrschergeschlechtern des Hochmittelalters dargelegt.

die Reichseinheit und begründete das Prinzip der Unteilbarkeit der Herrschaft, das auch in anderen europäischen Königshäusern für die Nachfolgeregelung maßgeblich werden sollte.

Neben der inneren Konsolidierung hat sich Heinrich um die Erweiterung und Absicherung des Reichs nach außen verdient gemacht. Das vordringlichste Problem bildeten nach wie vor die Attacken der ungarischen Beutekrieger im Osten, zu denen inzwischen etwas nördlicher auch Grenzübergriffe von slawischen Verbänden gekommen waren. Daß seine Truppen den schnell und überraschend agierenden ungarischen Reitern unterlegen waren, mußte Heinrich schon 926 bei seinen ersten Kämpfen mit ihnen einsehen. Doch gelang es schließlich, einen ungarischen Führer gefangenzunehmen, gegen dessen Auslieferung ein neunjähriger Waffenstillstand ausgehandelt werden konnte. Heinrich nutzte die Zeit, um die Grenzgebiete durch Burgen zu sichern und nach ungarischem Vorbild Reiterverbände zusammenzustellen und auszubilden. Vermutlich hat er diese neuen Truppen schon 928 gegen die Slawen eingesetzt, die er unterwerfen und zurückdrängen konnte, was ihm die Möglichkeit bot, nach karolingischem Vorbild die Reichsgrenze an dieser Stelle durch Marken zu sichern. Nach Ablauf des Waffenstillstands konnte er mit seinen geübten Verbänden dann 933 auch einen Sieg über die Ungarn erringen, die bis zum Ende seiner Regierungszeit keinen Angriff mehr auf Reichsgebiet wagten.

Im Westen war die Lage weniger kompliziert, doch hat sich Heinrich I. auch hier von Anfang an um klare Verhältnisse bemüht. Schon 921 traf er sich mit dem westfränkischen König Karl »dem Einfältigen« und schloß mit ihm einen Freundschaftsvertrag, der die Unabhängigkeit des west- und des ostfränkischen Reichs festschrieb. Und 925 konnte er den zwischen den beiden fränkischen Reichen taktierenden lothringischen Herrscher Giselbert an sich binden und dessen Herrschaftsgebiet als fünftes Herzogtum dem ostfränkischen Reich eingliedern.

Reich und Kirche unter Otto dem Großen

Mit Lothringen kam auch die Lieblingspfalz Karls des Großen in Aachen an das ostfränkische Reich. In ihr fand 936 die Königserhebung von Heinrichs Sohn Otto (936–973) statt, in deren Verlauf in vielfacher Weise das fränkisch-karolingische Erbe des Reichs beschworen wurde. Bei seiner Inthronisation wurden Erbrecht, Wahl und kirchlich vermitteltes Gottesgnadentum miteinander verbunden. Die erste wichtige Entscheidung zugunsten Ottos hatte sein Vater bereits 929 gefällt, als er ihn zu seinem alleinigen Nachfolger bestimmte. Nun erfolgte zunächst die Wahl Ottos durch die Franken und Sachsen, die sich als Kernvölker des Reichs verstanden, und die Benennung Aachens als Ort einer allgemeinen, alle Stämme einbeziehenden Wahl.

Im Vorhof des Aachener Münsters erhoben dann im Sommer 936 die Herzöge und einflußreichen Adeligen aller Stammesherzogtümer Otto auf einen Thron und leisteten ihm den Treueid. Anschließend betrat Otto, der mit Blick auf die Ursprünge des Reichs nach fränkischer Sitte gekleidet war, das Münster, wo zunächst Vertreter des Volkes durch Beifallsbekundungen der Wahl der Herzöge und Adeligen zustimmten. Erst dann setzte die kirchliche Zeremonie ein, in deren Verlauf es zur Übergabe der Herrschaftszeichen (Schwert, Mantel, Zepter, Diadem) an Otto kam und die Bischöfe von Mainz und Köln seine Salbung und Krönung vornahmen. Danach wurde Otto zum Thron Karls des Großen geleitet, von dem aus er dem anschließenden Gottesdienst beiwohnte. Die Feierlichkeiten wurden durch ein Krönungsmahl in den Räumen der Pfalz abgerundet, bei dem die

936–973 Otto I., »der Große«
936 Markgraf Hermann Billung gegen Slawen eingesetzt
950 Unterwerfung Böhmens
955 Sieg über die Ungarn auf dem Lechfeld bei Augsburg
962 Kaiserkrönung in Rom
968 Gründung des Bistums Magdeburg als Missionszentrum für den Osten

Blick in das Oktogon des Aachener Münsters.

Der Thron Karls des Großen im Aachener Münster.

Herzöge dem neuen König als Kämmerer, Truchseß, Mundschenk und Marschall dienten und damit symbolisch ihre Unterordnung unter seine Herrschaft zum Ausdruck brachten.

So harmonisch wie sich das Verhältnis zwischen dem neuen König und den Herzögen hier noch darstellte, blieb es nicht lange, denn die Stammesgewalten waren nicht bereit, sich Otto in dem Maße unterzuordnen, wie er es von ihnen verlangte. Zudem machte sich bei Ottos Verwandten Unmut über die Nachfolgeregelung breit, die sie von der Macht im Reich ausschloß. Otto entschied daher, beide Probleme zugleich zu lösen, indem er den aufständischen Adelsfamilien ihre Herzogtümer entzog und seine Verwandten an deren Stelle einsetzte. So übertrug er Schwaben 940 seinem Sohn Liudolf, Lothringen 944 seinem Schwiegersohn Konrad und Bayern 947 seinem Bruder Heinrich. Nur Franken, dessen Herzog bereits 741 verstorben war, verwaltete er selbst. Otto hoffte die Herzogtümer durch die familiären Beziehungen besser kontrollieren zu können, mußte jedoch bald feststellen, daß er nicht auf seine Verwandten bauen konnte. Schließlich kam es 953/954 sogar zu einem Aufstand Liudolfs gegen seinen Vater – eine Revolte, der sich auch Konrad von Lothringen anschloß. Otto gelang es nur deshalb, den Aufstand niederzuschlagen, weil Liudolf und Konrad viele Anhänger verloren, die es nicht billigten, daß mit den Ungarn paktiert wurde, die das Reich nach wie vor raubend und brandschatzend durchzogen.

Das »ottonische Reichskirchensystem«

Aus der Erkenntnis heraus, daß er bei seiner Herrschaft nur bedingt auf die Hilfe seiner Verwandten und der Stammesherzöge zählen konnte, unternahm Otto

Die Reichskleinodien

Die Reichskleinodien sind ein Bestand von Herrschaftszeichen, Reliquien und Königsgewändern des Heiligen Römischen Reichs, der über die Jahrhunderte von den verschiedenen Herrschern erweitert wurde. Zu den Herrschaftszeichen zählen:

• Die Reichskrone, die im frühen und hohen Mittelalter eine unter vielen Kronen war. Ihre kunstgeschichtliche Datierung ist umstritten. Seit dem frühen 14. Jahrhundert gilt sie als Krone Karls des Großen.

• Das Reichsschwert.

• Ein Zepter als traditionelles Zeichen der Herrschaft.

• Der Reichsapfel als Symbol der umfassenden Macht im Reich.

Zu den wichtigsten Reliquien des Reichs gehörten die sogenannte Stephansbursa, eine Kapsel mit Erde aus Jerusalem, die mit dem Blut des ersten christlichen Märtyrers Stephan getränkt sein soll; die heilige Lanze, in deren Blatt ein Nagel eingelassen ist, der angeblich vom Kreuz Christi stammt, sowie das sogenannte Reichskreuz, in dessen Längsschaft ein großes Stück vom Kreuz Christi eingearbeitet sein soll.

Bei den Königserhebungen kam zudem das zu Zeiten Karls des Großen geschaffene Krönungsevangeliar zum Einsatz, worauf der König oder Kaiser seinen Eid leisten mußte.

Die Reichskleinodien galten besonders bei der Krönung als zusätzlicher Ausweis für die Legitimität der königlichen Herrschaft, sie waren aber keine notwendige Voraussetzung für die Rechtmäßigkeit oder für die Rechtsgültigkeit der Krönung. Sie wurden von den Königen und Kaisern an verschiedenen Orten verwahrt, zum Teil wurden auch – zum Beispiel

bei wichtigen Schlachten – mitgeführt. Von 1125 bis 1298 wurden die Reichskleinodien mit Unterbrechungen auf der Burg Trifels in der Pfalz aufbewahrt. Karl IV. holte sie im 14. Jahrhundert nach Böhmen. 1424 übergab sie Kaiser Sigismund der Reichsstadt Nürnberg zur ewigen Aufbewahrung. Vor den Truppen Napoleons wurden sie zur Sicherheit nach Wien gebracht, wo sie – mit einer kurzen Unterbrechung durch eine von Hitler veranlaßte Rückverlegung nach Nürnberg – seit 1806 in der Schatzkammer der Hofburg aufbewahrt werden.

Die vier wichtigsten Reichskleinodien: die Reichsinsignien Krone, Reichsapfel, Zepter sowie das Reichskreuz

einen weiteren Versuch zur Neuordnung des Reichs und setzte dabei auf die Kirche. Sie sollte ein wirksames Gegengewicht zu den Stammesherzögen bilden und die Grundlagen der Königsmacht stärken.

Otto versicherte sich der kirchlichen Unterstützung vor allem durch Landschenkungen an Bischöfe und Äbte, wobei die betreffenden Ländereien im Obereigentum des Reichs blieben und die Beschenkten

Innenansicht des Westwerks von St. Pantaleon in Köln. Bei dem Westwerk der Kirche wurden karolingische Traditionen fortgeführt. Die Empore des Westwerks bot dem Kaiser die Möglichkeit, seinem Amt gemäß von erhöhter Position aus dem Gottesdienst beizuwohnen. Zugleich wurde durch den Ausbau des Westwerks mit einem Westchor die Zweipoligkeit der kaiserlichen Herrschaft – Priestertum und Königtum – in der Kirche sinnfällig zum Ausdruck gebracht.

zum Dienst für den König verpflichteten. Die Vorteile dieses Vorgehens lagen darin, daß sich Otto für größere Territorien der kirchlichen Verwaltung bedienen konnte, die ohnehin der weltlichen überlegen war. Außerdem entfiel bei den Geistlichen die Erblichkeit, so daß die Schenkungen nach deren Tod an das Reich zurückgingen.

Vor allem aber konnte Otto als König, der durch das Gottesgnadentum und die Salbung nach christlichem Verständnis geheiligt war, in kirchlichen Angelegenheiten Entscheidungen treffen und auf Bischofswahlen Einfluß nehmen: Selbstverständlich behielt er sich das Recht der Bestätigung eines Gewählten vor oder, häufiger noch, nominierte selbst einen Kandidaten, der dann vom Klerus der entsprechenden Kirche zu wählen war. Anders als seine Vorgänger griff Otto bei den Nominierungen nicht mehr auf Kandidaten aus der jeweiligen Kirche zurück, sondern zog Mitglieder der Hofkapelle heran – also Personen, die ihm persönlich verbunden waren, die sich durch den Dienst bei Hofe bereits mit den Reichsgeschäften auskannten und bei denen er sicher sein konnte, daß sie zusammenarbeiteten.

Ottos Bruder Brun war der typischste Vertreter dieser ganz auf den König bezogenen, systematisch in die Reichsverwaltung einbezogenen Kirche, die das Kernstück des sogenannten »ottonischen Reichskirchensystems« bildete. Als langjähriger Vorsteher der Hofkapelle und Erzbischof von Köln hat Brun neben der Leitung seines Bistums die Verwaltung von ganz Lothringen übernommen, das Herzog Konrad nach seinem Aufstand entzogen worden war.

Die Sicherung des Reichs im Osten

Wie sehr Otto die Kirche in sein machtpolitisches Handeln einbezog, zeigt sich auch bei seinen Bemühungen zur Sicherung des Reichs gegen die Slawen und Ungarn. Nach vereinzelten Missionsversuchen unter seinem Vater verlegte sich Otto auf die systematische Christianisierung der unter ihm weiter ausgebauten Marken und der östlich an sie angrenzenden Gebiete. So band er die eroberten Territorien zusätzlich an sein Reich. Auf diese Weise förderte er seit Beginn seiner Herrschaft den Aufbau der kirchlichen Organisation im Osten und Norden und wirkte neben der Erhebung seiner bereits 937 gegründeten Lieblingsstiftung Magdeburg zum Bischofssitz auf die Einrichtung zahlreicher weiterer Bistümer hin.

Wie sehr Ottos Kämpfe gegen die Völkerschaften im Osten aus seinem christlichen Denken heraus begründet waren, macht auch sein Vorgehen gegen die Ungarn deutlich: Bevor er sich mit seinen Truppen 955 auf dem Lechfeld südlich von Augsburg den ungarischen Verbänden entgegenstellte, die bis dato ständig ins Reich eingefallen waren, gelobte er die Gründung eines Bistums in Merseburg. Nach seinem epochalen Sieg, der ganz Mitteleuropa von der Ungarngefahr befreite, wurde Merseburg zu einem der wichtigsten Zentren der Mission im Osten. Zur Christianisierung der Ungarn, die nach ihrer schweren Niederlage gegen Otto seßhaft wurden und im Donaubecken siedelten, sollte es zu Lebzeiten Ottos allerdings nicht mehr kommen.

Italienpolitik und die Erneuerung des Kaisertums

Neben seinem Engagement im Osten des Reichs ist Otto auch mehrmals mit Kampfverbänden nach Italien gezogen. Dort war es in den späten 940er Jahren zu Auseinandersetzungen um die langobardische Königsherrschaft gekommen, wobei Markgraf Berengar von Ivrea die Oberhand gewann und die Königswürde für sich in Anspruch nahm. Otto mußte handeln, denn Berengar war durch einen Treueid an ihn gebunden

Die Italienzüge Ottos I.
951–952
Erster Italienzug
961–965
Zweiter Italienzug
966–972
Dritter Italienzug

und hatte somit die Machtstellung usurpiert. Otto wies Berengar in seine Schranken, heiratete Adelheid, die Witwe des letzten langobardisch-italienischen Königs, und machte sich selbst, wie einst Karl der Große, zum »König der Franken und Langobarden«.

Schon damals bemühte sich Otto wie sein Vorbild Karl um die Erhebung zum Kaiser, stellte seine Pläne jedoch zurück, als er mit seinem Wunsch in Rom auf Ablehnung stieß. Erst zehn Jahre später, als ihn Papst Johannes XII. (955–964) gegen den wieder erstarkten Berengar zu Hilfe rief, zog Otto abermals nach Italien und wurde am 2. Februar 962 in der Peterskirche in Rom vom Papst gesalbt und zum Kaiser gekrönt. Wenige Tage später bestätigte Otto in einer Urkunde, dem sogenannten »Ottonianum«, unter ausdrücklicher Berufung auf Pippin III. und Karl den Großen den territorialen Besitzstand der Kirche in Mittelitalien (das *Patrimonium Petri*) und die damit verbundenen Rechte, sicherte sich die Oberhoheit über die Gebiete und verbürgte sich für ihren Schutz. Otto sah sich also auch hier in der Tradition Karls des Großen, ging jedoch in einem weiteren Passus der Urkunde über ihn hinaus: Er machte nämlich zur Bedingung, daß jeder neu gewählte Papst ihm oder einem seiner Gesandten vor der Weihe einen Treueid zu leisten hätte und sicherte sich damit Einfluß auf künftige Papsterhebungen.

Kaiserin Adelheid und Odilo von Cluny (?), Evangeliar, Metz, um 1000 (Paris, Bibliothèque Nationale). Adelheid, die zweite Frau Ottos des Großen, stammte aus Burgund, dessen berühmtestes Kloster Cluny war. Vermutlich ist hier Odilo, der Abt des Klosters, zusammen mit Adelheid dargestellt.

In einer anderen Hinsicht stand Otto jedoch weit hinter Karl zurück: Er herrschte nur noch über einen Teil des ehemaligen Fränkischen Reichs. Mit diesem ostfränkischen, später deutschen Reich aber verband er nun erneut das römische, durch den Papst verliehene Kaisertum und machte es für seine Nachfolger zum

Maßstab herrschaftlicher Machtfülle. Von nun an mußten alle ostfränkisch-deutschen Könige, die zur höchsten weltlichen Würde aufsteigen wollten, ihre Herrschaft über den italienischen Reichsteil festigen und sich um ein gutes Verhältnis zu den Päpsten bemühen, die allein befugt waren, die Kaiserkrönung in Rom vorzunehmen.

Daß mit der Kaiserwürde allein noch nicht viel gewonnen war, mußte Otto allerdings bereits kurz nach seiner Krönung feststellen. Er war gezwungen, seine Macht in zahlreichen Auseinandersetzungen mit den Römern und mit verschiedenen Päpsten durchzusetzen, die gegen seine Bestimmungen die Kirchenführung übernahmen. Er konnte daher erst 965, nach Beilegung der Konflikte, in den Reichsteil nördlich der Alpen zurückkehren. Doch schon 966 brach er zu seinem nunmehr dritten, sechsjährigen Italienzug auf, bei dem er zur Festigung seiner Macht über Rom hinaus in den Süden der Apenninhalbinsel vordrang. Dort brachte er die langobardischen Fürsten dazu, ihm ihre Treue zu geloben und eroberte zudem große Gebiete, die dem byzantinischen Kaiser unterstanden. Ihre teilweise Rückgabe knüpfte Otto an die Bedingung, daß ihn der byzantinische Kaiser als gleichrangigen Herrscher anerkannte, wozu sich dieser nach langwierigen Verhandlungen bereit erklärte. Eine feierliche Bestätigung fand diese Anerkennung schließlich in der Verbindung beider Herrscherhäuser durch die Ehe von Ottos gleichnamigem Sohn mit Theophanu, einer Nichte des byzantinischen Kaisers.

Elfenbeinrelief mit Otto II. und Theophanu, Süditalien (?), 972–983 (Paris, Musée National du Moyen Age). Die Darstellung zeigt Christus, der Otto II. und seine Frau Theophanu krönt.

Ottonische Bildungserneuerung

Die historische Bedeutung von Otto I., der schon von Zeitgenossen den auch später nie in Zweifel gezogenen Beinamen »der Große« erhielt, blieb nicht auf den Bereich der Politik beschränkt. Mit ihm selbst, seinem Sohn und seinem Enkel, die ihm auf dem Thron folg-

ten, steht auch ein kultureller Aufschwung in Verbindung, der bisweilen als »Ottonische Renaissance« bezeichnet wird.

Eine »Wiedergeburt« erlebte die Kultur zur Zeit Ottos I. insofern, als der politische Niedergang im 9. Jahrhundert auch auf Bildung und Kunst durchgeschlagen hatte und es nun, als sich die Königsmacht festigte, in diesen Bereichen zu einer neuen Blüte kam. Otto selbst nahm auf die kulturellen Entwicklungen wenig Einfluß, schuf aber zumindest die politischen und materiellen Rahmenbedingungen, innerhalb derer sie sich entfalten konnten. In einem nach außen und im Innern konsolidierten Reich entwickelten sich vor allem die Kloster- und Domschulen, die Otto, abermals nach dem Vorbild Karls des Großen, förderte. Besonders die Domschulen waren dabei dar-

Fußwaschung aus dem Evangeliar Ottos III., um 1000 (Reichenau, Bayerische Staatsbibliothek München). Ein anschauliches Beispiel für die in der ottonischen Buchillustration typischen expressiven Gebärdenfiguren.

Kaiser Otto II. oder Otto III., Fragment des
Registrum Gregorii, Tier um 983 (Chantilly,
Musée Condé). Die Darstellung des thronenden Kaisers macht den Herrschafts-
anspruch des Herrschers deutlich: Ihm
huldigen vier Frauen, die laut Inschrift für
die Provinzen Germania, Francia, Italia und
Alemannia stehen. Unklar ist, um wen es
sich bei dem dargestellten Herrscher handelt: Die Illumination des Manuskripts wurde noch zu Lebzeiten Ottos II. von Erzbischof Egbert von Trier in Auftrag gegeben.
Da Otto II. einen Bart trug, ist hier wohl
Otto III. wiedergegeben.

auf ausgerichtet, Kenntnisse zu
vermitteln, die im Sinne von Ottos
Herrschaftskonzeption für Reich
und Kirche gleichermaßen nützlich
sein konnten. In den Klosterschulen
wurden darüber hinaus sprachlich-literarische Fertigkeiten gepflegt, die zum Beispiel in den Dichtungen
der Stiftsdame Hrotsvitha von Gandersheim (gest. um
975) Niederschlag gefunden haben. Die Ehe von Ottos
Sohn mit Prinzessin Theophanu förderte zudem den
kulturellen Austausch mit Byzanz, wodurch Buchmalerei und Architektur des ostfränkisch-deutschen
Reichs neue Inspirationen erhielten.

Otto II. und die Krise des Reichs

Otto der Große wirkte früh auf Kontinuität im Königtum hin und ließ seinen Sohn bereits 961 zum König
wählen und krönen; 967 erhob er ihn außerdem zum
Mitkaiser. Dennoch warf nach dem Tod Ottos des
Großen (973) die Thronfolge Probleme auf. Sie hatten ihre Ursache im Machtgefüge des Reichs. Die
Herzöge und Adeligen als Träger der auf den König
ausgerichteten Machtstrukturen mußten bei jedem
Herrscherwechsel in ihren Positionen bestätigt werden. Blieb dieser Akt aus oder kam es zu Umbeset-
zungen, war das sorgfältig austarierte Machtgefüge in
seiner Funktion bedroht.

973–983 Otto II.
967 Mitkaiser ne-
ben seinem Vater
962 Vermählung
mit der byzantini-
schen Prinzessin
Theophanu
976 Absetzung Hein-
rich des Zänkers
(Herzog von Bayern)
980–983 Italienzug

Dies trat offen zu Tage, als nach dem Tod des Schwabenherzogs Burchard (973) Otto II. das Herzogtum an seinen eigenen Neffen Otto vergab und damit den Bayernherzog Heinrich düpierte, der als Schwager des Verstorbenen ebenfalls Ansprüche erhob. Heinrich schürte daraufhin durch seine Beziehungen zu höheren Adelskreisen einen Aufstand, dem sich nicht nur zahlreiche Adelige in Bayern, Schwaben und Lothringen anschlossen, sondern der auch Böhmen und Polen mit einbezog. Otto II. gelang es erst 978 nach wechselvollen Kämpfen den Aufstand niederzuwerfen, Herzog Heinrich »den Zänker« abzusetzen und dessen bayerisches Herzogtum zusammen mit Schwaben an seinen Neffen zu vergeben. Zur Schwächung der bayerischen Macht trennte er zudem Kärnten als neues Herzogtum von Bayern ab. Nur in Lothringen mußte er noch härter durchgreifen, da der westfränkische König Lothar die Krisensituation im östlichen Reich genutzt hatte, um das Herzogtum wieder in seine Herrschaft einzubinden. Aber auch hier konnte Otto II. nach militärischen Unternehmungen 980 einen Frieden erwirken, der Lothringen weiterhin beim ostfränkischen Reich beließ. Otto II. wollte nun die Machtverhältnisse auf der Apenninhalbinsel klären. Wie zuvor sein Vater drang er über Rom in den Süden vor, der zu dieser Zeit von Sarazenen bedroht wurde, die von Sizilien aus Angriffe auf das Festland unternahmen. Anstatt sich wie Otto der Große mit Byzanz zu verständigen, dem noch große Territorien im Süden der Halbinsel unterstanden, verlegte sich Otto II. darauf, gleichermaßen gegen Sarazenen und Byzantiner vorzugehen. Dies bescherte ihm 982 eine vernichtende Niederlage gegen die Sarazenen in Kalabrien, die nur deshalb mit dem Rückzug der Sie-

Heinrich der Zänker, Regelbuch von Niedermünster (Bamberg, Staatsbibliothek). Das Haupt von Heinrich dem Zänker ist hier im Auftrag der Stiftsdamen mit einem Heiligenschein umgeben. Heinrich hat durch das Regelwerk die Klosterzucht in Niedermünster verschärft und dadurch das Stift gleichsam neu gegründet. Dafür waren ihm die Stiftsdamen besonders dankbar.

Bischof Egbert von Trier, Egbert-Psalter, Reichenau, um 980 (Cividale del Friuli, Museo Archeologico Nazionale). Die Darstellung des Erzbischofs Egbert von Trier (977–993) auf einem Kastenthron zeigt, wie selbstbewußt sich auch Bischöfe im 10. Jahrhundert darstellen ließen.

ger nach Sizilien endete, weil ihr Anführer bei der Schlacht ums Leben kam.

Otto gab die Pläne zur Sicherung seines Einflusses im Süden jedoch nicht auf und wollte ein neues Heer aufbieten, nunmehr gegen die Byzantiner. 983, bei einem Reichstag in Verona, stimmten die Großen des Reichs seinen Plänen zu, machten allerdings zur Bedingung, daß Ottos gleichnamiger dreijähriger Sohn zum König gewählt und anschließend in Aachen gekrönt werden sollte. Sie rechneten offensichtlich mit einem längeren Aufenthalt Ottos II. auf der Apenninhalbinsel. Diese Abwesenheit des Herrschers vom nördlichen Reichsteil nutzten unterdessen Slawen und Dänen zu Aufständen und Angriffen auf das Reichsgebiet. In kürzester Zeit machten sie so die Aufbauleistungen Ottos des Großen östlich der Elbe zunichte. Als Otto II. noch 983 in Rom an der Malaria starb, hinterließ er seinem

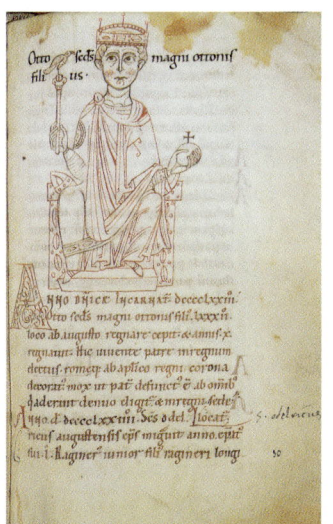

Otto II., Kaiserchronik, um 1113 (Cambridge, Corpus Christi College). Die Darstellung stammt aus einer anonymen Kaiserchronik, die für Kaiser Heinrich V. verfaßt wurde.

kleinen Sohn eine schwere Erbschaft – ein Reich, dem von Norden, Osten und Süden Gefahren drohten.

Otto III.

Dank der Vormundschaftsregierungen unter Führung der Mutter und Großmutter von Otto III. (994–1002) konnte sich das Reich in einer Zeit behaupten, in der es in Europa überall zu tiefgreifenden Veränderungen kam: In Frankreich stieg Hugo Capet zum König auf, im Osten erstarkten die Polen und im Norden entwickelte sich Dänemark zur skandinavischen Großmacht.

Zwar konnten Kaiserin Theophanu (gest. 991) und ihre Berater die Verluste durch die Slawen im Osten nicht mehr rückgängig machen, doch gelang es ihnen, mit den Herrschern in Polen und Böhmen Frieden zu schließen. Im Westen konnten sie Hugo Capet dazu bewegen, endgültig auf Lothringen zu verzichten. Als Otto III. 994 mündig wurde, war das Reich nördlich

Otto I., Otto II. und Otto III. in einem Evangeliar. Trier, 996–1002 (Manchester University). Erstmals seit karolingischer Zeit kommt es im letzten Drittel des 10. Jahrhunderts wieder zu Herrscherdarstellungen in liturgischen Handschriften. Diese Seite ist von einem der berühmtesten Illustratoren der Zeit geschaffen, dem sogenannten Gregormeister. Otto III. ist in den beiden Medaillons auf mittlerer Höhe wiedergegeben.

Der thronende Kaiser im Evangeliar Ottos III., Reichenau, Ende 10. Jahrhundert (München, Bayerische Staatsbibliothek).

der Alpen weitgehend gesichert, und er konnte zu einem Romzug mit dem Ziel der Kaiserkrönung aufbrechen.

Römische Erneuerung und Ostmission

Rom bildete von nun an einen der Schwerpunkte in Ottos Herrschaft. Wesentliche Gründe dafür waren die komplizierten Machtverhältnisse in der Ewigen Stadt, die sich für die Päpste zunehmend zum Problem entwickelten und daher dringend einer Klärung bedurften. Rom wurde von verschiedenen, sich gegenseitig bekriegenden Adelsfraktionen beherrscht, die mit Hilfe der Päpste ihre Machtpositionen ausbauen wollten. Ihr Einfluß auf die Päpste war für sie wichtig, weil die Kirchenführer als Bischöfe von Rom in der Stadt eine äußerst mächtige Stellung innehatten und über vergabefähigen Grund verfügten. Dieser Territorialbesitz war für die Adeligen zum Ausbau ihrer Macht in Stadt und Umland von größter Bedeutung.

Kaiserbulle Ottos III., erster Typus 998-1000 (Herzogenburg, Stiftsarchiv). Seit dem Frühjahr 998 ließ Otto III. seine Urkunden nicht mehr mit Wachssiegeln versehen, sondern mit Metallbullen. Diese zeigt die gewappnete Roma und die von den Siegeln Karls des Großen übernommene Devise »Renovatio Imperii Romanorum«.

Ottos III., Petrus und Paulus in der Bamberger Apokalypse, Reichenau, 1000–1002 (Bamberg, Staatsbibliothek). Unter Otto III. erlangte die Reichenauer Schule der Buchillustration ihren Höhepunkt. Eines ihrer berühmten Werke ist die sogenannte Bamberger Apokalypse. Sie enthält eines der Herrscherbilder Ottos III. Es zeigt, wie der Herrscher von Petrus und Paulus gekrönt wird.

Schon Otto der Große hatte mit der Stärkung seines Einflusses auf die Papstwahl eine Lösung der Papsterhebungen aus den regionalen machtpolitischen Verflechtungen angestrebt, aber wenig bewirken können. Als Otto III. nach Rom zog, bot sich ihm eine große Chance. Papst Johannes XV. (985–996), der ihn gegen den mächtigen römischen Stadtherrn Crescentius zu Hilfe gerufen hatte, war gestorben. Otto bestimmte nun seinen Vetter Brun, einen Nicht-Römer, zum Papst. Von ihm, der den Namen Gregor V. (996–999) annahm, wurde Otto III. im Mai 996 in Rom zum Kaiser gekrönt.

Otto sah nur auf Bitte des neuen Papstes von der Verbannung des Crescentius ab, was sich schon bald als Fehler erweisen sollte. Denn als Otto von Rom wieder in den Norden des Reichs aufbrach, vertrieb Crescentius Gregor V. aus Rom und erhob einen Ge-

Otto III., Liuthar-Evangeliar, Reichenau, um 990 (Aachen, Domschatz)
Die Illumination des Liuthar-Evangeliars macht die Auffassung Ottos III. vom sakralen Charakter seiner Herrschaft deutlich. Dargestellt ist, wie Otto von Gott die Krone erhält (Gottesgnadentum). Die Symbole der vier Evangelisten halten ein Band und bekleiden so symbolisch sein Herz mit der Botschaft der Evangelien.

genpapst. Auf seinem zweiten Romzug ließ Otto Crescentius daher 998 hinrichten und den Gegenpapst grausam bestrafen. Danach setzte er alles daran, das entfremdete Kirchengut wieder an die Kirche rückzuführen.

Einer seiner wichtigsten Berater war dabei der Gelehrte Gerbert von Aurillac, der nach Papst Gregors Tod zum Kirchenoberhaupt bestimmt wurde und den Namen Sylvester II. (999–1003) annahm. Otto arbeitete weiter eng mit ihm zusammen, sie wurden aber der Lage in Rom nicht Herr. Nachdem sie beide nach

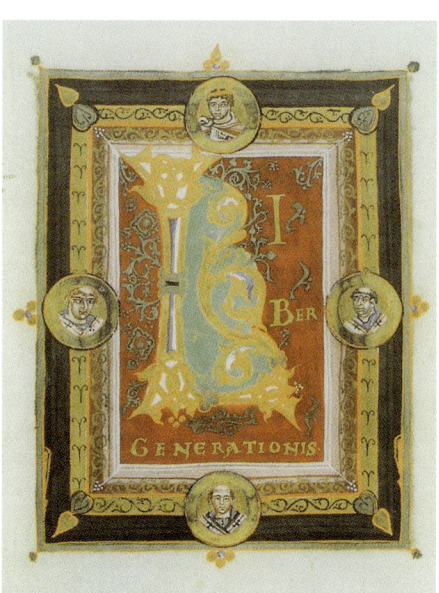

Otto III. und Bischöfe in einem Evangeliar, Köln, um 1000 (Gießen Universitätsbibliothek).
Die Bildseite weist vier Medaillons auf. Im oberen ist ein junger Herrscher dargestellt, vermutlich Otto III. In den anderen sind Geistliche sichtbar, die durch ihre Kleidung als Erzbischöfe ausgewiesen sind. In diesem Evangeliar ist die Seite (wie auch bei anderen derartigen Darstellungen aus der Zeit Ottos III.) an der Stelle des Matthäus-Evangeliums eingebunden, an der von der Abstammung Christi die Rede ist.

Bischof Bernward von Hildesheim und der Heilige Michael, Hildesheim, St. Michael, um 1159 (Hildesheim, Dom- und Diözesanmuseum). Bernward (rechts). steht neben dem Heiligen Michael in einem Architekturgehäuse, das Formen von Kirchenbauten und Befestigungsmauern vereint. Es steht für das Hildesheimer Kloster von St. Michael, dem auch die in den Medaillons abgebildeten Mönche angehören dürften.

Das Deutsche Reich 1024–1125.

Aufständen römischer Adeliger 1001 aus Rom fliehen mußten, kehrte Otto nicht mehr in die Stadt zurück.

Noch bevor er sich mit Truppen gegen Rom wenden konnte, starb er im Februar 1002.

Otto III. hat seine Umgestaltung des Römischen Reichs nicht zu Ende führen können. Er verstand darunter die Verbindung einer kirchlichen Reform mit der Erneuerung der Herrschaftsvorstellungen Karls des Grossen, den er wie sein Vater und Großvater verehrte. Nachhaltige Erfolge konnte er dagegen auf anderem Gebiet verbuchen: Bei mehreren Zügen über die östliche Reichsgrenze hinaus wirkte er darauf hin, daß Gnesen (1000) und später Gran (1001) zu Erzbistümern erhoben wurden. Er legte so den Grundstein für die selbständige Kirchenorganisation von Polen und Ungarn, die auf diese Weise nicht von der byzantinischen, sondern von der römisch-katholischen Kirche christianisiert wurden und sich deshalb Richtung Westeuropa orientierten.

Heinrich II.

Auch wenn der Polenherrscher Boleslaw Chrobry von Otto III. zum »Bruder und Mithelfer des Reichs« ernannt worden war, bereitete er Ottos Nachfolger Heinrich II. (1002–1024), einem entfernten Verwandten des kinderlos verstorbenen Kaisers, erhebliche Probleme. Er hatte die Zeit der Thronvakanz im Reich dazu genutzt, sein Herrschaftsgebiet mit einem Überfall auf Böhmen zu erweitern. Heinrich gelang es erst 1018, nach langwierigen und wechselvollen Kämpfen, einen Frieden mit Boleslaw abzuschließen, in dem Böhmen wieder zum Reich kam und stattdessen die Lausitz

1002–1024
Heinrich II.
1007 Gründung des Bistums Bamberg
1014 Kaiserkrönung in Rom

Heinrich II. auf dem Thron, Sakramentar Heinrichs II. Regensburg, zwischen 1002–1014 (München, Bayerische Staatsbibliothek). Heinrich ist hier mit den Insignien der Macht gezeigt. In seiner Linken hält er den Reichsapfel, in der Rechten vor der Brust das Kreuz, das ihn als christlichen Herrscher ausweist. Neben ihm stehen von ihm aus links ein Würdenträger mit der Heiligen Lanze, von ihm aus rechts ein anderer mit dem Reichsschwert.

Der sogenannte Bamberger Reiter, Georgen-
chor des Bamberger Doms, um 1225/1230.
Vermutlich handelt es sich bei dem Reiter
um König Stephan von Ungarn (997– 1038),
den Schwager Heinrichs II., der im Haupt-
schiff des Bamberger Doms beerdigt ist.

dem Polenherrscher als Reichslehen übergeben wurde.

Während Heinrich im Osten also Konzessionen machen mußte, bewegte er sich in Italien ganz im Rahmen der Machtansprüche seiner ottonischen Vorgänger. Dabei ließ er sich nicht zu übereilten Aktionen verleiten, sondern ging schrittweise vor. Im Laufe eines ersten Italienzugs konnte er Arduin von Ivrea vertreiben, der sich das langobardische Königtum angemaßt hatte, und ließ sich in Pavia zum König der Langobarden krönen. Sein zweiter Italienzug führte ihn 1014 nach Rom, wo er im Streit der Adelsparteien vermittelte und von Papst Benedikt VIII. (1012–1024) in der Peterskirche zum Kaiser gekrönt wurde. 1022 drang er in einen dritten Zug in den Süden der Apenninhalbinsel vor, um den Langobarden gegen die Byzantiner zu Hilfe zu kommen. Dabei gelang es ihm, Capua und Salerno wieder seiner Herrschaft zu unterstellen.

Auch in seinem Verhältnis zur Kirche orientierte sich Heinrich II. an seinen Vorgängern. So bestätigte er kurz nach seiner Kaiserkrönung das

Heinrich II. und zwei Bischöfe, Pontifikale Ro-
mano-Bambergense, Kloster Seeon,
1012–1014 (Bamberg, Staatsbibliothek).
Heinrich II. ist hier mit Herrschaftsinsignien
gezeigt, von denen das Zepter in seiner rechten Hand kaum noch zu erkennen ist.

Krönung Heinrichs II. durch Christus, Perikopenbuch, Reichenau 1007–1012 (München, Bayerische Staatsbibliothek). Das Widmungsbild zeigt, wie Christus ihn und seine Frau Kunigunde im Beisein der Heiligen Petrus und Paulus krönt. Unten huldigen dem Königspaar Personifikationen der Völker und Stämme.

»Ottonianum« und knüpfte im übrigen bei der Neubesetzung von Bischofs- und Abtstellen selbstverständlich an die ottonische Tradition an: Er verstand es stets, eine Entscheidung zugunsten seiner Kandidaten zu erreichen. Ein Unterschied in seiner Beziehung zur Kirche zeigte sich allenfalls darin, daß er bei seinen Reisen durchs Reich nicht mehr nur von Pfalz zu Pfalz zog, sondern vermehrt die Gastfreundschaft von Kirchenoberen in Anspruch nahm.

Konrad II.

Als Heinrich II. 1024 kinderlos starb, standen die Herzöge vor dem Problem der Nachfolgeregelung. Doch sie einigten sich rasch auf Konrad, einen Nachkommen Herzog Konrads von Lothringen und Liudgards, einer Tochter Ottos des Großen und damit eines Verwandten der ottonischen Königsfamilie. Zur Wahl des Saliers Konrad, dessen Geschlecht am Mittelrhein einflußreich war, mag zweierlei beigetragen haben: Er war ein Schwager des Herzogs von Schwaben und hatte zur Sicherung seiner Nachfolge bereits einen männlichen Nachkommen, den er schon 1028 zum König erheben ließ.

Auch Konrad II. (1024–1039) stand ganz in der Tradition der ottonischen Herrscher und führte ihre Politik kontinuierlich fort. Besonders in Italien konnte er auf den Leistungen seiner Vorgänger aufbauen und erreichte 1026 in einem einzigen Zug all das, wofür die-

1024–1039 Konrad II. Beginn der Salier-Dynastie (bis 1125)
1026–1027 Erster Italienzug
1027 Kaiserkrönung in Rom
1033 Vereinigung des Königreichs Burgund mit dem Römisch-Deutschen Reich
1037–1038 Zweiter Italienzug

Konrad II. und der Stammbaum der salischen Herrscher, Weltchronik des Ekkehard von Aura, Kloster Urach, 1113–1114 (Cambridge, Corpus Christi College). Konrad II. wird hier als Stammvater des salischen Herrschaftshauses präsentiert.

se viel Zeit aufbringen mußten: Er erwarb die langobardische Königskrone, wurde von Papst Johannes XIX. (1024–1032) zum Kaiser gekrönt und erlangte die Anerkennung seiner Oberhoheit über die Marken von Capua, Benevent und Salerno. Die größte Leistung Konrads II. für das Reich bestand darin, daß er über Erbschaftsansprüche das Königreich Burgund in sein Herrschaftsgebiet eingliederte. Damit war nun auch über die westlichen Alpenpässe eine direkte Verbindung zwischen dem deutschen und dem italienischen Reichsteil hergestellt.

Im Hinblick auf die Reichskirche setzte Konrad II. den von den Ottonen eingeschlagenen Weg fort. Nur in den letzten Jahren seiner Herrschaft wich er zumindest gegenüber einigen italienischen Bischöfen von seiner versöhnlichen Haltung ab. Dort war es 1035 zu einem Aufstand von ritterlichen Vasallen gekommen, die die Erblichkeit ihrer kleinen Lehen durchsetzen wollten und sich besonders gegen Bischof Aribert von Mailand erhoben, der sich ihren Forderungen vehement widersetzte. Als Konrad von beiden Seiten

Die Salier stammten aus der Gegend von Speyer. Der Bau des Doms von Speyer wurde unter Konrad II. begonnen, sollte aber erst im 12. Jahrhundert vollendet werden.

zum Schiedsrichter berufen wurde, entschied er zugunsten der Lehnsleute und provozierte damit einen Zwist mit Bischof Aribert und anderen Kirchenoberen. Der Streit wurde später von seinem Sohn, Heinrich III., beigelegt. Langfristig leitete Konrad mit seiner lehnsrechtlichen Entscheidung eine für die Sozial- und Machtstruktur des gesamten Reichs folgenreiche Entwicklung ein. Er machte den Aufstieg kleiner ritterlicher, häufig unfreier Lehnsleute möglich, die zwischen Bauern und Adel eine neue Schicht von Dienstmannen bildeten und mit Macht in höhere gesellschaftliche Kreise vorzudringen begann – die sogenannten Ministerialen.

Heinrich III.

Schon zu Lebzeiten seines Vaters wurde Heinrich III. (1039–1056) als »Hoffnung des Reichs« bezeichnet. Er erfüllte die in ihn gesetzten Erwartungen zumindest in einer wesentlichen Hinsicht: Er führte das mittelalterliche Kaisertum zur Blüte. Der Weg dahin war allerdings keineswegs leicht, auch wenn Heinrich zu Beginn seiner Herrschaft über eine einzigartige Machtstellung im Reich verfügte. Sein Vater hatte ihn nicht nur 1028 zum König wählen und krönen lassen, sondern ihm auch die Herzogtümer Bayern, Schwaben und Kärnten übertragen. Heinrich vergab sie im Laufe seiner Herrschaft an verschiedene Adlige, was ihm nicht nur Dank einbrachte. Bayern und Kärnten sollten neben Lothringen und Sachsen zu großen Krisenherden werden.

Heinrichs Herrschaftsstrategie bestand darin, die Macht der Herzogtümer in Grenzen zu halten, indem er landesfremde Adelige als Herzöge einsetzte. Dadurch beschwor er aber letztlich zahlreiche Konflikte herauf – vor allem in Lothringen. Heinrich weigerte sich, Gottfried II. dem Bärtigen, nach dem Tod Gozelos (gest. 1044), seines Vaters und des bisherigen Herzogs von Lothringen, das ganze Herzogtum zu übertragen, weshalb dieser den Aufstand probte. Heinrich besiegte ihn zwar, aber Gottfried heiratete bald darauf die Wit-

1039–1056 Heinrich III.
1041 Unterwerfung König Bretislaws von Böhmen; Böhmen wird Lehen des römisch-deutschen Königs
1044 Sieg über die Ungarn und Lehnshoheit über ihr Reich
1046–1047 Italienzug
1046 Synode von Sutri: Heinrich III. setzt drei rivalisierende Päpste ab. Danach Kaiserkrönung

Kaiserin Gisela, Mutter Heinrichs III. Perikopenbuch Heinrichs III., Echternach, 1039–1043 (Bremen, Universitätsbibliothek). Die Kaiserin trägt nach dem Tod ihres Gatten den Witwenschleier. Auch ihr wird die Ehre zuteil, von hohen kirchlichen Würdenträgern in die Kirche geleitet zu werden.

we des Markgrafen von Tuszien, der weite Teile Norditaliens unterstanden, und umgab auf diese Weise zusammen mit seinen eigenen lothringischen Besitztümern das Reich mit einer gefährlichen Klammer. Erst 1056, kurz vor Heinrichs Tod, sollte sich Gottfried unterwerfen.

In Sachsen provozierte Heinrich gleich aus mehreren Gründen den Unwillen der Adeligen. Zunächst, weil er das Verfügungsrecht über den ausgedehnten Familienbesitz der Ottonen in Anspruch nahm, der mit dem Aussterben des Geschlechts in Reichsbesitz übergegangen war. Dann, weil er die Pfalz Goslar zu seinem Lieblingssitz wählte und die Förderung von Silber in den nahegelegenen Gruben im Harz zu seinen Gunsten erhöhte. Schließlich, weil er für die Verwaltung der sächsischen Güter

Die Stadt Goslar ist eine karolingische Gründung, die mit wachsenden Silbererträgen der Minen in der Nähe der Stadt an Bedeutung gewann. Bereits um 1000 verlegte König Heinrich II. die Pfalz von Werla nach Goslar. Sie war die Lieblingspfalz Heinrichs III. Bis in die Mitte des 13. Jahrhunderts waren Pfalz und Stadt Goslar Ort von Synoden und Reichsversammlungen.

Landesfremde heranzog und zu-
ließ, daß Bischof Adalbert von
Hamburg-Bremen (1043– 1072)
durch den Erwerb von Graf-
schaften auf Kosten regionaler
Adeliger seine Macht in Sachsen
ausbaute.

Während die Konflikte in Lothringen und Sachsen Heinrichs
gesamte Regierungszeit begleiteten, stellten sich in Bayern und
Kärnten die Probleme erst in den
50er Jahren ein. Der 1042 zum
bayerischen Herzog ernannte
Konrad von Lützelburg verschwor
sich mit dem 1047 mit Kärnten
betrauten Welf III., um sich
selbst zum König erheben zu las-
sen. Als die Konspiration aufflog, wurden sie ihrer
Ämter enthoben. Ungeachtet dieser inneren Probleme
im Reich konnte Heinrich im Osten große Erfolge verbuchen. Dort war König Bretislaw I. von Böhmen in
Polen eingefallen, das seit Otto III. mit dem Reich eng
verbunden war. Nach wechselvollen Kämpfen besiegte
Heinrich Bretislaw, der 1041 auf seine Eroberungen
verzichtete und Heinrich für Böhmen den Lehnseid
leistete. Auch König Peter von Ungarn, der mit Bretislaw paktiert hatte, akzeptierte den deutschen König als
seinen Lehnsherrn.

Bei alledem war Heinrich III. tief religiös. Dies kam
unter anderem darin zum Ausdruck, daß er nach seinen großen militärischen Erfolgen nicht in Siegerpose
verfiel, sondern vielmehr öffentlich für seine (wenn
auch als notwendig verstandenen) gewaltsamen Handlungen Buße tat. Aus seinem religiösen Bewußtsein
heraus traf Heinrich 1046 auch eine der wichtigsten
Entscheidungen seiner Regierungszeit. Auf seinem Italienzug, den er zum Zweck der Kaiserkrönung antrat,
griff er auf einer eigens dafür nach Sutri (nördlich von
Rom) einberufenen Synode in einem Streit dreier Päp-

Heinrich überreicht ein
Evangeliar an die Heili-
gen Simon und Judas,
Evangeliar aus Goslar,
Echternach, um 1051
(Uppsala, Universitäts-
bibliothek). Das Wid-
mungsbild des Evangeli-
enbuchs aus Goslar
zeigt Kaiser Heinrich,
wie er das Buch den Hei-
ligen Simon und Judas
übergibt. Dies waren die
Heiligen des Geburtsta-
ges von Heinrich III. Er
ließ ihnen deshalb die
Kirche der Königspfalz
weihen. Die Szene ist
mit dem Hinweis über-
schrieben, daß Heinrich
die Pfalz und die Stadt
Goslar habe bauen las-
sen.

Heinrich III. im Kloster Echternach, Perikopenbuch Heinrichs III., Echternach, zwischen 1039 und 1043 (Bremen, Staats- und Universitätsbibliothek). Bei dem Perikopenbuch, aus dem die Miniatur stammt, handelt es sich vermutlich um ein Geschenk des Klosters an Heinrich III. Anders als bei Arbeiten, die der Herrscher selbst in Auftrag gab, wird er hier ohne Hinweise auf den sakralen Charakter seines Kaisertums dargestellt. Man sieht Heinrich III. hier beim Einzug in die Klosterkirche. Ihn begleiten zwei Äbte, einer von ihnen vermutlich aus einem Echternach befreundeten Kloster.

ste und ihrer Familien durch. Nach seinem Selbstverständnis als »Gesalbter des Herrn« *(christus Domini)*, dessen Königtum sakralen Charakter hatte, war es für ihn Verpflichtung, hier eine Entscheidung zum Wohle der Christenheit herbeizuführen und wie kein weltlicher Herrscher vor oder nach ihm in kirchliche Belange einzugreifen. Zu der ungewöhnlichen Konstellation in der Kirchenleitung war es gekommen, weil zwei rivalisierende Adelsfamilien, die Rom schon seit langem beherrschten, je einen Papst eingesetzt hatten: Die Tuskulaner Benedikt IX. und die Crescentier Silvester III. Zur Erhebung eines dritten Papstes kam es, weil Benedikt sein Amt einem weiteren Bewerber gegen eine Ablösesumme zur Verfügung stellte. Dieser war im Mai 1045 als Gregor VI. zum Papst geweiht worden.

Heinrich III. wirkte auf der Synode in Sutri und einer weiteren wenig später in Rom auf die Absetzung aller drei Päpste hin und bestimmte Bischof Suitger von Bamberg zum neuen Papst. Unter dem Papstnamen Klemens II. (1046–1047) krönte dieser Heinrich und seine Frau am Weihnachtstag 1046 zu Kaiser und Kaiserin. Zugleich wurde Heinrich die erbliche Würde des *Patricius Romanorum*, des Schutzherrn der Römer, verliehen – ein Titel, der ihm bei der Papstwahl das Recht der ersten Stimme sicherte. Auf diese Weise konnte er bei künftigen Wahlen den Einfluß der römischen Adelsfamilien stark einschränken. Heinrich III. machte in den folgenden Jahren mehrfach davon Gebrauch und wirkte darauf hin, daß nur tief gläubige Geistliche zu Päpsten erhoben wurden. Damit leitete er eine spirituelle Erneuerung der Kirche ein, die im Verhältnis zwischen Reich und Kirche tiefgreifende Veränderungen mit sich bringen sollte.

Ritter

Unter einem Ritter verstand man einen Krieger zu Pferd. Er hob sich von den übrigen Kriegern vor allem durch seine Ausrüstung ab. Nur wenige Männer konnten sich den kostspieligen Aufwand für die Rüstung leisten. Im achten Jahrhundert belief sich der Gegenwert für die volle Ausstattung eines Ritters beispielsweise auf 45 Kühe oder 15 Stuten. In der Regel mußte ein Ritter für die Heerfolge drei Pferde unterhalten: ein Marschpferd, ein Streitroß und ein Pferd, daß seine Ausrüstung trug, denn bei dem erheblichen Gewicht, daß ein Ritter in voller Rüstung wog, mußte das Streitroß auf dem Weg zum Kampf geschont werden.

Für einen derartigen Aufwand mußte man über einen reichen Lehensbesitz verfügen. Mit der Erblichkeit dieser Lehen entwickelten sich die Ritter zu einem besonderen Stand. Die Ritterwürde war allerdings nicht erblich, sondern mußte erst erworben werden. Die Erziehung dazu begann im Alter von sieben Jahren, mit dem 14. Lebensjahr trat der Junge die Knappenzeit an und schließlich folgte in der Regel mit 21 Jahren die Erhebung zum Ritter durch die sogenannte Schwertleite und seit dem Ende des 12. Jahrhunderts mit dem Ritterschlag. Schwertleite oder Ritterschlag machten lehns- und turnierfähig und verliehen Ebenbürtigkeit für den Fall eines gerichtlichen Zweikampfs.

Im Kampf saß ein Ritter des 11. Jahrhunderts in einem kastenartigen Sattel, der in dieser Zeit erstmals mit Steigbügeln versehen war. Er trug ein aus Eisenmaschen gefertigtes Panzerhemd, sein Kopfschutz bestand aus einem topfartigen Helm. Als zusätzlichen Körperschutz trug er einen nach unten spitz zulaufenden Schild. Zunächst benutzten Ritter Schwert und Speer als Waffen. Später setzte sich die Stoßlanze als hauptsächliches Kampfmittel durch. Die Ausstattung der Ritter veränderte sich im Laufe der Zeit. So wurde der Kettenpanzer im späteren Mittelalter vom Plattenpanzer abgelöst, der mehr Sicherheit bot, aber auch schwerer war. Im späteren 11. Jahrhundert kam ein Helm mit Nasenschutz auf, der schließlich im 12. von einem Topfhelm abgelöst wurde, der den ganzen Kopf schützte. In Turnieren trugen die Ritter gewöhnlich einen sogenannten Stechhelm mit heraldischer Helmzier.

Anders als heute wurden die kriegerischen Auseinandersetzungen im Mittelalter unter Angabe von Ort und Zeit im voraus vereinbart. Nur so war es möglich, die Ritter zum Einsatz zu bringen, denn das Anlegen der Ritterrüstung kostete viel Zeit. Die Kämpfe erfolgten

gewöhnlich in Gruppen, häufig aber auch Mann gegen Mann, wie in einem ritterlichen Kampfspiel, einem Turnier. Das erste Turnier im Deutschen Reich fand 1127 in Würzburg statt. Ursprünglich wurden Turniere nur im Rahmen höfischer Feste veranstaltet, später richteten aber auch spezielle Turniergesellschaften Ritterspiele aus. Da es bei den Veranstaltungen häufig zu schweren Verletzungen (nicht selten mit Todesfolge) kam, wurden die Turniere im späten Mittelalter von geistlichen und weltlichen Fürsten verboten. Im Römisch-Deutschen Reich wurden sie aber bis ins 16. Jahrhundert hinein abgehalten.

Das Gesicht des Kämpfers ist bei dieser Darstellung aus der Manessischen Liederhandschrift vollständig unter einem Topfhelm verborgen. Das Erkennungszeichen dieses Ritters ist die Doppelaxt.

Frankreich
996–1108 Schwäche der Könige gegenüber ihren Vasallen
1108–1137 Ludwig VI. der Dicke stärkt die Königsmacht gegenüber den Vasallen
1127–1151 Abt Suger von Saint Denis, Berater des Königs, baut die Verwaltung im Reich auf
1124 Im Zusammenhang mit dem Kampf gegen England Stiftung des goldenen Königsbanners *oriflamme* (von lat. *auri flamma*, goldene Flamme)
1152 König Ludwig VII. läßt sich von Eleonore von Aquitanien scheiden. Sie heiratet Heinrich, Herzog der Normandie.

Trotz des bisweilen offensichtlichen Mächteungleichgewichts zwischen den fränkischen (und später ostfränkisch-deutschen) Herrschern und den Päpsten kam es zwischen weltlicher und kirchlicher Herrschaft (*regnum* und *sacerdotium*) nicht zu Konflikten. Der Grund dafür war, daß man nicht strikt zwischen weltlicher und geistlicher Sphäre trennte, sondern die Christenheit ganzheitlich auffaßte: als einen Körper (Paulus, Kolosser-Brief, 1,18). Dabei verstand man Kaiser und Papst als zwei Glieder, von denen sowohl jedes für sich wie auch beide gemeinsam um das Wohlergehen des christlichen Organismus bemüht war.

Dieses Verhältnis zwischen *regnum* und *sacerdotium* änderte sich ab der Mitte des 11. Jahrhunderts. Die nun erhobenen Päpste begegneten den Königen und Kaisern selbstbewußt. Sie betonten die Trennung von weltlichem und kirchlichem Bereich und proklamierten die Vorherrschaft der geistlichen Gewalt über die weltliche. Dieser epochale Wandel war die Folge einer kirchlichen Reformbewegung. Sie entstand im 10. Jahrhundert und entfaltete um die Mitte des 11. Jahrhunderts auch in Rom ihre Wirkung.

Die Kloster- und Kirchenreform des 10. und 11. Jahrhunderts

Schon Karl der Große und sein Sohn Ludwig der Fromme hatten den Schutz der Kirche und die Förderung ihrer seelsorgerischen Aufgaben zu ihrem Anliegen gemacht. Auf Konzilien und in Erlassen hatten sie auf eine gute Ausbildung der Priester hingewirkt. Ludwig der Fromme hatte zudem mit dem Benediktinerabt Benedikt von Aniane (gest. 821) eine Klosterreform auf den Weg gebracht. Mit einem Regelwerk sollte die klösterliche Strenge erneuert werden. Doch ein durchgreifender und nachhaltiger Erfolg der Reformen stellte sich vor allem aus zwei Gründen nicht ein: wegen der Überfälle von Normannen, Sarazenen und später auch Ungarn auf fränkisches Reichsgebiet und aufgrund des sogenannten Eigenkirchenwesens.

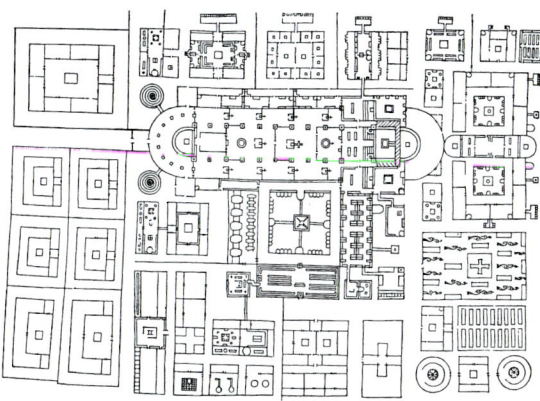

Idealplan einer benediktinischen Klosteranlage, um 800 (St. Gallen, Stiftsbibliothek). Der sogenannte Klosterplan von Sankt Gallen ist die älteste bekannte Bauzeichnung des Mittelalters. In ihr ist ein ideales – und so nie realisiertes – Kloster dargestellt. Den Mittelpunkt bildet die Kirche, zu der die anderen Teile des Klosters in genau durchgeplanten Größenverhältnissen stehen. Im Osten der Kirche befinden sich die Gebäude für die Ärzte und medizinische Versorgung, darunter der Friedhof, Nutzgartenanlagen und Geflügelzucht. Südlich der Kirche schließen sich an den Kreuzgang Speisesaal und Küche an. Der weitere südliche Teil des Klosters ist handwerklichen Tätigkeiten vorbehalten. Im Norden befinden sich neben dem Haus des Abts ein Schul- und ein Gästehaus. Im Westen sind neben einem Haus für das Gefolge der Gäste Stallungen untergebracht.

England
1066 Wilhelm der Eroberer landet mit Truppen in England. Eroberung Englands bis 1071.
1086 Domesday Book: Verzeichnis aller Herrschaften und ihres jährlichen Ertrags
1154–1189 Heinrich II., Herzog der Normandie, wird englischer König. Haus Anjou-Plantagenet (bis 1399). Durch Erbe und durch Besitz seiner Frau Eleonore von Aquitanien unterstehen ihm große Teile Westfrankreichs
1215 Magna Charta Liberatum schützt besonders die Freiheit der englischen Kirche und die Rechte der Barone gegen Übergriffe des Königs.

Den einfallenden Völkern war bei ihren Übergriffen auf das Frankenreich eines gemeinsam: Sie zielten auf rasche Beute, die sie vor allem in den ungesicherten Kirchen und Klöstern mit ihren wertvollen Kultgeräten machen konnten. Zwar sollten Tributzahlungen an die Angreifer Gotteshäuser, Konvente und Kirchengüter vor Überfällen und Brandschatzung schützen, doch die finanzielle Leistung bot keine vollkommene Sicherheit. Die Auswirkungen der Überfälle waren für das geistig-religiöse Leben verheerend. Angesichts der ständigen Bedrohungen konnte von strenger Kirchenorganisation und gewissenhaftem Klosterleben kaum noch die Rede sein.

Der kirchlichen Erneuerung stand auch das Eigenkirchenwesen entgegen, das vor allem in den germanischen Nachfolgereichen des Weströmischen Reiches verbreitet war. Anders als in der zentralistischen Kirchenordnung des Römischen Reiches, in der einem Bischof alle Gotteshäuser und Klöster seiner Diözese mitsamt Personal und Eigentum unterstanden, hielt sich hier eine sachrechtliche Auffassung von Kirchenbesitz. Demnach waren Kirchen und Klöster, die von einer Person auf eigenem Landbesitz gegründet wurden, Besitz des Stifters, der auch das Recht hatte, Priester und Äbte zu ernennen. Wie der König im hochkirchlichen Bereich dazu berechtigt war, die Bischöfe in ihre Ämter und Besitzungen einzuführen, also an ihnen die Investitur zu vollziehen, so setzten die Eigenkirchenherren Priester und Äbte in ihre Positionen und weltlichen Besitztümer ein. Dabei kam es zu Entwicklungen, die für die Kirche problematisch waren, wie etwa zur Ernennung von Laienäbten. Schon Karl der Große und Ludwig der Fromme hatten vergeblich versucht, mit ihren Reformen das Eigenkirchenwesen zu beseitigen. Sie hatten aber immerhin eine striktere Überwachung der Stellenbesetzungen durch die Bischöfe erwirkt, um so die Qualifikation und Würde der designierten kirchlichen Amtsträger zu gewährleisten. Durch die Kämpfe zwischen den Söhnen und Enkeln Ludwigs des Frommen und durch die Raubzüge der äußeren Feinde waren aber auch diese Fortschritte bald wieder zunichte gemacht.

Sobald sich nun Anfang des 10. Jahrhunderts die machtpolitischen Verhältnisse im west- und ostfränkischen Reich zu konsolidieren begannen, entstanden kloster- und kirchenreformerische Bewegungen, die diesen Entwicklungen entgegenwirkten. Sie nahmen von Lothringen und Burgund ihren Ausgang, griffen aber bald schon weit über diese Territorien hinaus. Die bedeutendsten Reformbewegungen wurden von den Klöstern Gorze (bei Metz) und Cluny (in Burgund) initiiert.

Das 749 gegründete Kloster Gorze war 919 durch Ungarneinfälle stark in Mitleidenschaft gezogen worden. Der Bischof der Diözese Metz über-

Investitur
Investitur (von lat. *investire*, bekleiden) bedeutet im mittelalterlichen Kirchenrecht das Einsetzen eines Geistlichen in weltliche Besitzrechte und zugleich in die geistlichen Befugnisse seines Amtes.

Das Skriptorium des Klosters Echternach, Perikopenbuch Heinrichs III., Kloster Echternach, zwischen 1039 und 1043 (Bremen, Staats- und Universitätsbibliothek). Das Skriptorium des Klosters Echternach war zur Zeit Heinrichs III. das berühmteste Zentrum für die Herstellung von Handschriften und Buchillustrationen.

gab es daher 933 einer Gruppe von Klerikern mit der Aufgabe, das Kloster wiederzubeleben und dort den strengen Regeln des Benedikt von Aniane zu folgen. Aufgrund ihres beispielhaften Klosterlebens wurden die Mönche von Gorze bald mit der Reform zahlreicher anderer Klöster – wie etwa Sankt Maximin in Trier – betraut, von denen aus der Reformgedanke abermals weitergetragen

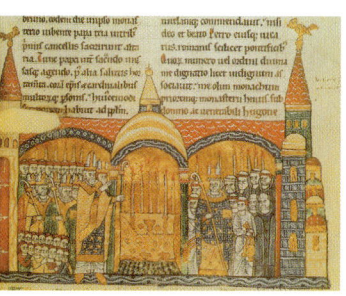

wurde. Schließlich schlossen sich der Gorzer Reformidee rund 160 Konvente an, darunter so bedeutende wie jene von Fulda und der Reichenau.

Urban II. weiht einen Altar in der Klosterkirche von Cluny, Miniatur. Bei einem Aufenthalt in Südfrankreich weihte Papst Urban II. – hier links dargestellt – 1195 den Altar des großen Kirchenneubaus von Cluny im Beisein des Abtes (rechts).

Noch erfolgreicher war die Klosterreform, die von Cluny aus betrieben wurde. Bei diesem Kloster handelte es sich um eine Neugründung Herzog Wilhelms von Aquitanien, der vor allem das Seelenheil seiner Verwandten und seiner selbst im Blick hatte, als er 909 Abt Berno aus Beaume beauftragte, in Cluny ein Kloster zu errichten und nach strenger benediktinischer Observanz zu leiten. In der Gründungsurkunde verfügte Herzog Wilhelm, daß das Kloster und seine Güter jeglichem Zugriff weltlicher Gewalten entzogen sein sollten, um so eine Lockerung der Klosterzucht zu verhindern. Zudem unterstellte er den Konvent direkt dem Schutz des Papstes und enthob ihn damit weitgehend der Einflußnahme des lokalen Bischofs.

Der 1089 neu errichtete Bau der Klosterkirche von Cluny war Ausdruck höchster kirchlicher Machtansprüche. Das Gotteshaus wurde – wie auch das Kloster – in der Französischen Revolution zerstört.

Abt Berno, seine Nachfolger und die Mitbrüder wurden aufgrund ihrer Sittenstrenge bald mit der Wiederbelebung oder Reform weiterer Klöster nach dem Vorbild von Cluny beauftragt. Auf diese Weise zählten bereits in der ersten Hälfte des 11. Jahrhunderts mehrere hundert Klöster in West- und Südeuropa zur cluniazensischen Kongregation, an deren Spitze der Abt von Cluny stand.

Die Äbte des Klosterverbands von Cluny veränderten das geistig-religiöse Leben ihres Wirkungskreises tiefgreifend. So förderten sie auch eine Bewegung, die Ende des 10. Jahrhunderts im Süden des westfränkischen Reichs entstand und bald weite Teile Europas ergriff, die

sogenannte Gottesfriedensbewegung. Durch gemeinsame Friedenseide weltlicher und geistlicher Herrschaftsträger, die zunächst regional begrenzten »Gottesfrieden«, sollten unter Androhung von Kirchenstrafen besondere Personengruppen wie Kleriker und Mönche sowie überhaupt alle unbewaffneten Bevölkerungsteile vor Gewalttaten durch waffentragende Schichten (etwa im Rahmen von Fehden) geschützt werden. Im frühen 11. Jahrhundert erging im Rahmen der Gottesfriedensbewegung auch für bestimmte Wochen- und Feiertage ein Fehdeverbot, für das der Begriff *treuga dei* (etwa »Waffenstillstand im Namen Gottes«) geprägt wurde.

Noch stärker wirkten die Vertreter der Gorzer und Cluniazenser Reform in den weltgeistlichen Bereich hinein: Mit ihrer vorbildhaften Sittenstrenge brachten sie zunehmend weitere klerikale Kreise dazu, Fehlentwicklungen in der Kirche genauer in Augenschein zu nehmen und ihnen entgegenzuwirken. Kritik erfuhr dabei vor allem die verbreitete Praxis, geistliche Handlungen nur gegen Bezahlung vorzunehmen und sich für die Vergabe kirchlicher Ämter durch materielle Gegenleistungen ent-

Jüdisches Leben

Bereits in der Antike reisten Händler jüdischen Glaubens nach Gallien und Germanien und siedelten sich in den Römerstädten an. Jüdische Gemeinden gab es dauerhaft aber erst seit der Karolingerzeit. Da Juden vornehmlich Händler und Geldverleiher waren, entstanden größere Gemeinden vor allem in Städten entlang großer Verkehrswege und Flüsse und besonders an Handelsknotenpunkten. Rechtlich waren die Juden schutzlos, und so erbaten sie von

Jüdische Geldverleiher

den Herrschern Schutzprivilegien, für die sie jährlich einen Teil ihres Gewinns abführen mußten. Die Könige konnten das Schutzrecht über Juden auch verleihen, wie etwa Otto der Große an die Bischöfe von Magdeburg und Merseburg, die auf diese Weise eine gute Einnahmequelle hatten. Lange Zeit war so der Schutz der Juden gewährleistet.

Die jüdischen Gemeinden lebten zunächst freiwillig in bestimmten Straßenzügen zusammen. Ab 1179 mußten sie dann bestimmte Stadtviertel beziehen, für die in der Frühen Neuzeit der Begriff Ghetto gebräuchlich wurde – ursprünglich mit der Bezeichnung des Stadtviertels, in dem die Juden seit 1516 in Venedig leben mußten.

Das Verhältnis zwischen Christen und Juden war bis ins frühe 11. Jahrhundert gut oder unauffällig. Dies änderte sich mit den Kreuzzügen. Den Juden wurde nun vorgeworfen, sie hätten Christus ermordet, sie betrieben Ritualmord und Hostienschändung. Vor allem im Zusammenhang mit der Ausbreitung von Seuchen wurden sie der Brunnenvergiftung beschuldigt. Es mehrten sich die gewaltsamen Übergriffe auf Juden, die zahlreiche Opfer forderten und schließlich zur Vertreibung und Auslöschung ganzer jüdischer Gemeinden führten.

lohnen zu lassen. Besonders für den Ämterkauf wurde in Anlehnung an den Magier Simon, der den Aposteln die Wunderkraft des Heiligen Geistes abkaufen wollte (Apostelgeschichte, 8,18-25), der Begriff »Simonie« gebräuchlich. Ihre Bekämpfung stand fortan neben dem Vorgehen gegen die Priesterehe (auch Nikolaitismus genannt) auf der Agenda reformorientierter Geistlicher in Lothringen und Burgund an erster Stelle. Mit der von Heinrich III. geförderten Berufung reformwilliger Geistlicher ins Papstamt fanden diese Gedanken auch in der Kirchenführung in Rom Verbreitung.

Die Kirchenreform in Rom

Die *reformatio* der Kirche, also ihre Erneuerung durch Reinigung, lief dabei auf zweierlei hinaus: Zum einen wurde die Gesamtkirche wieder streng auf Rom hin ausgerichtet, und zum anderen wurden alle weltlichen Einflüsse aus der kirchlichen Sphäre hinausgedrängt.

Die Konzentration auf Rom hin betonte die zentrale Stellung des Papstes und der Kurie, die nun nach langer Zeit den Lehrprimat für die Christenheit wieder offensiv für sich beanspruchten. Aus diesem Grund kam es auch zum endgültigen Bruch mit der Ostkirche, als ein Abgesandter von Papst Leo IX. (1049–1054) Ende Juli 1054 auf dem Altar der dortigen Hauptkirche, der Hagia Sophia, eine Bannschrift gegen den Patriarchen von Konstantinopel niederlegte, worauf dieser mit einem Gegenbann antwortete.

Die Kluft zwischen kirchlicher und weltlicher Sphäre zeigte sich nicht nur im Kampf der Kirchenreformer für den Zölibat oder in ihrem Vorgehen gegen die Simonie, bei der nach ihrer Ansicht die geistlichen Handlungen durch die Annahme von Geld oder Sachwerten entweiht wurden. Bald stand auch die bis dato gebräuchliche Praxis der Amtseinführung (Investitur) von Bischöfen durch den König im Blickpunkt. Man sah den Monarchen als eine zwar kirchlich gesalbte und geweihte, aber dennoch weltliche Person an und gestand ihm daher keine Kompetenz in geistlichen Angelegenheiten zu. Ein eindrucksvolles Beispiel für den

Priesterehe
Die Bezeichnung »Nikolaitismus« leitet sich von einer in der Apokalypse (Offenbarung 2, 6 und 15) erwähnten Sekte mit freizügigem Lebenswandel her. Im Zuge der Kirchenreform wurden die in Ehe oder Konkubinat lebenden Kleriker höherer Weihegrade polemisch als Anhänger des »Nikolaitismus« bezeichnet.

Ausschluß alles Weltlichen aus kirchlichen Angelegenheiten bietet ferner das Papstwahldekret von 1059. Darin wurde die Wahl des Kirchenoberhaupts erstmals den im römischen Gottes- und Seelsorgedienst tätigen Kardinälen vorbehalten – eine Regelung, die noch heute gültig ist. Zum Mitspracherecht des Kaisers als *patricius romanorum* gab es keine genaueren Angaben. Auf jeden Fall aber wurde dem römischen Stadtadel jeder Einfluß auf die Wahlen genommen, nachdem dieser auch nach der Synode von Sutri (1046) noch einmal versucht hatte, mit Benedikt X. (1058–1059) einen Gegenpapst zu lancieren.

Daß die Abgrenzung der Kirche nur in einer Richtung gedacht war, zeigt das weltlich-machtpolitische Engagement von Papst Nikolaus II. (1158–1161) im Süden der Apenninhalbinsel. Dort hatten sich in immer größerem Ausmaß Normannen anzusiedeln begonnen, die von Pilgerfahrten ins Heilige Land zurückkehrten. Ihre Zahl nahm besonders in der ersten Hälfte des 11. Jahrhunderts derart zu, daß sie Land eroberten, dieses zum eigenen Schutz Papst Nikolaus II. übergaben und dann von ihm als Lehen entgegennahmen. Das war ein bedeutsamer Vorgang, denn er hatte nicht nur die Auflösung der ursprünglich vom Kaiser gestifteten Lehnsverbindungen in Süditalien zur Folge, sondern bedeutete auch eine Absage des Papstes an das römisch-deutsche Kaisertum, dessen vornehmste Aufgabe bis dahin die Verteidigung der Kirche gewesen war. Als deren neue Schutzmacht sollten jetzt offensichtlich die Normannen fungieren.

Heinrich IV.

Daß der von Papst Nikolaus II. vollzogene Kurswechsel der römischen Kirche von der Reichsregierung nicht geahndet wurde, lag an Agnes von Poitou. Nach dem Tod ihres Mannes hatte sie die Vormundschaft für den minderjährigen König Heinrich IV. übernommen. Ihr waren nicht nur die Entwicklungen im Süden gleichgültig, auch in der Regierung des Reichs tat sie sich kaum hervor, allenfalls durch Schenkungen von Besitz und Ämtern. Ihre Zurückhaltung nutzten machtbewußte Persönlichkeiten wie Bischof Anno von Köln, der 1062 nach einem Überfall bei Kaiserswerth (in der Nähe von Bonn) den jungen König samt Krönungsinsignien in seine Bischofsstadt entführen konnte und sich davon einen maßgeblichen Einfluß auf die Reichspolitik versprach. Doch vergebens, denn Heinrich wurde von Vertrauten der Regentin aus Köln befreit. Bis zu seiner Volljährigkeit und Regierungsfähigkeit (1065) wurde er Annos Erzrivalen, Bischof Adalbert von Hamburg-Bremen, anvertraut.

Nach Übernahme der Regierungsgeschäfte ging der 15jährige König 1065 zunächst eine Reihe von machtpolitischen Problemen in Sachsen und Thüringen an, mit denen schon sein Vater befaßt gewesen war und die sich im Laufe der Jahre noch verschärft hatten. Er versuchte von Adeligen unrechtmäßig erworbenes Reichsgut wieder zurückzuerlangen, womit er sich zahlreiche Feinde machte. Durch den Einsatz landesfremder Ministerialen machte er sich hier wie auch in den südlichen Herzogtümern (Schwaben, Bayern, Kärnten) zusätzlich unbeliebt. Ein Aufstand des sächsischen Adels gegen Heinrich scheiterte nur, weil die Aufständischen Gräber der königlichen Familie auf der Harzburg zerstörten, und daher 1075 große Teile des Reichsadels wieder auf Heinrichs Seite übergingen.

1056–1106 Heinrich IV.
1056–1062 Vormundschaftsregierung seiner Mutter Agnes
1062 Entführung von Kaiserswerth: Heinrich wird zu Bischof Anno nach Köln gebracht
1071/1071 Aufstände in Sachsen
1076 Konflikt mit Papst Gregor VII. und Bannung
1077 Gang nach Canossa und dadurch Lösung vom Bann
1077–1080 Gegenkönig Rudolf von Schwaben
1081 Italienzug mit Eroberung Roms (1083)
1084 Kaiserkrönung durch einen Gegenpapst
1090–1096 Italienzug

Der Investiturstreit

Die inneren Probleme des Reiches banden Heinrich IV. derart, daß er erst nach 1075 dazu kam, sich mit den kirchen- und machtpolitischen Ansprüchen des neuen Papstes auseinanderzusetzen. Bereits 1073 war Hildebrand, einer der einflußreichsten und radikalsten Berater von Papst Nikolaus II., zu dessen Nachfolger erhoben worden und hatte den Namen Gregor VII. (1073–1085) angenommen. Gemäß seiner Auffassung von der unumschränkten Machtfülle seines Amtes und des päpstlichen Zentralismus hatte er damit begonnen, die Ideen der Kirchenreform von höchster Stelle aus umzusetzen und dabei jeglichen weltlichen Einfluß auf die Kirche auszuschließen. Er untersagte nun auch kategorisch jede Einflußnahme und Beteiligung weltlicher Machthaber bei der Wahl und Investitur von Bischöfen.

Die Intervention Heinrichs in einem Konflikt um das Mailänder Bischofsamt führte somit unweigerlich zur Machtprobe mit Gregor VII. Dieser beschuldigte nicht nur den König einer unrechtmäßigen Handlung, sondern warf auch einigen von Heinrichs bischöflichen Räten Simonie sowie Ungehorsam gegenüber der päpstlichen Autorität vor. Heinrich, der sich aufgrund seiner Erfolge in Sachsen im Hochgefühl seiner gefestigten Position im Reich befand, antwortete darauf im Rahmen eines Reichstags und einer Reichssynode im Januar 1076. In seinem Schreiben an Gregor wies er die Anschuldigungen zurück, erklärte Gregor für abgesetzt und forderte ihn deshalb zum Rücktritt von seinem Amt auf. Er adressierte den Brief bewußt provokant: »An Hildebrand, der nicht mehr Papst ist, sondern ein falscher Mönch.«

Gregor VII. reagierte, indem er über Heinrich den Kirchenbann verhängte und ihn seinerseits als König für abgesetzt erklärte. Die Entscheidung Gregors hatte für Heinrich schwere Folgen, denn der Bann bewirkte, daß alle, die ihm durch Eid (etwa einen Lehnseid) verpflichtet waren, sich mit sofortiger Wirkung von ihren Pflichten entbunden fühlen konnten. Es mochte daher als ein Entgegenkommen der Großen des Reichs erscheinen, wenn sie Heinrich eine Frist von einem Jahr einräumten, um sich beim Papst persönlich zu entschuldigen, sich so vom Bann zu lösen und damit König zu bleiben. Allerdings waren die Bedingungen für einen Italienzug ungünstig, denn die Herzöge von Schwaben, Bayern und Kärnten versperrten Heinrich die Alpenübergänge. Nur mit Mühe gelang es ihm, die winterlichen Alpen auf der Westroute über den Mont Cenis zu überqueren und nach Gewaltmärschen durch Norditalien Gregor VII. in der Nähe von Modena abzufangen, wo dieser auf der Reise zu den Gegnern Heinrichs im Reich auf der Burg von Canossa Station machte. Dank der Vermittlung vor allem der Markgräfin Mathilde von Canossa konnte er schließlich bei Papst Gregor die Lösung vom Bann erreichen.

> **Canossa**
> Der »Gang nach Canossa« stand für die Demütigung des römisch-deutschen Königs und bald für Demütigung und Unterwerfung schlechthin. In diesem Sinne erklärte Bismarck während des Kulturkampfes in der Reichstagssitzung vom 14.5.1872: »Nach Canossa gehen wir nicht – weder körperlich noch geistig.«

Nach diesem »Gang nach Canossa« war Heinrichs Machtposition dennoch entscheidend geschädigt: das Reich war gespalten. Eine Anzahl von Adeligen wollte sich mit der Entwicklung nicht abfinden und wählte einen Gegenkönig: zunächst den Schwabenherzog Rudolf von Rheinfelden und nach dessen Tod (1080) Hermann von Luxemburg, Graf von Salm (gest. 1088). Viele Adelige standen aber auch zu Heinrich IV. Das Gewicht zwischen den Lagern verschob sich zu Heinrichs Gunsten, als Papst Gregor den König 1080 wegen erneuten Verstoßes gegen das kirchliche Investiturverbot abermals bannte. Heinrich gelang es nun sogar, Erzbischof Wibert von Ravenna zum Gegenpapst Klemens III. (1080–1100) zu erheben. Nachdem mehrere römische Kardinäle zu Heinrich übergelaufen waren, konnte er zudem nach Rom ziehen und sich dort von Papst Klemens zum Kaiser krönen lassen.

Heinrich IV., Abt Hugo von Cluny, Mathilde von Tuszien. Oberitalien, Canossa oder Polirone, um 1115 (Biblioteca Apostolica Vaticana). In der hier dargestellten Szene bittet Heinrich IV. Mathilde von Canossa und den Abt Hugo von Cluny, seinen Taufpaten, um Fürsprache bei Papst Gregor VII. Mathilde nimmt dabei eine machtvolle Stellung ein: Sie beherrscht die Szene wie die Mutter Gottes in Mariendarstellungen der Zeit.

Gregor VII., der sich währenddessen in die uneinnehmbare Engelsburg zurückgezogen hatte, wurde schließlich von den Normannen befreit und starb im Jahr darauf in deren Machtbereich in Salerno.

Gregors universaler Machtanspruch war damit zusammengebrochen und Heinrich konnte dazu übergehen, die Verhältnisse im Reich zu ordnen. So ließ er 1087 seinen ältesten Sohn Konrad zum König wählen.

Heinrich IV, Konrad und Heinrich V., Emmeramer Evangeliar, Regensburg, Ende 11. Jh. oder um 1100 (Kraków, Biblioteka Kapitulna). Die Miniatur zeigt oben die Könige des Reichs, unten drei Äbte von St. Emmeram in Regensburg. Durch die Entsakralisierung des Königtums im Investiturstreit verschwindet auch die Darstellung von Herrschern in liturgischen Büchern. Das Evangeliar von St. Emmeram ist eines der letzten Beispiele für solche Herrschaftsbilder.

1106–1125 Heinrich V.
1115 Niederlage gegen aufständische Adelige in Sachsen
1125 Wormser Konkordat

Doch schon bald erwuchs ihm mit Papst Urban II. (1088–1099) ein neuer machtbewußter Gegner. Der Papst brachte durch die Vermittlung einer Ehe zwischen Welf, dem Sohn des Bayernherzogs, und Mathilde von Tuszien eine königsfeindliche Allianz in Bayern und Norditalien zustande, die Heinrich sehr zu schaffen machte. Da er sich gerade in Norditalien aufhielt, flüchtete er sich vor seinen Gegnern auf eine Burg in der Nähe von Verona, wo er gezwungen war, sieben Jahre in politischer Untätigkeit zu verharren.

Während dieser Zeit brach nicht nur seine Frau mit ihm, auch sein Sohn Konrad sagte sich von ihm los.

Heinrich IV. gelang es erst nach dem Zerbrechen des bayerisch-tuszischen Ehebündnisses, wieder in den Norden des Reichs zurückzukehren. Dort söhnte er sich umgehend mit dem Bayernherzog aus. Eine seiner wichtigsten Handlungen war nun die Neuregelung der Thronfolge: Er setzte 1098 Konrad ab und ließ dessen jüngeren Bruder Heinrich zum König wählen und krönen – allerdings erst, nachdem er diesem das Versprechen abgenommen hatte, sich nicht in die Politik des Reichs einzumischen oder gegen ihn zu wenden.

1104 aber erhob sich Heinrich gegen seinen Vater, weil er (wie schon Konrad) um den Fortbestand der Macht seiner Familie fürchtete. Heinrich IV. war nämlich nicht nur von Paschalis II. (1099–1118), der Papst Urban im Amt gefolgt war, erneut gebannt worden; er setzte auch nach wie vor in der Verwaltung des Reichs und der Herzogtümer auf unfreie Dienstmannen und suchte Rückhalt bei den Städten, was ihm abermals den Unmut des Adels eintrug. Heinrich V. setzte sich an die Spitze der Adelsopposition und ließ sich zudem durch den Papst offiziell von dem Eid gegenüber seinem Vater entbinden. Nach wechselvollen Kämpfen zwischen Vater und Sohn gelang es Heinrich V.

schließlich 1106, seinen Vater gefangenzunehmen und zur Abdankung zu zwingen. Heinrich IV. floh zwar kurz darauf, starb aber noch bevor er mit einer Streitmacht gegen seinen Sohn vorgehen konnte.

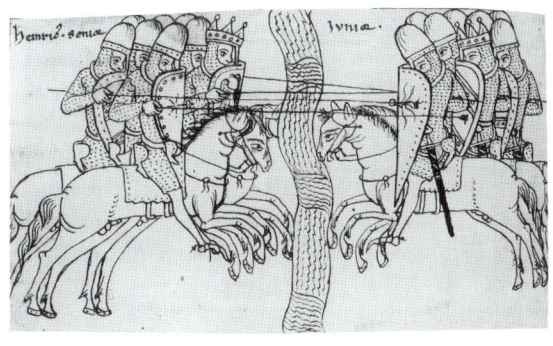

Schien es zunächst, als wolle Heinrich V. (1106–1125) in seiner Regierung andere Töne anschlagen, versuchte er schließlich seine Machtansprüche nicht anders als sein Vater durchzusetzen. Immerhin gelang es ihm nach anfänglichen Widerständen in Niederlothringen mit Gottfried von Löwen und in Sachsen mit Lothar von Supplinburg neue Herzöge einzusetzen. Doch bald schon regte sich Protest gegen seine Regierungsweise, die auf eine Stärkung der Reichsrechte und einen Ausbau des Reichsguts auf Kosten des Adels hinauslief. Schließlich stellte sich 1112 der anfänglich von ihm geförderte Sachsenherzog Lothar an die Spitze eines Aufstands. Heinrich konnte die Rebellion nach langwierigen Auseinandersetzungen niederwerfen. Zwar gewährte er Lothar Vergebung, aber sein unnachsichtiges Vorgehen gegen andere Aufständische verschärfte die Lage derart, daß sich schließlich 1115 der gesamte Norden des deutschen Reichsteils gegen ihn erhob.

Auch dem Papst gegenüber zeigte sich Heinrich V. wenig nachgiebig. Zwar schloß er auf seinem Italienzug 1111 mit Papst Paschalis einen Krönungsvertrag, in dem er von der Investitur von Bischöfen Abstand nahm, allerdings nur unter der Bedingung, daß die Bischöfe ihrerseits auf alle ihnen verliehenen königlichen Rechte und Güter verzichteten. Dagegen aber sperrten sich die Bischöfe und verhinderten so die Kaiserkrönung. Eine dann doch vollzogene Krönung, die Heinrich vom Papst zusammen mit dessen Aner-

Kampf zwischen Heinrich IV. und Heinrich V. aus der Chronica des Otto von Freising, Südwestdeutschland (?), zwischen 1157 und 1185 (Jena, Thüringer Universitäts- und Landesbibliothek).

Heinrich IV. und Heinrich V., Ekkehard von Aura: Weltchronik, Federzeichnung, vermutlich Kloster Urach (?), 1113–1114 (Cambridge, Corpus Christi College). Die Zeichnung illustriert, wie Kaiser Heinrich die Reichsinsignien an seinen Sohn übergibt.

Evangeliar aus Kloster Abdinghof in Paderborn, Köln, um 1070–1080 (Berlin, Staatliche Museen Preußischer Kulturbesitz, Kupferstichkabinett). An der Miniatur ist eine neue Tendenz in der Kölner Buchmalerei des 11. Jahrhunderts abzulesen: Die Linienführung ist stärker, die graphischen Züge dominieren. Man spricht von einer »Verhärtung« des Malstils. Das Evangeliar aus dem Paderborner Kloster zählt zu einer Reihe von illuminierten Handschriften, die man aufgrund dieser Darstellungstechniken als »strenge Gruppe« bezeichnet.

kennung des königlichen Investiturrechts erzwang, wurde später für ungültig erklärt. Und auch eine erneute Kaiserkrönung bei Heinrichs zweitem Italienzug (1117/1118) war umstritten, denn sie wurde nach der Flucht des neuen Papstes Gelasius II. (1118–1119) durch einen Prälaten vorgenommen, der eigens zu diesem Zweck zum Gegenpapst (Gregor VIII.) erhoben worden war. Gelasius sprach daraufhin über Heinrich den Bann aus.

Zu einer Aussöhnung mit der Kirchenführung kam es erst unter Papst Calixt II. (1119–1124). Sie wurde vom Reichsadel in die Wege geleitet, mit dem Heinrich nach langen Auseinandersetzungen 1121 Frieden geschlossen hatte. Den Adeligen ging es darum, die Kontroversen um die Investitur zu einem ebenso friedlichen Ende zu bringen, wie es bereits 1107 in Frankreich und England erreicht worden war. In Frankreich war vereinbart worden, daß der Papst die Weihe der Bischöfe übernahm und der König den Bischöfen die weltlichen Rechte und Güter übergab; in England verlangte der König vor der Weihe den Lehnseid, verzichtete aber auf die Investitur mit den geistlichen Symbolen Ring und Stab.

Für das Reich verständigte man sich nun auf eine strikte Trennung zwischen königlichen Rechten und Gütern einerseits und ausschließlich kirchlichen Gütern andererseits. Heinrich V. und eine päpstliche Gesandtschaft fertigten darüber in Worms zwei Urkunden aus: das sogenannte Wormser Konkordat. In der einen sagte Heinrich die freie, von ihm unbeeinflußte Wahl der Bischöfe und ihre kirchliche Weihe zu, verzichtete auf die Investitur von Bischöfen mit den kirchlichen Symbolen Ring und Stab und versprach die Rückerstattung all jenes Kirchenbesitzes, den sein Vater im Streit mit der Kirche eingezogen hatte. Calixt II. gestattete im Gegenzug die Anwesenheit des Königs bei Bischofs- und Abtswahlen und räumte Heinrich bei unentschiedenen Wahlen die Stimmabgabe zugunsten des für ihn »besseren Teils« der Wähler ein; er erlaubte ferner »im deutschen Reichsteil« die Übergabe königlicher Rechte an Bischöfe und Äbte vor der Weihe; bei Wahlen in Italien und Burgund durfte dagegen die Verleihung der Rechte bis zu sechs Monate nach der Weihe erfolgen.

Mit dem Abschluß des Vertrages wurde Heinrich V. vom Bann gelöst und wieder in die Kirche aufgenommen. Er war aber in seiner Machtstellung erheblich geschwächt. Sein Einfluß auf die Kirche war zurückgedrängt, die Kirche war hinsichtlich ihres Besitzes selbständiger und die höchsten kirchlichen Würdenträger waren im Hinblick auf die ihnen vom König verliehenen Rechte und Güter den Reichsfürsten gleichgestellt. Auch im Reich verlor Heinrich V. an Macht: Sachsen entzog sich vollständig seinem Einfluß, und als der König 1125 starb, hatte er sogar in den rheinischen Städten, die stets zu ihm gehalten hatten, seine Macht verspielt.

Die Macht der Kirche und die Kreuzzugsbewegung

Mit seinem reformerischen Fanatismus stieß Gregor VII. selbst engste Vertraute vor den Kopf, doch andererseits bereitete er damit auch seinen Amtsnachfolgern das Terrain, von dem aus sie das Papsttum als führende geistige Kraft in der Welt etablieren konnten.

In einer »Dictatus papae« (1075) überschriebenen Liste stellte Gregor Leitsätze zusammen, wie sie seit der Spätantike nicht mehr vorgebracht worden waren: Er sprach von der von Petrus persönlich ererbten Heiligkeit der Päpste, von ihrem Recht zur Absetzung aller Fürsten und von ihrer obersten gesetzgebenden und richterlichen Gewalt in der Welt. Zur Verdeutlichung seiner Machtstellung plante er, an der Spitze eines Hee-

Der Dictatus Papae besteht aus 27 Leitsätzen, die 1075 in das Briefregister Papst Gregors VII. eingetragen wurden. Sie umfassen kategorische und programmatische Aussagen wie: Die päpstliche Kirche ist eine ausschließlich göttliche Stiftung (1). Sie hat niemals geirrt und wird auch niemals irren (22). Der kanonisch geweihte römische Bischof ist kraft des Verdienstes des Heiligen Petrus unzweifelhaft heilig (23). Nur der Papst kann Bischöfe ihres Amtes entheben und wieder einsetzen (3). Ihn selbst darf niemand richten (19). Ihm allein ist es erlaubt, wenn erforderlich, neue Gesetze zu erlassen (7). Nur er darf sich der kaiserlichen Insignien bedienen (8), Ihm ist es gestattet, Kaiser abzusetzen (12) und Untertanen vom Treueid gegenüber unrechtmäßigen Herrschern zu entbinden (27). Die Schrift bildet den Höhepunkt der geistlichen wie weltlichen Machtansprüche der Päpste im Mittelalter.

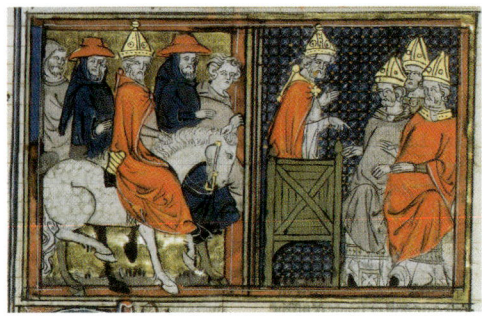

Papst Urban II. reist nach Clermont und predigt dort den Kreuzzug, Wilhelm von Tyrus: Histoire d'Outremer, Akkon, 13. Jahrhundert (Paris, Bibliothèque Nationale).

res nach Palästina zu ziehen, um die Heiligen Stätten des Christentums aus der Hand der Muslime zu befreien. Doch dazu sollte es nicht mehr kommen.

Auch sein Nachfolger zog nicht persönlich nach Jerusalem. Er konnte aber im November 1095 auf einer Synode im südfranzösischen Clermont viele Menschen für eine solche Kriegsfahrt gewinnen, zumal die Kirche den christlichen Kämpfern für ihren Kreuzzug einen Ablaß in Aussicht stellte, also eine Minderung ihrer Sündenstrafen. Das Konzept war nicht neu: Seit 1055 hatten Päpste mit demselben Angebot erfolgreich für die sogenannte Reconquista geworben: für die Rückeroberung der von Muslimen besetzten ehemals christlichen Gebiete in Spanien.

Nun also bündelte Urban II. die Kräfte für den Kampf gegen die Araber in Palästina. Nach grausamen Kämpfen führte dieser erste, vor allem von südfranzösischen Rittern getragene Kreuzzug 1099 zum Erfolg:

Die Illustration zeigt eine Szene aus der Reconquista, der Rückeroberung Spaniens für die Christenheit. Sie macht die Unterschiede in der Kriegstechnik der beiden Seiten deutlich: die Sarazenen setzten bei ihrer Reiterei auf Lanzen, wohingegen die christlichen Ritter offensichtlich den Kampf vor allem mit dem Schwert bestritten. Deutlich ist auch das Banner mit Maria und dem Jesuskind erkennbar, in dessen Zeichen hier der Kampf der Christen erfolgte.

Jerusalem wurde erobert und ein Königreich mit verschiedenen, nach südfranzösischem Vorbild organisierten Fürstentümern errichtet.

In den folgenden rund 200 Jahren galten weitere Kreuzzüge der Verteidigung dieser Herrschaftsgebiete gegen die sie umgebende islamische Übermacht. Da sie stets von den Päpsten ausgerufen und eigens mit Ablässen verbunden wurden, spiegeln sie die hohe Machtfülle der Kirchenführer wider. Erst später sollte sich dies ändern, als sich die Kreuzzüge, nicht immer im Sinne der Kirchenleitung, anderen und zum Teil zweifelhaften Zielen zuwandten.

Die Barone des Königreichs Jerusalem, Wilhelm von Tyrus: Histoire d'Outremer, Akkon, 13. Jahrhundert (Paris, Bibliothèque Nationale). Das 1099 gegründete Königreich Jerusalem wurde nach französischem Modell in weitgehend selbständige Baronate unterteilt.

Die Ausbreitung des Islams nach dem Tode Mohammeds.

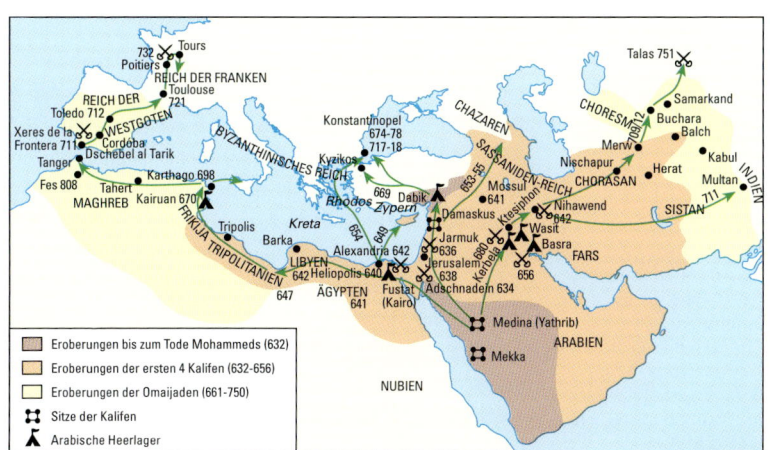

Eroberungen bis zum Tode Mohammeds (632)
Eroberungen der ersten 4 Kalifen (632-656)
Eroberungen der Omaijaden (661-750)
Sitze der Kalifen
Arabische Heerlager

Veränderungen im Reich: Unfreie, Städte und der Adel

Daß der erste Kreuzzug ohne ostfränkisch-deutsche Beteiligung erfolgte, lag an den machtpolitischen Veränderungen, die sich unter Heinrich IV. und Heinrich V. vollzogen und die im Reich alle gesellschaftlichen Kräfte banden. Von den Unfreien bis hinauf zum Adel gerieten alle Schichten in Bewegung.

Die strikte Bindung der Unfreien an ihre Grundherren wurde gelockert. Nun konnte es vorkommen, daß sie (oder ihre Arbeitskräfte) an andere Grundherren übertragen wurden oder gar, daß sie um des bloßen Überlebens willen ihre Heimat verlassen mußten und in der wachsenden Masse umherziehender Armer aufgingen.

Eine Chance zum gesellschaftlichen Aufstieg bot sich ihnen dabei in den Städten, die Ende des 11. und Anfang des 12. Jahrhunderts nicht nur an Umfang, sondern auch an Zahl zunahmen. Den Stadtbewohnern gelang es damals, gegenüber den adeligen oder bischöflichen Stadtherren Freiheiten wie die Einschränkung ihre Abgabepflichten oder eine eigenständige Gerichtsbarkeit zu erwirken. Neugründungen, wie etwa der Stadt Freiburg im Breisgau (1120), wurden von den Gründungs- und Stadtherren derartige Rechte von Anfang an zugestanden. Mit der städtischen Freiheit waren auch die Bewohner von jeglicher Form der Grundhörigkeit befreit. So konnten Unfreie, die in eine Stadt zogen und nicht »nach Jahr und Tag« (üblicherweise ein Jahr, sechs Monate und drei Tage) von ihrem Herrn zur Rückkehr aufgefordert wurden, persönliche Freiheit erlangen: »Stadtluft macht frei« kam damals als Rechtsgrundsatz auf.

Eine weitere Möglichkeit zum gesellschaftlichen Aufstieg bot sich den Unfreien beim Landesausbau. Viele Adelige, die zur Urbarmachung Königsland übertragen bekamen, das sie im Falle des Ausbaus behalten durften, erkannten die Gelegenheit, die sich ihnen durch den Einsatz von Unfreien bot. Sie konnten ihnen – mit dem Anreiz, dadurch Freiheit zu erlangen – Waldgebiete zur Rodung und Kultivierung übertragen und damit die ei-

Die Universität

Die Lehreinrichtungen des frühen Mittelalters waren Schulen in Klöstern und an größeren Kirchen. In ihnen stand das Studium christlich-kanonisierter Texte im Mittelpunkt. Vom 10. bis zum 12. Jahrhundert entstanden in den Städten Bischofsschulen und schließlich vor allem schulische Einrichtungen einzelner Lehrer, die bald in offene Konkurrenz zu den Klosterschulen traten.

Mit ihnen bahnte sich eine entscheidende Veränderung im Bildungswesen an, denn hier formierten sich fachliche Schwerpunkte etwa im Hinblick auf eine mehr rechtshistorische oder philosophische Ausbildung. Viele Kloster- und Domschulen konnten in dieser Zeit den zunehmend ausgefeilteren Erkenntnis- und Lehrmethoden der Scholastik (wörtlich: Schul-wissenschaft) und den gehobenen Ansprüchen der Schüler nicht mehr nachkommen. Daher schlossen sich im späten 12. Jahrhundert einzelne Lehrer und Schüler zu eigenständigen (Schul-)Korporationen zusammen. Solche spontanen Gründungen von *universitates*

magistrorum et scholarium (Korporationen von Lehrern und Schülern) gab es zunächst in Italien, Frankreich und England, und hier vor allem in Städten mit alten Schultraditionen wie Bologna, Paris und Oxford. *Universitas* bedeutete zunächst nichts anderes als »Kommunität«. Diese Gemeinschaften unterstellten sich den höchsten Schutzgewalten des Mittelalters: der Universalgewalt des Papstes, später auch der des Kaisers. Diese gewährten juristischen Schutz und wirtschaftliche Privilegien. Die von der Kirche reklamierte Oberaufsicht über die *universitates* bewirkte bald die Einführung einer sorgfältigen Abschlußprüfung, des

Elfenbeinrelief mit der Darstellung von Studenten der Rechtswissenschaft in Bologna.

examen rigorosum. Mit ihm sollte nicht nur ein Studienabschluß geschaffen, sondern vor allem die Qualität des künftigen Lehrpersonals gesichert werden.

Die alten Ehrentitel *magister* (Lehrer) und *doctor* wurden nun zu akademischen Auszeichnungen für diejenigen, die die entsprechenden Examina bestanden hatten. Bedeutsam war ferner die von päpstlicher Seite erstmals 1233 gewährte *Licentia ubique docendi* (Erlaubnis, überall zu lehren). Sie besagte, daß ein erfolgreich geprüfter Lehrer ohne neuerliche Prüfung an jeder mit päpstlichem (später auch kaiserlichem) Privileg versehenen Lehreinrichtung unterrichten durfte.

Das Studium an den Universitäten war hierarchisch gegliedert. Die »untere« Artistenfakultät vermittelte sprachlich-literarische Kenntnisse und besonders Naturphilosophie. Man durchlief sie zur Vorbereitung auf das Studium an den »höheren« Fakultäten der Jurisprudenz, Medizin und Theologie.

An den Universitäten kam es zu fachlichen Schwerpunktbildungen. So studierte man in Bologna vor allem auf einen juristischen, in Montpellier auf einen medizinischen, in Paris auf einen theologischen Abschluß hin. Zu den ersten Zusammenschlüssen zu »Universitäten« kam es etwa zeitgleich Ende des 12. Jahrhunderts in Bologna und Paris; Anfang des 13. Jahrhunderts folgten Oxford und Cambridge. Im Römisch-Deutschen Reich wurde die erste Universität 1348 in Prag gegründet.

genen Territorien erweitern. Dadurch veränderte sich auch das Besitz- und Machtgefüge zwischen den großen Adelsfamilien erheblich.

Der Adelsstand verlor zudem durch den Aufstieg der Ministerialen seine Exklusivität. Diesen Dienstleuten gelang es zunehmend, sich ihren militärischen oder verwalterischen Pflichten zu entziehen und sich aus ihrer ursprünglichen Unfreiheit zu lösen. Sie erlangten das Recht, Lehen zu vergeben und stiegen so in den niederen Adel auf.

Viele machtbewußte und aufstrebende Adelige bedienten sich der ehrgeizigen Ministerialen – zu beiderseitigem Nutzen. Das Ziel der Adelsfamilien bestand im Ausbau zusammenhängender Territorien in Eigenbesitz. Diese Gebiete sicherten sie angesichts der zahlreichen Aufstände und Kriege zunehmend durch Burgen, nach denen sie – wie etwa die Staufer nach ihrer Burg bei Staufen – häufig benannt wurden. Wie einflußreich diese Familien werden konnten und wie sie die Machtverhältnisse im Reich bestimmten, zeigen vor allem die Regierungen von Lothar III. und Konrad III.

Lothar III.

1125–1137 Lothar III. von Supplinburg
1127 Konrad, Herzog von Schwaben, wird zum Gegenkönig erhoben
1133 Kaiserkrönung in Rom

Einige Adelsfamilien brachten es durch geschicktes Taktieren gegenüber den salischen Königen zu Macht und Einfluß, unter ihnen die Staufer. Heinrich IV. förderte sie, weil er in Schwaben ein Gegengewicht zu Rudolf von Rheinfelden benötigte, der zum Gegenkönig erhoben worden war. Er ernannte Friedrich von Staufen zum Herzog von Schwaben und machte ihn zugleich zu seinem Schwiegersohn. Die Staufer behaupteten sich aufgrund der neugewonnenen Machtposition gegenüber den Familien der Zähringer und Welfen, die wie sie ihren Eigenbesitz in Schwaben (und überhaupt im Süden des deutschen Reichsteils) ausbauten.

Die Nähe und verwandtschaftliche Bindung zu den Saliern verkehrte sich für die Staufer allerdings zum Nachteil, als es nach dem Tod des kinderlos verstorbenen Heinrich V. darum ging, einen neuen König zu bestimmen. Das Wahlgremium, das sich aus 40 führenden Adeligen des Reichs zusammensetzte, wünschte nach den Unruhen der vergangenen Jahrzehnte unter der Regierung von Saliern einen Neuanfang. Die Wahl fiel auf den Herzog von Sachsen – Lothar von Supplinburg, der einer der mächtigsten Gegner Heinrichs V. gewesen war. Unterstützt wurde Lothar von seinem Schwiegersohn, dem Welfen Heinrich dem Stolzen, Herzog von Bayern. Der Konflikt mit den Staufern war unvermeidlich, weil diese mit den Welfen rivalisierten. Außerdem beanspruchten sie aufgrund ihrer Verwandtschaftsbeziehungen das territoriale Erbe der Salier, das Lothar als Reichsgut von ihnen einforderte. Weil der Schwabenherzog Friedrich nicht zur Herausgabe des salischen Landbesitzes bereit war, verhängte Lothar über ihn die Reichsacht, woraufhin die Parteigänger der Staufer Friedrichs Bruder Konrad zum Gegenkönig erhoben.

Konrad brachte es immerhin so weit, in Mailand die lombardische Krone zu erringen. Im deutschen Reichsteil konnte er sich dagegen nicht durchsetzen. Erst 1135 einigte er sich mit Lothar auf einem Hoftag dahingehend, daß seine Familie die umstrittenen ehemals salischen Güter behalten durfte. Konrad trat daraufhin von seinem Gegenkönigtum zurück.

Nicht weniger kompliziert als im Reich war die Lage in Rom. Dort waren im wiederaufgeflammten Streit des Stadtadels zwei Päpste erhoben worden: Innozenz II. (1130–1143) und Anaklet II. (1130–1138). Sie fanden

> **Die Reichsacht**
> Die »Acht« hatte den Ausschluß eines Übeltäters aus der Gemeinschaft aller anderen Menschen zur Folge. Die mit der Acht belegte Person verlor alle Rechte und durfte von niemandem unterstützt, verpflegt oder beherbergt werden. Die Acht war eine Strafe für bestimmte Gewalttaten, etwa für Hausfriedensbruch oder Mord, und wurde auch bei Mißachtung gerichtlicher Urteile verhängt.

Nachzeichnung eines Wandbilds aus dem alten Lateran-Palast in Rom (Biblioteca Apostolica Vaticana). Die Räume im Lateran waren mit Fresken ausgemalt, die die Macht der Päpste verdeutlichten. Papst Innozenz II. ließ in ihnen drei Phasen der Krönung Lothars III. verewigen. 1. Der Eid auf Evangelium. 2. Lothars Ergebenheitsgestus gegenüber dem Papst. 3. Die Krönung Lothars durch den Papst. Die zweite (mittlere) Szene hat Diskussionen ausgelöst, da sich Lothar hier womöglich dem Papst unterwürfig ergibt. Friedrich Barbarossa hat darauf gedrungen, daß dieses Bild, das die Vormachtstellung des Papstes gegenüber dem Kaiser verdeutlichte, entfernt wurde.

bei unterschiedlichen Herrschern Rückhalt: Anaklet bei den Normannen in Süditalien und Innozenz vor allem in England und im Deutschen Reich. Lothar suchte seinerseits bei Innozenz Unterstützung und wurde von ihm schließlich 1133 in Rom zum Kaiser gekrönt.

Nach mehreren erfolgreichen Zügen gegen die Slawen im Osten und die Dänen im Norden, die eine Sicherung der dortigen Reichsgrenze und die Lehnshoheit über Dänemark erbrachten, zog Lothar 1136 ein zweites Mal nach Italien. Trotz anfänglicher Erfolge im Kampf gegen die Normannen mußte er wegen Differenzen im Heer bald den Rückzug antreten, auf dem er 1137 in Tirol verstarb.

1138–1152
Konrad III.
1147–1150 Teilnahme am zweiten Kreuzzug

Konrad III.

Mit der Königswahl Konrads III. (1138–1152) wendete sich das Blatt im Streit zwischen Staufern und Welfen zugunsten der Staufer. Zwar hatte Lothar III. seinen Schwiegersohn Heinrich den Stolzen von Bayern als Nachfolger vorgesehen, doch das Wahlgremium entschied sich für den ehemaligen staufischen Gegenkönig. Konrad III. setzte nun alles daran, die Welfen zu schwächen. Heinrich der Stolze beanspruchte das Herzogtum Sachsen als Erbe seines Schwiegervaters, was ihm Konrad mit dem Hinweis verweigerte, ein Herzog könne nicht zwei Herzogtümer verwalten. Stattdessen vergab er Sachsen an einen sächsischen Grafen. Wenig später verhängte Konrad über Heinrich, der unbeirrt an seinem Anspruch auf beide Herzogtümer festhielt, die Reichsacht und nahm ihm auch Bayern, das er an den Markgrafen von Österreich vergab. In Sachsen regte sich allerdings inzwischen derart heftiger Widerstand gegen Konrads Entscheidung, daß dieser das Herzogtum schließlich doch an einen Welfen, Heinrich den Löwen, den Sohn Heinrichs des Stolzen, vergab.

Der Konflikt mit den Welfen prägte Konrads gesamte Herrschaftszeit. Als er nach seiner Teilnahme am zweiten Kreuzzug (1147–1149) ins Reich zurückkehrte, mußte er feststellen, daß die Welfen sich mit dem Normannenkönig Robert II. von Sizilien verbunden hatten und nun mit vereinten Kräften gegen ihn vorgehen wollten. Konrad überließ den Kampf gegen das gegnerische Bündnis seinem Sohn Heinrich, der die normannisch-welfischen Truppen besiegen konnte. Die Welfen ließen jedoch nicht locker: Heinrich der Löwe erhob wenig später auch Anspruch auf das Herzogtum Bayern und rückte dort im Winter 1150/1151 ein.

Friedrich I. »Barbarossa«

Angesichts dieser schwierigen Lage traf Konrad III. vor seinem Tod eine weitsichtige Entscheidung: Zu seinem Nachfolger bestimmte er nicht seinen minderjährigen Sohn, sondern seinen Neffen, Herzog Friedrich von Schwaben. Als Sohn eines Staufers und einer Welfin war Friedrich ein geeigneter Kompromißkandidat und für beide konkurrierenden Adelsgeschlechter akzeptabel. Er wurde 1152 auf einem Reichstag in Frankfurt zum König gewählt und kurz darauf in Aachen gekrönt.

Friedrich enttäuschte die in ihn gesetzten Erwartungen nicht. Er sah den Ausgleich zwischen Staufern und Welfen (wie auch zwischen anderen Fürsten und Fürstengruppen) als seine wichtigste Aufgabe im Reich an. Ganz auf Versöhnung bedacht, schob er die Vorbehalte seines Onkels beiseite und vergab neben Sachsen auch das Herzogtum Bayern an Heinrich den Löwen. Den bisherigen bayerischen Herzog, einen Babenberger, entschädigte er mit der Mark Österreich, die er zum Herzogtum erhob und mit zahlreichen Privilegien versah. Auch andere Welfen begünstigte er, aber nicht ohne auch die staufische Familie, der er selbst angehörte, reich zu bedenken. Durch Gebietstausch mit den Welfen und anderen Familien gelang es ihm im Laufe seiner Herrschaft einen Territorialbesitz zusammenzubringen, der sich vom Familiensitz im Südwesten aus quer durch den deutschen Reichsteil erstreckte.

Neben der Ordnung dieser familien- und machtpolitischen Verhältnisse war Friedrich I. zeit seiner Herrschaft vor allem mit zwei weiteren Problemkreisen befaßt, die bisweilen miteinander verschränkt waren: mit der Klärung des Verhältnisses zwischen Kai-

1152–1190 Friedrich I. »Barbarossa«
1153 Konstanzer Vertrag mit dem Papst: Gegenseitige Hilfe gegen römischen Adel, Normannen und Byzanz
1155 Kaiserkrönung in Rom
1156 Herzogtum Österreich begründet
1157 Konflikt mit päpstlichen Gesandten auf dem Reichstag in Besançon
1158 Erhebung des Herzogs von Böhmen zum König
1177 Friede von Venedig nach langjährigen Auseinandersetzungen mit norditalienischen Städten
1180 Sturz und Verbannung Heinrichs des Löwen
1189 Teilnahme am dritten Kreuzzug

Cappenberger Kopf, Westdeutschland um 1160 (Cappenberg, Pfarrkirche). Der sogenannte Cappenberger Kopf stellt vermutlich Friedrich I. dar.

sertum und Papsttum und mit den Beziehungen zu den aufstrebenden Städten in Norditalien.

Noch bevor er zur Kaiserkrönung nach Italien aufbrach, einigte sich Friedrich mit dem Papst in einem 1153 in Konstanz abgeschlossenen Vertrag auf die Konditionen einer Zusammenarbeit: Im Namen der Ehre des Reichs *(honor imperii)* und des Papsttums *(honor papatus)* versprachen sie sich gegenseitig, sich gegen ihre jeweiligen Feinde zu unterstützen, gemeinsam gegen König Wilhelm I. von Sizilien vorzugehen und die Rückeroberung Unteritaliens durch das byzantinische Reich zu verhindern.

Doch schon kurz nach der Kaiserkrönung Friedrichs durch Papst Hadrian IV. (1154–1159) im Jahr 1155 zeigten sich Risse im gegenseitigen Einvernehmen. Friedrich konnte seiner Zusage, gegen die Normannen nach Süditalien zu ziehen, nicht nachkommen, weil ihm die deutschen Fürsten die Gefolgschaft verweigerten. Der Papst nahm daher mit dem Normannenherrscher Wilhelm I. Kontakt auf, der ihm wenig später einen exklusiven Lehnseid für große Teile Süditaliens leistete. Dies betrachtete der kaiserliche Hof als Bruch des vertraglich festgelegten einvernehmlichen Handelns.

Wie heikel die Lage war, zeigt eine Begebenheit auf dem Reichstag 1157 in Besançon, auf dem der Konflikt mit der Kurie offen ausbrach: In einem Schreiben an den Kaiser wies Papst Hadrian auf die »beneficia« hin, die er Friedrich habe zukommen lassen. Ein enger Berater Friedrichs übersetzte dabei »beneficia« mit »Lehen« und nicht (wie es ebenfalls möglich gewesen wäre) mit »Wohltaten«. Der Tumult, der aufgrund der vermeintlichen Lehnsabhängigkeit des Kaisers vom Papst entstand, konnte erst nach langen Verhandlungen als Mißverständnis erklärt und beigelegt werden. Friedrich machte dabei nachdrücklich seine Position deutlich: Er betonte, daß König- und Kaisertum gottesunmittelbar seien, über sakramentale Würde verfügten und in keiner Weise dem Papsttum unterstünden. Seit dieser Zeit wurde der Ausdruck »Heiliges Reich« *(sacrum imperium)* zur feststehenden Formel in Urkunden und Schriftverkehr des Kaisers.

Der Vorfall von Besançon ist nicht nur für das gespannte Verhältnis von Papst und Kaiser symptomatisch. Er läßt auch erkennen, wie wichtig die Kenntnis juristischer Sachverhalte und Terminologie war. Dies wiederum erklärt, warum sich Friedrich I. nachdrücklich für Rechtsgelehrte einsetzte und Mitte der fünfziger Jahre ein Gesetz erließ, in dem er alle »aus Liebe zur Wissenschaft heimatlos gewordenen Scholaren, besonders die Rechtsgelehrten« auf Reisen und an ihren Studienorten seinem persönlichen Schutz unterstellte: Er benötigte ihre Hilfe, um seine Ansprüche und Interessen durchsetzen zu können.

Dies war besonders in Italien notwendig. Die norditalienischen Städte hatten an den ersten beiden Kreuzzügen sehr gut verdient und ein starkes Selbstbewußtsein entwickelt. Sie hatten Reichsgüter in Besitz genommen, sich kaiserliche Herrschafts-

Die Italienzüge Friedrichs I.
1154–1155 Erster Italienzug
1158–1162 Zweiter Italienzug
1163–1164 Dritter Italienzug
1166–1168 Vierter Italienzug
1174–1178 Fünfter Italienzug
1184–1186 Sechster Italienzug

rechte angemaßt und waren nicht bereit, sich der Autorität Friedrichs I. zu beugen. Um seine Rechte durchzusetzen, verbrachte Friedrich fast die Hälfte seiner Regierungszeit in Italien, wo er auch seinen Beinamen »Barbarossa« (Rotbart) erhielt.

Die Rechte des Königs
Regalien sind Rechte, die nur dem König zustehen (lat. *iura regalia*, königliche Rechte). Andere Personen können sie nur in Anspruch nehmen, wenn der König ihnen die Regalien überträgt.
Zu den Regalien zählen beispielsweise das Recht, Zölle zu erheben, Münzen zu schlagen, das Abhalten von Märkten zu erlauben, Stadtrechte zu verleihen, Befestigungen zu errichten, Brücken zu bauen, Jagd und Fischfang zu betreiben, Bergwerke auszubeuten. Ferner gab es ein sogenanntes Judenregal, das in dem Recht bestand, Juden zu schützen und dafür von ihnen Abgaben zu erhalten.

Von zentraler Bedeutung war in den Rechtskonflikten der Reichstag in Roncaglia (1158). Hier ließ Friedrich von Rechtsgelehrten eine Bestimmung der Regalien vornehmen, die zwischen den Kommunen und ihm umstritten waren. Diese eigentlich dem König oder Kaiser zustehenden Rechte garantierten den Städten – allen voran Mailand, Venedig und Verona – erhebliche finanzielle Vorteile. Weder die Städte noch der Kaiser wollten darauf verzichten. Dadurch kam es zu kriegerischen Konflikten, die 1162 bei einer kaiserlichen Strafaktion zur völligen Zerstörung Mailands führten. Um ihre Interessen gegen den Kaiser besser wahrnehmen und verteidigen zu können, schlossen sich die nordostitalienischen Städte 1164 zum Veroneser Bund zusammen.

Die ohnehin schon angespannte Lage wurde noch dadurch verschärft, daß die Städte Unterstützung aus Rom erhielten, wenn auch nur von Teilen der Kirchenleitung. In Rom gab es nach dem Tod von Papst Hadrian IV. erneut zwei Päpste. Von ihnen stellte sich Alexander III. (1159–1161) klar hinter die norditalienischen Städte. Viktor IV. (1159–1164), der von einer kaiserfreundlichen Minderheit im Kardinalskollegium unterstützt wurde, fand dagegen bei Barbarossa Rückhalt. Das war der Anfang zu einem Papstschisma, das erst 1177 enden sollte.

Schisma
Ein Schisma ist die Spaltung der Kirchengemeinschaft vor allem aufgrund von Meinungsverschiedenheiten hinsichtlich der kirchlichen Lehre.

Der Veroneser Städtebund, der 1167 zum Lombardischen Städtebund erweitert wurde, bekannte sich seinerseits deutlich zu Alexander III. – mit einer nach ihm Alessandria benannten Bundesfestung, die Barbarossa 1174 vergeblich zu erobern versuchte. Da die norditalienischen Kaufleute auf Dauer an einem ungestörten Handelsverkehr mehr interessiert waren als an den permanenten Auseinandersetzungen mit dem Kaiser, kam es 1175 erstmals zu einem Waffenstillstand, der in zwei Friedensschlüsse (1177 und 1183) mündete. Sie brachten Barbarossa im Hinblick auf die Regalien Verbesserungen und führten zur Aussöhnung mit Papst Alexander III.

Friedrich I. ist danach nur noch einmal nach Italien gezogen (1184–1186). Dabei gelang es ihm, seinen

Sohn Heinrich in Mailand zum König der Lombardei und Italiens krönen zu lassen und ihn mit Konstanze von Sizilien, einer normannischen Prinzessin, zu verheiraten. Konstanze war die Tante und Erbin in Amt und Besitz des damals regierenden Königs Wilhelm II. von Sizilien. Zu dieser Zeit waren die Folgen der Verbindung noch nicht absehbar. Es kündigten sich aber bereits Schwierigkeiten an, denn dem Papst konnte nicht an einer staufischen Umklammerung seines Herrschaftsgebiets gelegen sein.

Friedrich I. befand sich damals auf dem Höhepunkt seiner Macht. Nicht nur in Italien, sondern auch im deutschen Reichsteil hatte er die Verhältnisse geordnet. So klärten sich zum Beispiel die Streitigkeiten mit Heinrich dem Löwen. Weil dieser rücksichtslos zahlreiche Gebiete erobert hatte, war gegen ihn ein Prozeß wegen Landfriedensbruchs angestrengt worden, der mit seiner Ächtung und Verurteilung geendet hatte. Schon diese Entscheidung hatte Heinrich nicht beachtet. Als er aber nach wiederholter erfolgloser Vorladung auch nicht vor dem Lehnsgericht erschien, wurden ihm seine Herzogtümer und persönlichen Besitzungen aberkannt. Heinrich der Löwe unterwarf sich Friedrich schließlich 1181 auf einem Reichstag. Dennoch wurde entschieden, daß ihm nach einer dreijährigen Verbannung nur noch die Städte Braunschweig und Lüneburg als Eigengut verbleiben sollten. Seine Herzogtümer gab Friedrich neu als Lehen aus.

Friedrich I. und Alexander III. Die Szene zeigt Friedrich I. Barbarossa, wie er sich Papst Alexander III. unterwirft und von diesem die Absolution erhält. Die hier präsentierte Darstellung ist von kirchlichem Wunschdenken geprägt. Barbarossa, der stets der Symbolik von Handlungen große Bedeutung beimaß, wäre zu einer derartigen buchstäblichen Unterwerfung unter den Papst sicher nicht bereit gewesen.

Evangeliar Heinrichs des Löwen, Helmarshausen, wahrscheinlich zw. 1185 und 1188 (Wolfenbüttel, Herzog August Bibliothek /Bayerische Staatsbibliothek). Herzog Heinrich der Löwe und seine Frau Mathilde, die Tochter des englischen Königs, werden von Händen, die aus dem Himmel herausreichen, gekrönt. Die Szene drückt die heilsgeschichtliche Erwartung es Paares aus.

Wie hier, so gelang es Friedrich auch in anderen Teilen des Reichs, das Lehnsrecht als Grundlage seiner königlichen Herrschaft wieder durchzusetzen und zu festigen. Auf diese Weise konnte er auch im Adel wieder das Bewußtsein dafür stärken, daß die Reichsfürstentümer als Glieder des Reichs nicht selbstverständlich erblich waren, sondern immer vom König persönlich verliehen werden mußten und Gleiches für die Lehen der jeweils niedrigeren Lehnsränge in der sogenannten Heerschildordnung galt.

Heerschildordnung

Unter einem Heerschild versteht man das militärische Kommando bzw. das Recht, Lehnsmannen aufzubieten und das Kommando über sie zu führen. In der Heerschildordnung kann man sieben Stufen unterscheiden:
1. Der König. 2. Die geistlichen Fürsten. 3. Die weltlichen Fürsten. 4. Die Grafen und Freiherren. 5. Die Freien und Ministerialen. 6. Die Gefolgsmannen der Freien und Ministerialen. 7. Die übrigen Ritter. Die Heerschildordnung stellte auf diese Weise eine Rangordnung des mittelalterlichen Adels nach dem Grad seiner Fähigkeit zur Lehnsvergabe dar.

Nachdem Friedrich Barbarossa seine Macht und seine Position im Reich abgesichert hatte, besann er sich angesichts der Eroberung Jerusalems durch die Muslime auf die Aufgaben des Kaisers als Verteidiger der Kirche und der Christenheit. Er entschied sich 1188, an der Spitze eines Kreuzfahrerheers ins Heilige Land zu ziehen. Ein Jahr später brach Friedrich nach Jerusalem auf, erreichte sein Ziel allerdings nicht mehr. Auf dem Weg dorthin ertrank er nahe der Südküste Kleinasiens Anfang Juni 1190 im Fluß Saleph.

Barbarossa als Kreuzfahrer, Robert von St. Remi: Historia Hierosolymitana (Biblioteca Apostolica Vaticana). Das Ganzfigurenbild zeigt den gekrönten Friedrich I. Barbarossa als *miles christianus* (christlicher Ritter) mit dem Reichsapfel in der linken Hand. Das Kreuz auf Mantel und Schild weist ihn als Kreuzfahrer aus. Die lateinische Umschrift lobt ihn als Kämpfer gegen die Sarazenen.

Heinrich VI.

Vor seinem Kreuzzug hatte Friedrich Barbarossa seinen Sohn Heinrich als Regenten im Reich eingesetzt. Dieser war bereits 1169 zum König gewählt und gekrönt worden und übernahm daher nach der Nachricht vom Tod seines Vaters bruchlos die Herrschaft (1190–1197). Dabei sah er sich vor allem mit zwei Problemen konfrontiert: Mit dem schon traditionellen Staufer-Welfen-Konflikt und mit dem Widerstand gegen die Erbansprüche seiner Frau in Sizilien.

Wie seinen Vorfahren, so machte auch ihm Heinrich der Löwe zu schaffen, der vorzeitig aus seiner Verbannung zurückgekehrt war und mit englischer Hilfe versuchte, sein sächsisches Herzogtum zurückzuerobern. Heinrich VI. gelang es 1190 nach mehreren militärischen Auseinandersetzungen, mit dem Welfen Frieden zu schließen.

Damit hatte er den Rücken frei, um nach Italien zu ziehen, wo er 1191 in Rom zum Kaiser gekrönt wurde. Eine typhusartige Erkrankung, die sich Heinrich in der Nähe von Neapel zuzog, verhinderte allerdings seinen geplanten Angriff auf das süditalienisch-sizilianische Königreich der Normannen. Dort wollte er gegen Tankred von Lecce vorgehen, der entgegen den Erbschaftsbestimmungen anstelle von Heinrichs Frau Konstanze in Sizilien zum König erhoben worden war.

Heinrich VI. sah sich aber auch aus einem anderen Grund zur Rückkehr in den deutschen Reichsteil gezwungen: Der Konflikt mit den Welfen war in ein neues Stadium getreten. Ein Sohn Heinrichs des Löwen hatte mit englischer Unterstützung die Bischöfe von Trier, Köln

1190–1197 Heinrich VI.
1186 Hochzeit mit Konstanze, einer sizilisch-normannischen Prinzessin
1191 Erster Italienzug: Kaiserkrönung in Rom. Fürstenopposition im Reich mit Rückhalt in England
1192–1194 Gefangennahme des englischen Königs Richard Löwenherz auf seinem Rückweg vom Kreuzzug; Zusammenbruch der Fürstenopposition
1194–1195 Zweiter Italienzug
1194 Krönung zum König von Sizilien in Palermo

Friedrich I., Heinrich VI. und Friedrich von Schwaben, Welfenchronik, Kloster Weingarten zwischen 1185 und 1191 (Fulda, Hessische Landesbibliothek). Kaiser Friedrich Barbarossa ist hier mit seinen beiden Söhnen abgebildet. Der Kaiser selbst trägt die Kaiserkrone mit Bügel und hält Reichsapfel und Zepter in Händen. Zu seiner Rechten steht sein Sohn Heinrich, der die Königskrone trägt. Zu seiner Linken Herzog Friedrich von Schwaben.

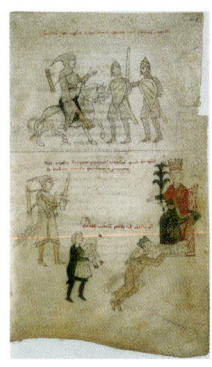

Gefangennahme von Richard Löwenherz, Petrus de Ebulo: Liber ad honorem Augusti sive de rebus Siculis, um 1196 (Bern, Burgerbibliothek). Die Illustration zeigt die Gefangennahme des englischen Königs Richard Löwenherz auf dem Rückweg vom Dritten Kreuzzug durch Herzog Leopold V. von Österreich. Der Herzog war wegen eines Vorfalls auf dem Kreuzzug sein Feind geworden. Angeblich hatte Richard vor Akkon ein Feldzeichen des Herzogs abgerissen. Richard Löwenherz wurde mit französischem Einverständnis (er hatte auch den französischen König düpiert) in Haft gehalten und erst 1194 gegen die Zahlung eines hohen Lösegeldes wieder freigelassen. Danach konnte er nach England zurückkehren.

und Mainz sowie mehrere niederrheinische Fürsten hinter sich gebracht und zu einer mächtigen Opposition gegen den Kaiser formiert. Heinrich VI. konnte die für ihn schwierige Lage nur deshalb beheben, weil der mit ihm verbündete Herzog Leopold von Österreich den englischen König Richard Löwenherz gefangengenommen hatte, der auf dem Rückweg vom Kreuzzug durch sein Herrschaftsgebiet gezogen war. Mit dieser Geisel gelang es Heinrich, der Fürstenopposition ihre englische Basis zu entziehen.

Für Heinrich VI. brachte die Gefangennahme von Richard Löwenherz noch andere Vorteile. Er zwang Richard, die kaiserliche Lehnshoheit über England anzuerkennen und erwirkte von ihm ein hohes Lösegeld. Mit diesen finanziellen Mitteln gewann Heinrich schließlich die Unterstützung der italienischen Städte Genua und Pisa gegen das Königreich Sizilien.

Mit Hilfe der von den beiden Städten bereitgestellten Flottenverbände konnte Heinrich, der selbst Truppen auf dem Landweg nach Süditalien führte, das Normannenreich erobern. Ihm kam dabei zugute, daß Tankred von Lecce kurz zuvor gestorben war. Am Weihnachtstag 1194 wurde Heinrich VI. folglich ohne weiteren Widerstand im Dom von Palermo zum König von Sizilien gekrönt. Er widmete sich danach sofort der Aufgabe, seine Herrschaft abzusichern. Dafür zog er eine große Zahl von Reichsministerialen heran, die er in die wichtigsten Positionen der straffen Verwaltungsorganisation einsetzte, über die das Normannenreich damals bereits verfügte. Vielen Ministerialen wurden zudem die Lehnsgüter normannischer Adeliger übertragen, die sich gegen Heinrich gestellt hatten und vertrieben werden konnten. Die Autorität, die Heinrich sich mit seinem geschickten und erfolgreichen Handeln erwarb, läßt sich daran ermessen, daß es ihm nicht nur gelang, die Oberhoheit des Königreichs Sizilien über Nordafrika zu erhalten, sondern daß sogar die Könige von Zypern und Armenien ihre Reiche Heinrich übergaben, um sie von ihm als Lehen entgegenzunehmen. Selbst Byzanz erkaufte sich mit Tributzahlungen den

Papst und Kaiser im Konflikt

Heinrich VI. vor Neapel, Federzeichnung aus Petrus de Ebulo: Liber ad honorem Augusti, Salerno, 1195–1197 (Bern, Burgerbibliothek). Dargestellt ist die Erstürmung der Stadt Neapel beim Zug Heinrichs VI. nach Sizilien.

Frieden mit Heinrich VI., denn es gab Hinweise darauf, daß Heinrich einen Kreuzzug plante, der nicht nur der Befreiung des Heiligen Landes von den Arabern dienen sollte. Angeblich war auch eine Unterwerfung des byzantinischen Reichs geplant, um das Römische Reich in seinem ganzen Umfang inklusive der östlichen Territorien wieder herzustellen.

Bevor Heinrich daran dachte, seine Kreuzzugspläne zu realisieren, kehrte er 1195 noch einmal in den deutschen Reichsteil zurück. Da ihm seine Frau Konstanze 1194 einen Sohn geboren hatte, wollte er seine Nachfolge regeln. Er beabsichtigte, seinem Sohn Friedrich Roger die Herrschaft über das sizilianische und zugleich das deutsche Reich zu sichern, also eine Personalunion des sizilianischen Königreichs und des Römisch-Deutschen Kaiserreichs herzustellen. Er plante sogar eine einheitliche Verfassungsstruktur. Wie in der Erbmonarchie Sizilien wollte er auch im Römisch-Deutschen Reich die Erblichkeit der Königsherrschaft durchsetzen.

Er versuchte, die Reichsfürsten mit einem Bündel von Zugeständnissen für seinen später sogenannten »Erbreichsplan« zu gewinnen. Er versprach ihnen die Erblichkeit der Reichslehen in männlicher und weiblicher Linie sowie bei Kinderlosigkeit eines Fürsten die Anwartschaft von Nebenlinien auf das Erbe. Den geistlichen Fürsten bot er den Verzicht auf das königliche

Unio regni ad imperium
Die Personalunion des sizilianischen Königreichs und des Römisch-Deutschen Kaiserreichs wurde in der lateinischen Amtssprache der Zeit als *unio regni ad imperium* bezeichnet.

Spolienrecht an, durch das die Hinterlassenschaft von Klerikern gewöhnlich an den Herrscher fiel. Das Vorhaben konnte aber so schnell nicht realisiert werden, und Heinrich mußte seinen Sohn 1196 ohne Novellen in der Nachfolgeregelung im Römisch-Deutschen Reich zum König wählen lassen. Er hätte nun zum Kreuzzug aufbrechen können, doch dazu kam es nicht mehr. Heinrich VI. starb im Herbst 1197 in Messina, vermutlich an Malaria.

1198–1216 Papst Innozenz III.
1202 Aufruf zum vierten Kreuzzug
1208 Aufruf zum Albigenserkreuzzug nach Südfrankreich
1213 Nach Konflikt mit Johann Ohneland von England wegen einer Bischofseinsetzung wird England päpstliches Lehen
1215 Viertes Laterankonzil mit Beschlüssen zur bischöflichen Inquisition, zur Stellung neuer Orden und zum Umgang mit Ketzern

Papst Innozenz III. und der Thronstreit von 1198

Mit dem Tod Heinrichs VI. kam es in der deutschen Geschichte zu einem schweren Einschnitt. Zwar hatte Heinrich einen Sohn hinterlassen, der zum König gewählt worden war, doch stand dieser unter der Vormundschaft seiner Mutter Konstanze, die entschieden normannische Interessen verfolgte. Sie sorgte dafür, daß die von ihrem Mann in Sizilien eingesetzten Ministerialen verbannt wurden, ließ ihren Sohn im Frühjahr 1198 unter Verzicht auf das römisch-deutsche Königtum in Palermo zum König von Sizilien krönen und machte Sizilien wieder vom Papst lehnsabhängig. Als sie 1198 überraschend starb, wurde daher Papst Innozenz III. (1198–1216) zum Vormund des vierjährigen Königs.

Papst Innozenz war damals erst seit wenigen Monaten im Amt, aber schnell zeigte sich, daß nach langer Zeit wieder eine starke und selbstbewußte Persönlichkeit an der Spitze der Kirche stand. Das Sendungsbewußtsein des neuen Papstes kam schon bei seiner Amtsübernahme zum Ausdruck: Obwohl er bereits Anfang Januar gewählt worden war, entschied Innozenz, daß er erst am 22. Februar geweiht und in sein Amt eingeführt werden sollte – am Kirchenfest der Stuhlbesteigung des Heiligen Petrus. Auch der Bibelvers, über den er aus diesem Anlaß predigte, ließ keinen Zweifel über sein Amtsverständnis zu: »Sieh her! Am heutigen Tag setze ich Dich über Völker und Reiche; Du sollst ausreißen und niederreißen, vernichten und einreißen, aufbauen und einpflanzen« (Jeremia 1,10).

Papst Innozenz III., Fresko. Innozenz III. war einer der gelehrtesten Päpste des Mittelalters. Er hat die Ansprüche des Papsttums deutlich herausgestellt. Er sah die Päpste als »Stellvertreter Christi«; sie waren nach seiner Ansicht »in die Mitte gestellt zwischen Gott und die Menschen, geringer als Gott, aber größer als der Mensch«. Ihnen waren nach der Auffassung von Innozenz »nicht nur die universale Kirche, sondern der gesamte Erdkreis zum Regieren anvertraut«.

Innozenz wußte, wovon er sprach. Als ausgebildeter Jurist bestand er auf den nach seiner Auffassung von Gott verbürgten Rechten des Papstes. Er sah sich als Stellvertreter Christi *(vicarius Christi)* mit unumschränkter Machtfülle *(plenitudo potestatis)* ausgestattet, wie dies schon Leo I. gelehrt hatte. Innozenz verstand sich als »Herrscher über alle Welt« und »Richter über jeden Regenten« – alles »um der Vergebung der Sünden willen«, um die Menschheit ihrer christlichen Bestimmung zuzuführen. Damit legte er den Grund für alle Ansprüche, die von Päpsten im Spätmittelalter erhoben werden sollten.

Innozenz III. kam es entgegen, daß Konstanze die Herrschaft ihres Sohnes ganz auf Sizilien eingeschränkt hatte und er zu dessen Vormund wurde. Damit war die Gefahr einer staufischen Umklammerung des Patrimonium Petri gebannt, die schon Papst Urban III. beunruhigt hatte. Das Deutsche Reich und Sizilien sollten, so schien es, entgegen den hochfliegenden Plänen Heinrichs VI. verschiedene Wege gehen.

Im Deutschen Reich standen sich derweil zwei Thronanwärter gegenüber: Philipp von Schwaben, der Bruder des verstorbenen Königs, der von verschiedenen deutschen Fürsten gewählt wurde, und Otto Graf von Poitou, Sohn Heinrichs des Löwen und damit ein Welfe, für den sich eine größere Fürstengruppe entschied. Beide wurden gekrönt, erfüllten aber jeweils nicht vollständig die drei Grundbedingungen einer rechtmäßigen Krönung. Diese hatte in Aachen zu erfolgen und mußte vom Erzbischof von Köln mit den echten Krönungsinsignien vollzogen werden. Angesichts der Pattsituation zwischen den beiden Kandidaten wurde der Papst als Schiedsinstanz angerufen. Innozenz traf jedoch lange keine Entscheidung, bis der mit der Königsfindung nicht zusammenhängende Mord an Philipp von Schwaben 1208 die verfahrene Situation beendete.

Otto wurde 1209 in Rom zum Kaiser gekrönt – allerdings nur unter der Bedingung, daß er Papst Innozenz dessen Rechte und territorialen Besitzungen in Mittelitalien sowie die Lehnshoheit über Unteritalien und Sizilien bestätigte. Außerdem mußte er sich zur militärischen Unterstützung des Papstes bereiterklären. Schon kurz darauf fühlte sich der neue Kaiser Otto IV. allerdings nicht mehr an die Versicherungen gebunden und begann im Namen des Reichs und gegen die Ansprüche des Papstes Eroberungszüge in Süditalien zu unternehmen – mit entsprechenden Folgen: Papst Innozenz gelang es, im Reich eine Fürstenopposition gegen den Kaiser zu mobilisieren. Erst jetzt brachte er Friedrich, den ihm ergebenen Sohn Heinrichs VI., als Thronfolger ins Spiel. Bei einer Fürstenversammlung im September 1211 wurde Otto IV. zum Ketzer erklärt und Friedrich (nach 1197) zum zweiten Mal zum König gewählt.

Doch Friedrichs Krönung sollte noch auf sich warten lassen, denn Otto IV. hatte weiterhin eine Reihe von Fürsten auf seiner Seite. Friedrich bekam dies zu spüren, als er von Sizilien aus in den deutschen Reichsteil aufbrach und gegnerische Truppen versuchten, ihn am Überqueren der Alpen zu hindern. Erst in den oberdeutschen Staufergebieten schlug ihm Sympathie entgegen. In Frankfurt am Main, das später dauerhaft zum Wahlort der Könige werden sollte, wurde er im Dezember zum dritten Mal (und erstmals in seiner Gegenwart) zum König gewählt. Die Krönung wurde in

Mainz und nicht wie eigentlich erforderlich in Aachen vorgenommen, weil Anhänger Ottos ihm den Weg dorthin versperrten. Erst drei Jahre später sollte dort die Krönung erfolgen.

Die Entwicklung, die dies ermöglichte, macht die europäischen Verbindungslinien in der Auseinandersetzung zwischen Friedrich und Otto deutlich. Otto fand als Sohn Heinrichs des Löwen und der englischen Königstochter Mathilde beim englischen König Johann I. (1199–1216) Unterstützung. Friedrich orientierte sich im Wissen um die langjährigen Machtkonflikte zwischen dem französischen und dem englischen Königshaus nach Frankreich und schloß mit dem französischen König Philipp II. August (1180–1223) ein Bündnis. Als es im Juli 1214 bei Bouvines in der Nähe von Lille zu einer Schlacht kam, in der Philipp II. August mit seinen Verbänden die englischen Truppen vernichtend schlug, war auch für das Deutsche Reich eine Entscheidung gefallen. Otto IV. mußte fliehen und Friedrich konnte im Juli 1215 in Aachen gekrönt werden. Wenige Tage nach der Zeremonie traf Friedrich zwei programmatische Entscheidungen: Er verkündete, daß er einen Kreuzzug unternehmen wolle und er ließ den Leichnam Karls des Großen in einen prunkvollen Schrein umbetten. Er selbst schlug die ersten Nägel in den Sarg und machte damit deutlich, daß er sich in karolingischer Herrschaftstradition sah und mit entsprechendem Anspruch regieren wollte.

Friedrich II. kam entgegen, daß damals mit Honorius III. (1216–1227) ein versöhnlicher Papst der Kirche vorstand. Honorius nahm es hin, daß Friedrich seinen sechsjährigen Sohn Heinrich, den er 1215 bereits als Säugling zum König von Sizilien hatte krönen lassen, 1220 auch zum deutschen König wählen ließ. Immerhin wurde damit die von den Päpsten gefürchtete staufische Umklammerung des Patrimonium Petri wie-

Gibelseite des Karlsschreins, spätes 12. Jahrhundert (Aachen, Münsterschatz). Der Karlsschrein wurde 1182 begonnen und ist Ausdruck der Karlsverehrung Friedrichs I. und seiner Nachfolger. Die Giebelseite des Schreins zeigt Karl den Großen zwischen Papst Leo III., der ihn zum Kaiser gekrönt hat, und Bischof Turpin, einen treuen Gefolgsmann des Kaisers. Über ihnen thront Christus. Karl wird hier als Stellvertreter Christi dargestellt.

Minnesang

Als »Minnesang« bezeichnet man die an den Höfen von Adeligen gepflegte Liebeslyrik von ihren Anfängen um 1150 bis zum Beginn des 14. Jahrhunderts. Zuvor wurden keine Liebesgedichte an Frauen gerichtet. Grund dafür war das im Mittelalter lange vorherrschende, von der christlichen Morallehre geprägte negative Frauenbild. Erst Mitte des 12. Jahrhunderts sollte es sich entschieden wandeln. Damit kam es auch zu wesentlichen Veränderungen in den Vorstellungen von der Liebe. Die Frau wurde nun nicht mehr ausschließlich als das körperlich unzulängliche, sündhafte, verführerische Wesen dargestellt, das dem Mann prinzipiell untergeordnet war. Im Zentrum standen nun ihre sittlichen Werte. Diese Wandlung vollzog sich im Zusammenhang mit grundlegenden gesellschaftlichen Veränderungen. Besonders wirkungsvoll war dabei das Erstarken der Städte, das zu wirtschaftlichen und sozialen Problemlagen führte, in deren Folge es zu Reformbewegungen kam. Die Kirche intensivierte in diesem Rahmen ihr seelsorgerisches und moraldidaktisches Engagement – und das nicht nur in den Städten, sondern auch auf dem Land und an den Höfen. Die nunmehr in den Kathedralschulen und Klöstern entwickelten Lehren zielten auf die Vermittlung moralischer Werte für das menschliche Zusammenleben. Der Frau wurden nun nicht mehr körperliche und moralische Defizite zugeschrieben. Im Gegenteil: Das Bild von ihr wurde idealtypisch zugeschnitten. So konnte das Leitbild einer jungfräulichen und keuschen Frau gezeichnet werden, die sich in ihren moralischen Ansprüchen über die Männer erhebt. In Verbindung mit älteren Traditionen des Lobs hochgestellter Damen wuchs den Frauen so eine Stellung weit über jener der Männer zu, die von Dichtern übernommen und in ihren Werken weiter ausgebaut wurde.

Ein Ritter mit seiner Dame, Darstellung aus der Manessischen Liederhandschrift.

Den Minnesängern geht es daher in ihren Gedichten nicht um die Liebe zwischen Ehepartnern, sondern um die Gefühle eines Mannes zu einer ihm unerreichbaren Dame. Die Lieder handeln von einer Liebe, die unerfüllt bleibt, den Mann aber gerade dadurch besser macht, denn er lernt durch das unerwiderte Gefühl Sanftmut, Geduld und Treue.

Der Minnesang wurde zunächst in der Provence ausgebildet. Im Römisch-Deutschen Reich waren die Staufer maßgeblich an seiner Verbreitung beteiligt. König Heinrich VI. schrieb selbst Minnelyrik. Zu den bekanntesten Dichtern, die an seinem Hof Lieder vortrugen, gehörte Friedrich von Hausen. Ab etwa 1190 setzte sich die sogenannte »hohe Minne« durch, deren Vertreter – wie etwa Hartmann von Aue (um 1165–um 1215) – vor allem der Reichsministerialität entstammten.

Nicht nur Heinrich VI. dichtete. Auch von seinem Sohn, Kaiser Friedrich II., sind Gedichte überliefert, allerdings in italienischer Sprache. Er versammelte an seinem Hof in Palermo eine Reihe von Dichtern, die sich an den Werken der provençalischen Vorbilder orientierten, aber neue Formen der dichterischen Ausdrucks erprobten – die sogenannte »sizilianische Dichterschule«. Der bekannteste Minnedichter aus dem deutschen Reichsteil, der sich zeitweilig im Umkreis Friedrichs II. aufhielt, war Walther von der Vogelweide (um 1170–um 1230). Walther verdankte dem Kaiser sein Lehen in der Nähe von Würzburg, auf dem er seinen Lebensabend verbracht haben soll.

der Realität. Zwar gestand Friedrich Honorius vor der Kaiserkrönung im November 1220 in Rom einen juristischen Vorbehalt gegen eine Verbindung des Deutschen Reichs und des Königreichs Sizilien zu, doch besagte dies nicht viel. Friedrich kehrte jedenfalls nach seiner Krönung nach Sizilien zurück und ließ keinen Zweifel daran, daß er von dort aus beide Reiche regieren wollte.

Friedrich II., König von Sizilien

Nach 1220 hielt sich Friedrich II. nur noch zweimal für kurze Zeit (1235/1236 und 1237) im deutschen Reichsteil auf. Er setzte seine ganze Energie daran, in Sizilien ein auf ihn hin ausgerichtetes und einheitlich verwaltetes Reich zu schaffen. Friedrich begann damit sofort nach seiner Kaiserkrönung. Auf einem Hoftag in Capua erließ er noch Ende 1220 die sogenannten Akzisen von Capua, mit denen er die Besitz-, Herrschafts- und Rechtsverhältnisse wieder herstellen wollte, wie sie unter dem letzten normannischen König Wilhelm II. (gest. 1189) bestanden hatten.

Dieser Anfang hatte Signalcharakter, denn Friedrich orientierte sich in seiner Herrschafts- und Rechtsauffassung in Sizilien grundsätzlich an seinen normannischen Vorfahren. Dabei war er besonders darauf aus, die ethnisch und religiös äußerst heterogene Bevölkerung des Königreichs (mit italienischen, sarazenischen, jüdischen und griechischen Volksgruppen) durch eine allgemeinverbindliche Gesetzgebung und einheitliche Verwaltung zu einem Volk zusammenzuschließen. Um dieses Ziel zu erreichen, ging er zum Teil mit Gewalt vor. Bei aller Aufgeschlossenheit im persönlichen Umgang mit Andersgläubigen ließ er keinen Zweifel daran, daß sein König- und Kaisertum christliche Wurzeln hatte. Juden und Sarazenen, die sich nicht unterordnen wollten, wurden daher von ihm ausgegrenzt. So unterschied sich seine Gesetzgebung, die bestimmte Kleiderordnungen für Juden enthielt, nicht von damals bereits verbreiteten kirchlichen Erlässen. Und die sizilianischen Sarazenen ließ er 1122 zwangsweise nach Apulien umsiedeln, wo ihnen Lucera als Hauptwohnort zugewiesen wurde.

1210–1250 Friedrich II.
1196 Wahl zum römisch-deutschen König in Abwesenheit
1198 Vormundschaft durch Papst Innozenz III.
1212 Zweite Wahl zum römisch-deutschen König in Abwesenheit
1215 Krönung zum König in Aachen
1220 Kaiserkrönung in Rom
1220 Privilegien für geistliche Fürsten *(Confoederatio cum principibus ecclesiasticis)*
1226 Ermächtigung des Deutschen Ordens, Gebiete im Norden Polens und im Baltikum zu erobern und zu christianisieren
1224 Gründung der Universität Neapel
1227 Bann durch den Papst wegen Abbruch des geplanten Kreuzzugs
1227–1229 Fünfter Kreuzzug unter Leitung Friedrichs II.
1229 Heilige Stätten durch Verhandlungen gewonnen

1231 Privilegien für weltliche Fürsten (*Statutum in favorem principum*)
1235 Mainzer Landfriede und Versöhnung mit den Welfen
1239–1250 Konflikt mit lombardischen Städten und mit dem Papst
1239 Zweiter Bann durch den Papst
1245 Konzil von Lyon erklärt Friedrich II. für abgesetzt

Das Buch »Über die Kunst, mit Vögeln zu jagen« gibt Auskunft über die Kunst des Jagens mit Falken. Auf dieser Seite ist bildlich wiedergegeben, was die Falkner zur Beruhigung der Falken unternehmen müssen. Das Buch handelt nicht nur von der Jagd mit Vögeln, sondern auch davon, wie der Mensch die Natur bezwingen und beherrschen kann.

Wie Friedrichs Herrschaftsziel im Innern seines Reichs Vereinheitlichung war, so stand für ihn nach außen Unabhängigkeit und Selbständigkeit an oberster Stelle. Aus diesem Grund ließ er 1224 in Neapel eine Universität gründen. Seine Verwaltungsbediensteten sollten für ihre Ausbildung das Königreich Sizilien nicht verlassen müssen. Die Aufgabe der Universität sah Friedrich II. darin, die Studenten zum Studium der Natur und der Erforschung des Rechts zu befähigen – sie in zwei Bereichen des Wissens auszubilden, für die er sich auch selbst lebhaft interessierte. Friedrich tauschte sich daher auch häufig mit den Gelehrten der Universität aus und legte ihnen zum Beispiel Fragen zu mathematischen und philosophischen Themen vor. Sie lassen erkennen, daß Friedrich Kenntnisse in der antiken Philosophie besaß und besonders mit dem Werk des Aristoteles vertraut war, das wie von arabischen Gelehrten im spanischen Toledo nun auch in Neapel studiert, übersetzt und kommentiert wurde. Den deutlichsten Ausdruck fand Friedrichs Interesse an der Erforschung der Natur im Falkenbuch, das er selbst verfaßte, und in dem er sämtliche Aspekte der Kunst des Jagens mit Vögeln behandelte.

Im juristischen Bereich setzten die von Friedrich und seinen Rechtsgelehrten ausgearbeiteten Konstitutionen von Melfi für ihre Zeit neue Maßstäbe. In dieser bedeutenden Rechtssammlung von 1231 sind Friedrichs Auffassungen von Herrschaft und Gesetz niedergelegt. In den Gesetzen, Satzungen und Verordnungen werden alle Bereiche des öffentlichen und des privaten Lebens erfaßt. Berühmt wurden dabei vor allem die Hygiene- und Gesundheitsbestimmungen. Ähnliche Vorschriften hatten schon die normannischen Herrscher erlassen, aber erst in den Konstitutionen von Melfi wurden sie umfassend dokumentiert.

Friedrich II. konnte im Königreich Sizilien durch seine ständige Präsenz viele seiner Herrschafts- und Rechtsvorstellungen in die Tat umsetzen. In den anderen Teilen seines Reichs blieben die Bemühungen allerdings im Ansatz stecken. Gründe dafür waren vor allem die Konflikte mit den Päpsten, die einen Großteil seiner Kräfte banden, sowie die Abwesenheit des Königs von vielen seiner Herrschaftsgebieten.

Konflikte mit den Päpsten

Die Konflikte Friedrichs II. mit den Päpsten seiner Zeit rührten wesentlich von seinem Kreuzzugsversprechen her. Stein des Anstoßes war schon allein die Art, in der er es im Juli 1215 vorbrachte. Friedrich machte damals mit seiner eigenmächtigen Ankündigung deutlich, daß er den Kreuzzug als seine ureigene königlich-kaiserliche Aufgabe ansah: Er war für ihn ein Unternehmen, das der römisch-deutsche König und künftige Kaiser ankündigte und dem sich andere anschließen konnten, aber nicht eine Aktion, die wie bislang zwischen den Päpsten und anderen Herrschern verabredet wurde. In Verbindung mit anderen machtpolitischen Entscheidungen, mit denen er den Interessen der Päpste zuwiderhandelte, geriet Friedrich gegenüber der Kirchenleitung in eine zunehmend schwierige Lage, aus der er sich am Ende nicht mehr befreien konnte.

Bereits 1221 forderte Papst Honorius III. nach der Eroberung der Festung Damiette in Ägypten, das Kreuzzugsversprechen einzulösen. Doch Friedrich zögerte das Unternehmen hinaus. Selbst als er nach dem Tod seiner ersten Frau 1223 Isabella von Brienne geheiratet

Die Hafenstadt und Festung Damiette ist in Ägypten, an der Mündung des östlichen Nilarms in das Mittelmeer gelegen. Sie stellte für die Kreuzfahrer einen wichtigen Stützpunkt auf dem Weg ins Heilige Land dar. Damiette war daher zwischen den Kreuzfahrern und den Sarazenen stets stark umkämpft. Von den Kreuzfahrern wurde sie erstmals 1220, beim fünften Kreuzzug, erobert und dann wieder – wie hier abgebildet – beim sechsten Kreuzzug im Frühjahr 1249.

Vermählung Friedrichs II. mit Isabella von Brienne, Giovanni Villani: Cronica, Italien 14. Jahrhundert (Biblioteca Apostolica Vaticana). Die Illustration zeigt, wie Papst Honorius III. Friedrich II. mit Isabella von Brienne vermählt.

hatte, machte er keinerlei Anstalten, ins Heilige Land zu ziehen. Dabei hätte er über sie, formal die Königin von Jerusalem, Anspruch auf das Königreich Jerusalem erheben können. Stattdessen erwirkte Friedrich vom Papst einen Aufschub der Unternehmung bis August 1227. Die Zeit nutzte er, um gegen die lombardischen Städte vorzugehen, die sich wie unter seinem Großvater zu einem antikaiserlichen Bund zusammengetan hatten. Das Bündnis wurde bald vom Papst unterstützt, der eine staufische Umklammerung des Patrimonium Petri fürchtete und mit allen Mitteln Erfolge Friedrichs in Norditalien vereiteln wollte.

Als der Kaiser schließlich im September 1227 mit einem Kreuzzugsheer von Brindisi aus in See stach, war nicht abzusehen, daß er schon kurz darauf wegen des Ausbruchs einer Seuche würde umkehren müssen. Ungeachtet der Erkrankung des Kaisers entschloß sich der damals neu amtierende Papst Gregor IX. (1227–1241), Friedrich zu bannen und ihm bis zur Lösung von der Kirchenstrafe jede neue Kreuzzugsunternehmung zu verbieten. Dennoch brach Friedrich 1228 erneut nach Jerusalem auf. Im Heiligen Land sah er sich allerdings vor ein Problem gestellt: Bei einem großen Teil der Ritterorden fand er dort als Gebannter keine Unterstützung. Dies war ein wesentlicher Grund dafür, daß der Kaiser mit dem ägyptischen Sultan Verhandlungen aufnahm. Die Ge-

Der Vertrag von Jaffa, Giovanni Villani: Cronica, Italien 14. Jahrhundert (Biblioteca Apostolica Vaticana). Dargestellt ist, wie Friedrich II. mit dem ägyptischen Sultan al-Malik al-Kamil den Vertrag von Jaffa schließt. In ihm wurde ein Waffenstillstand zwischen Christen und Sarazenen vereinbart; darüber hinaus sah er die Rückgabe der Heiligen Stätten mit Jerusalem, Bethlehem und Nazareth an Friedrich II. (und damit an die Christenheit) auf 10 Jahre vor.

spräche mit den Glaubensfeinden brachten Friedrich heftige Kritik ein, waren aber letztlich erfolgreich. Ohne Kampfhandlung konnte Friedrich im Februar 1229 vom Sultan den Besitz der heiligen Stätten auf zehn Jahre erwirken. Einen Monat später krönte sich Friedrich selbst mit der Krone des Königs von Jerusalem.

Der Papst verstand sich immer noch als Friedrichs Lehnsherr in Sizilien und wollte dem machtbewußten Agieren seines Vasallen Einhalt gebieten. Deshalb hatte er die Abwesenheit Friedrichs genutzt, um Truppen nach Apulien zu entsenden. Doch Friedrich II. gelang es nach seiner Rückkehr aus dem Heiligen Land, das päpstliche Herr zu schlagen und 1230 mit dem Papst einen Friedensvertrag auszuhandeln.

Während Friedrich seine Macht im Königreich Sizilien festigen konnte, bereitete ihm Norditalien mit seinen mächtigen Städten nach wie vor Probleme. In den dreißiger Jahren versuchte er dort Verwaltung und Regierung zu reorganisieren. Dabei geriet er verschiedentlich in Konflikt mit Papst Gregor IX., der ihn im März 1239 ein zweites Mal bannte. Friedrich hatte Gregors Unwillen hervorgerufen, weil er nicht nur das Papstlehen Sardinien seinem Reich eingegliedert hatte, sondern auch Teile des Patrimonium Petri beanspruchte und mit Truppen besetzte. Verhandlungen mit Gregor waren ebenso erfolglos wie mit dessen Amtsnachfolger Innozenz IV. (1243–1254). Innozenz floh vor dem drohenden Zugriff Friedrichs von Rom nach Lyon, wohin er 1245 ein Konzil einberief. Auf der Bischofsversammlung plante er unter anderem, mit allen ihm verfügbaren Mitteln gegen Friedrich vorzugehen – mit Erfolg. Nichts konnte mehr verhindern, daß das Konzil den Kaiser für abgesetzt erklärte. Trotz des Konzilsbeschlusses gelang es jedoch nicht, die Macht des Kaisers endgültig zu brechen. Friedrich führte weiterhin Kleinkriege in Norditalien, ohne sich aber den Weg zum Papst nach Lyon freikämpfen zu können. Die Auseinandersetzung zwischen ihm und dem Kirchenoberhaupt war noch nicht entschieden, als Friedrich II. im Dezember 1250 in Apulien starb.

Die berühmteste der Burgen aus der Zeit Friedrichs II. ist das Castel del Monte in Apulien. Da schriftliche Zeugnisse über das Bauwerk fehlen, ist nicht mit Sicherheit zu sagen, wann das Bauwerk errichtet wurde. Nach dem Untergang der staufischen Dynastie ließ der im Königreich Sizilien herrschende Karl von Anjou die Enkel Friedrichs II. hier jahrelang gefangen halten.

Der Kaiser, das Reich und die Fürsten

Die Machtverhältnisse im Römisch-Deutschen Reich veränderten sich unter der Herrschaft Friedrichs II. erheblich. Durch seine ständige Abwesenheit war die kaiserliche Zentralgewalt kaum durchsetzbar. Zwar hatte Friedrich 1220 seinen noch minderjährigen Sohn Heinrich als König im Reich zurückgelassen und dem Erzbischof von Köln als Mündel anvertraut. Doch dieser befand sich wie auch seine Nachfolger im Vormundschaftsamt zumeist in der Defensive – angesichts zahlreicher Unruhen und Fehden im Reich.

Auch als Heinrich schließlich 1228 die Regierungsgeschäfte übernahm, besserte sich die Lage nicht. Heinrich baute auf die Unterstützung von Ministerialen und Städten, um seine Königsmacht gegen die Fürsten zu stärken. Dadurch geriet er mit den Herrschaftsvorstellungen seines Vaters in Konflikt, der die Macht der Städte beschneiden wollte. Als sich Heinrich schließlich 1234 mit den lombardischen Städten gegen seinen Vater verbündete, wurde er von Friedrich abgesetzt, gefangengenommen und bis zu seinem Tod (1242) in einem Kastell in Apulien unter Arrest gehalten. Weil er nur die Regierungsgeschäfte für seinen Vater geführt hatte, wurde er schon bald nicht mehr als König gezählt und wird als »Heinrich (VII.)« geführt.

Die Regierungsgeschäfte im Deutschen Reich übernahm einige Jahre später ein anderer Sohn Friedrichs II. – der 1237 in Wien zum König gewählte Konrad IV. (1237–1254). Im Unterschied zu Heinrich schloß er sich den Herrschaftsvorstellungen seines Vaters an.

Friedrichs Politik im Reich förderte die Bildung des sogenannten Reichsfürstenstandes, der die Machtverhältnisse im Römisch-Deutschen Reichs während des Spätmittelalters wesentlich bestimmen sollte. Zur Stärkung des Fürstenstandes kam es, weil Friedrich zur Durchsetzung seiner Interessen im Reich in zunehmendem Maße königliche Rechte (Regalien) an hohe Adelige abtrat. Einen Anfang machte Friedrich 1220, als er anläßlich der Wahl seines Sohnes Heinrich zum deutschen König der hohen Geistlichkeit zahlreiche Regalien übertrug.

So trat er den Kirchenfürsten beispielsweise dauerhaft die exklusiven Zoll- und Münzrechte der von ihnen verwalteten Territorien ab und gestand ihnen die volle Gerichtsgewalt in den Gebieten zu. In dieselbe Richtung wies auch die 1231 von Heinrich (VII.) notgedrungen erlassene »Verfügung zugunsten der Fürsten« *(Statutum in favorem principum)*, die sein Vater 1232 bestätigte. Die Rechte der Städte, ihre Freiheiten und ihre Verfügung über das Umland wurden dagegen wesentlich beschnitten. Insofern deckte sich der Erlaß mit der Leitlinie staufischer Politik seit Barbarossa. Friedrich II. war nicht daran gelegen, die Macht der Städte zu stärken, gegen deren Freiheitsstreben er wie seine Vorfahren lange Jahre ohne viel Erfolg kämpfte.

Fürsten

Als Fürsten (lat. *principes*) bezeichnete man die höchsten Amtsträger im Reich, Herzöge, Pfalz-, Burg- und Gaugrafen. Auch Bischöfe und Äbte galten als Fürsten, wenn die von ihnen verwalteten Territorien reichsunmittelbar waren.

Den Beginn des Spätmittelalters setzt man gewöhnlich Mitte des 13. Jahrhunderts an. Verschiedene Ereignisse markieren diese Epochenschwelle: Der Zusammenbruch der staufischen Herrschaft nach dem Tod Friedrichs II. (gest. 1250); die bereits mit Friedrichs Absetzung 1245 beginnende Krise im Reich, die auf längere Zeit in der Schwierigkeit zum Ausdruck kam, einen allgemein anerkannten König zu erheben; und die schon unter Friedrich II. angebahnte Verschiebung der Machtverhältnisse im Reich zugunsten der Fürsten mit ihren weitreichenden Folgen für das Königtum in den folgenden Jahrhunderten.

Darüber hinaus kam es in der Kirche zu tiefgreifenden Veränderungen. Auslöser waren verschiedene religiöse Bewegungen, die die kirchliche Lehre hinterfragten und auf eine grundlegende Erneuerung der Kirche »an Haupt und Gliedern« drangen. Sowohl im Römisch-Deutschen Reich als auch in der römisch-katholischen Kirche ging es folglich auf lange Sicht (und stärker als bisher) darum, wer jeweils Macht für sich beanspruchen durfte, wie diese Macht legitimiert war und wer in der Führung von Reich und Kirche ein Mitspracherecht hatte. Diese Fragen wurden nun nicht mehr wie bislang vor allem zwischen den weltlichen und geistlichen Oberhäuptern verhandelt, sie wurden jetzt vornehmlich innerhalb ihrer jeweiligen primären Einflußbereiche aufgeworfen. Die Antworten, die auf die Fragen gegeben und die Konsequenzen, die aus ihnen gezogen wurden, prägten die Entwicklung von Reich und Kirche in den Jahrhunderten des späten Mittelalters.

Die Päpste und die Kirchenkritik

Kritik an der Kirche und ihren Würdenträgern war im Mittelalter wiederholt vorgebracht worden, doch seit dem 12. Jahrhundert nahm sie fundamentale Züge an. Die Kritik zielte nun nicht mehr wie noch im 10. und 11. Jahrhundert auf die Reinigung einer Institution, die im Hinblick auf ihre Lehre und ihre Verfassung voll anerkannt war. Seit Mitte des 12. Jahrhunderts stellten immer mehr Christen die kirchlichen Lehrmeinungen und die Kirche selbst grundsätzlich in Frage: Sie kritisierten den Reichtum und die Ämterhierarchie der Kirche, die für sie in krassem Gegensatz zu den Berichten über die Armut und Barmherzigkeit Christi und der Apostel standen, die den Evangelien entnommen werden konnten.

Viele Gläubige entfernten sich aus diesen Gründen von der Kirche und fanden sich in eigenen religiösen Gemeinschaften zusammen. So verzichtete beispielsweise der reiche Kaufmann Petrus Waldus aus Lyon um 1170 auf sein Vermögen, gab Familie und Beruf auf und gründete die Gemeinschaft »Arme von Lyon«. Waldus übertrug das Alte und Neue Testament ins Provençalische und brachte durch Bibellesungen und Predigten eine Volksbewegung zusammen, die sich in ihrem Denken und karitativen Handeln auf die Heilige Schrift berief. Weil die Bewegung dadurch die Hierarchie der Kirche unterlief und ihre Lehrautorität in Frage stellte, fand sie in Rom keine Anerkennung. Als die bald nach ihrem Gründer »Waldenser« genannte Gruppierung darüber hinaus die Sakramente (mit Ausnahme der in den Evangelien genannten Buße, Taufe und Abendmahl), die Reliquien- und Bilderverehrung ablehnte, wurden alle ihre Anhänger exkommuniziert. Die von ihnen vertretenen Gedanken und Vorstellungen sollten jedoch in ähnlicher Form in vielen religiösen Bewegungen wieder aufgegriffen und weiterentwickelt werden, die das Wirken der römisch-katholischen Kirche in den folgenden Jahrhunderten kritisch bis offen feindlich begleiteten: von John Wyclif in England über die Hussiten in Böhmen bis hin zu Martin Luther.

In der Unterkirche von Assisi befindet sich die berühmteste Darstellung des Heiligen Franziskus: Er ist in der von ihm für die Mitglieder seines Ordens vorgeschriebenen einfachen Kutte dargestellt.

Die obere der beiden Kirchen, die in Assisi dem Heiligen Franziskus gewidmet sind, ist mit Fresken ausgestattet, die Stationen aus dem Leben des Heiligen zeigen. Die hier dargestellte Szene gibt eine Begebenheit der Franziskuslegende wieder: Papst Innozenz III. soll geträumt haben, daß Franziskus den drohenden Untergang der Kirche verhindern werde. Daher ist hier dargestellt, wie Franziskus die Kirche stützt.

Dominikaner
Die offiziellen Bezeichnungen der Ordens lautet *Ordo fratrum Praedicatorum* (Orden der Prediger). »Dominikaner« werden sie erst seit dem 15. Jahrhundert genannt. Dominikus gründete 1215 erstmals eine religiöse Gemeinschaft von Predigern. 1217 formte er die Gemeinschaft in einen allgemeinen und zentralisierten Orden um.

Der Heilige Dominikus sah die Aufgabe seines Ordens im argumentativen Kampf gegen Kirchenkritiker. Hier ist er in der für Dominikaner typischen schwarz-weißen Robe dargestellt.

Die Forderung nach der Armut der Kirche mußte sich allerdings nicht notgedrungen zu einer Feindschaft mit Papst und Kurie auswachsen. Das zeigen die Beispiele zweier religiöser Gemeinschaften, die schließlich als Orden von der Kirchenleitung anerkannt wurden. Der italienische Kaufmannssohn Franz von Assisi (1181–1226) gründete eine Gemeinschaft, deren Mitglieder sich vor allem in Städten der Seelsorge und Armenpflege widmen und ohne persönlichen Besitz nur von Almosen leben sollten – die später so genannten Franziskaner.

Der Spanier Dominikus Guzmán (1170–1221) verfolgte eine andere Absicht, als er nach dem Studium der Theologie und Philosophie eine Gemeinschaft von Besitzlosen gründete. Ihre Mitglieder sollten sorgfältig studieren, um vor allem überzeugend predigen und lehren zu können. Mit seinen gelehrten Mitgliedern wurde der 1216 vom Papst offiziell anerkannte Dominikaner- oder Prediger-Orden bald im Kampf gegen die Vertreter kirchenfeindlicher Lehren eingesetzt. So leiteten vor allem Dominikaner die Inquisitionsprozesse, die 1231 zur Verfolgung von »Ketzern« oder »Häretikern« eingeführt wurden.

Inquisition, Ketzer, Häresie

Die Inquisition (von lat. *inquirere*, untersuchen) ist ein strafrechtliches Verfahren, in dem Anklage, Untersuchung und Verurteilung durch dieselbe Instanz vorgenommen werden. Im Mittelalter war die Inquisition bis ins 10. Jahrhundert nur innerhalb der Kirche gebräuchlich. Seit dem 12. Jahrhundert erfolgte die Bestrafung der Verurteilten in Zusammenarbeit mit weltlichen Machthabern. Seit dem 13. Jahrhundert kam es bei den Untersuchungen zum Einsatz von Folter.

Die Bezeichnung »Ketzer« ist vom Sektennamen »Katherer« hergeleitet, eine der größten kirchenfeindlichen Gruppierungen des 12. und 13. Jahrhunderts.

»Häresie« (griechisch für »die erwählte Meinung«) steht für eine Ansicht, die der kirchlichen Lehre widerspricht.

Mit den Franziskanern und Dominikanern gliederten Papst und Kurie zwei religiöse Armutsbewegungen der Kirche ein. Das war zunächst ein geschickter Zug, denn die Kirchenleitung brachte damit jenen Forderungen nach der Armut der Kirche ihre Anerkennung entgegen, die nun von allen Seiten vorgebracht wurden und auch nicht mehr nachlassen sollten. Da die Kirchenführung jedoch nach wie vor keine weiteren Konsequenzen zog, die Reformforderungen überging und die Finanz- und Abgabenverwaltung sogar noch verstärkte, mußte es bald zu Konflikten innerhalb der Kirche kommen. Eine im Hinblick auf die Armutsfrage radikale Strömung des Franziskanerordens, die sogenannten Spiritualen, sollten die Kirchenleitung im 14. Jahrhundert noch vor große Probleme stellen.

Zur Verbrennung von Ketzern kam es erst im 13. Jahrhundert. Die Inquisitionsprozesse sahen zunächst nur geistliche Strafmittel vor.

Die Spiritualen sind eine Strömung im Franziskanerorden, die im letzten Viertel des 13. Jahrhunderts eine zunehmend kritische Haltung gegenüber der Ordensleitung einnahm, besonders im Hinblick auf die Armut der Ordensmitglieder und der Auslegung der Botschaft des Heiligen Franziskus.

Die Fürsten und die Macht der Könige

Der Niedergang des staufischen Reichs hatte sich schon in den letzten, von Kämpfen und Fehden bestimmten Jahren Friedrichs II. abgezeichnet und wurde von verschiedenen Seiten ausgenutzt.

Im Buch »Über die Kunst, mit Vögeln zu jagen« ist auch Konrad IV. abgebildet, der Sohn Friedrichs II., der nach dem Tod seines Vaters versuchte, das Erbe zu retten.

1266 Schlacht von Benevent: Karl von Anjou siegt über Manfred, einen unehelichen Sohn Friedrichs II.
1268 Schlacht von Tagliacozzo: Konradin, der Sohn Konrads IV., unterliegt Karl von Anjou und wird in Neapel hingerichtet

Als Konrad IV. 1250 die Macht von seinem Vater übernahm, sah er sich im deutschen Reichsteil einer Fürstenopposition gegenüber, die nach dem Landgrafen Heinrich Raspe (1246–1247) mit dem Grafen Wilhelm von Holland (1247–1256) einen zweiten Gegenkönig zu seinem Vater und ihm erhoben hatte. In Italien war er zudem mit der antistaufischen Politik des Papstes und der römischen Kurie konfrontiert. Konrad konnte immerhin bis zu seinem frühen Tod 1254 verhindern, daß der Papst das Königreich Sizilien als Lehen an die englischen Anjou ausgab.

Die Vergabe des Königreichs, mit der ein für alle Mal eine Verbindung des Römisch-Deutschen Reichs mit Sizilien beendet werden sollte, glückte erst Papst Klemens IV. (1265–1268) Mitte der 60er Jahre. Karl von Anjou, der neu eingesetzte König von Neapel-Sizilien, konnte sich erfolgreich gegen die staufischen Erben durchsetzen.

Im Hinblick auf die Lage des deutschen Königtums wird die Zeit vom Tod Friedrichs II. bis zur Wahl von Rudolf von Habsburg zum römisch-deutschen König (1273) traditionell als »Interregnum« (also als Zwischenherrschaft) bezeichnet. Der Begriff ist irreführend, denn auch in der Zeit zwischen den Regentschaften Friedrichs und Rudolfs gab es Könige im Reich. Allerdings konnte sich keiner von ihnen allgemein durchsetzen. Nach dem Tod Wilhelms von Holland, der noch gegen Friedrich II. erhoben worden war, kam es 1257 zu einer Spaltung im fürstlichen Wahlgremium mit der Folge, daß zwei Könige gewählt und gekrönt wurden. Die eine, vom Erzbischof von Köln angeführte Gruppe entschied sich aufgrund ihrer traditionell guten Verbindungen nach England für Richard von Cornwall, die andere für einen Enkel des Staufers Philipp von Schwaben, Alfons X. von Kastilien. Die wahren Gewinner bei den Entscheidungen waren die Fürsten. Sie profitierten zum einen von Vergünstigungen, die ihnen die beiden Könige zur Stärkung ihrer jeweiligen Position gewährten; zum anderen waren die Gestaltungs- und Einflußmöglichkeiten der reichsfremden Könige gering, und sie ließen dem hohen Reichsadel großen Handlungsspielraum.

Da das Königtum unter den gegebenen Umständen als Ordnungsmacht weitgehend ausfiel, rückten die Reichsfürsten zunehmend in seine verwaltenden und friedenssichernden Funktionen ein. Die Folgen für die Stellung des Königs im Reich sollten schon bald offensichtlich werden.

Als Anfang April 1272 mit Richard von Cornwall der einflußreichere der beiden Könige starb, entschieden sich die Fürsten gegen eine Alleinherrschaft des Alfons von Kastilien, der im übrigen das Reich nie betreten hat. Sie setzten die Neuwahl eines Königs an. Die Zahl der wahlberechtigten Fürsten war bereits in der ersten Hälfte des Jahrhunderts auf sieben begrenzt worden. Dazu zählten die Erzbischöfe von Köln, Trier und Mainz sowie vier weltliche Fürsten: der Pfalzgraf bei Rhein, der Herzog von Sachsen, der König von Böhmen und der Markgraf von Brandenburg. Seit Ende des 13. Jahrhunderts werden sie als Kurfürsten (von »Kur«, Wahl) bezeichnet.

Kurfürsten

Die Entstehung des Kurfürstenkollegs und die Begründung für seine Mitgliederzahl ist unklar. Verschiedene Theorien sind vorgebracht worden: So hat man sie als Versuch interpretiert, das Problem der Königswahl nach den wirren Verhältnissen nach 1198 zu lösen; aber auch eine Verselbständigung der Inhaber der königlichen Hofämter ist vermutet worden, ebenso wie die Abstammung der Kurfürsten aus den vornehmsten Geschlechtern des Reichs.

Auch wenn König Otakar von Böhmen starke Ambitionen hatte, sich von seinen Kurfürsten-Kollegen zum König wählen zu lassen – im Oktober 1273 entschied sich das Wahlgremium schließlich für den Grafen Rudolf von Habsburg. Als Adeliger von niederem Rang, der von ihnen abhängig war, mochte der Habsburger den Kurfürsten als lenkbar erscheinen. Doch Rudolf I. (1273–1291) verfolgte in seiner Regierung bald einen durchaus unabhängigen Weg. Dabei stand für ihn

Habsburg

Die Habsburger haben ihren Namen von der Habichtsburg im Aargau; sie verfügten über größeren Besitz im Oberelsaß zwischen Basel und Straßburg.

zunächst die Konsolidierung der Königsmacht an oberster Stelle. Zu diesem Zweck drängte er vor allem auf die sogenannte Revindikation (Rückforderung, von lat. *revindicare*, zurückfordern) unrechtmäßig erworbenen Reichsguts.

Als erste große Machtprobe erwies sich dabei für Rudolf die Rückforderung von Reichsgut aus den Händen des mächtigen Otakar von Böhmen, der schon deshalb sein Gegner war, weil er ebenfalls römisch-deutscher König hatte werden wollen. Otakar konnte keine sicheren Besitztitel für die von ihm besetzten Herzogtümer Österreich und Krain (das heutige Slowenien) vorweisen. Rudolf strengte deshalb einen Prozeß gegen ihn an. Als Otakar dem Gericht fern blieb, wurde über ihn die Acht, später die Aberacht verhängt, und Rudolf ging militärisch gegen ihn vor. Nach kurzzeitigem Einlenken Otakars endete der Konflikt erst im August 1278 mit einer Schlacht nördlich von Wien, in der Otakar ums Leben kam.

Acht und Aberacht
Die Aberacht wurde über einen Menschen verhängt, wenn er sich nicht binnen Jahr und Tag aus der Acht (also dem Zustand der Rechtlosigkeit) gelöst hatte.

Rudolf nutzte die Situation geschickt zur Stärkung der Hausmacht seiner Familie. Er beließ Otakars ursprüngliches Herrschaftsgebiet Böhmen und Mähren bei dessen Sohn Wenzel II. (gest. 1305), den er mit einer seiner Töchter verheiratete. Darüber hinaus stiftete er die Ehe zwischen seinem Sohn Rudolf und einer Schwester König Wenzels. Die Herzogtümer Österreich und Steiermark unterstellte er zunächst als zurückgewonnenes Reichsgut seiner eigenen Verwaltung. Erst 1283 vergab er sie als Lehen an seine beiden Söhne Albrecht und Rudolf und bewirkte damit den Aufstieg des gesamten Habsburger-Geschlechts vom Grafen- in den Fürstenstand. Die beiden Herzöge einigten sich schließlich darauf, daß Albrecht Österreich und die Steiermark allein verwalten sollte, während Rudolf sich auf den alten Familienbesitz im Aargau und im Oberelsaß zurückzog.

Das Vorgehen gegen Otakar von Böhmen kostete Rudolf I. viel Zeit. Erst 1281, neun Jahre nach seiner

Krönung, war es ihm möglich, sich dem übrigen Reich zuzuwenden. Dabei konnte er in Savoyen und Burgund seine Revindikationsansprüche durchsetzen. In anderen Reichsteilen setzte er zu diesem Zweck Landvögte ein, die in ihren Amtsbezirken als Stellvertreter des Königs dessen Rechte wahrnahmen.

Nachdem es Rudolf I. zunehmend gelang, seine Stellung als König zu stärken, konnte er dazu übergehen, seine Autorität auch bei der Friedenssicherung zu behaupten. In diesem Sinne erklärte er 1287 einen dreijährigen Reichslandfrieden, den er 1290 um weitere sechs Jahre verlängerte. Mit dieser Maßnahme dämmte er vor allem die kriegerischen Auseinandersetzungen zwischen Fürsten, Adeligen und Städten ein, die während der Abwesenheit Friedrichs II. vom deutschen Reichsteil erheblich zugenommen hatten.

Rudolfs Handeln stand so ganz im Zeichen der Konsolidierung der Königsmacht nach dem Sturz der Staufer. Dabei glückte es ihm allerdings weder, die Kaiserkrone zu erwerben, noch einen seiner Söhne zum Nachfolger wählen zu lassen. Als er im Juli 1291 starb, hatte er aber immerhin das zuvor recht unbedeutende Grafengeschlecht der Habsburger zu einer der mächtigsten Fürstenfamilien des Römisch-Deutschen Reichs gemacht.

Im Mai 1292 wählten die Kurfürsten in Frankfurt am Main den Grafen Adolf von Nassau zum römisch-deutschen König (1292–1298). Sie entschieden sich damit gegen Herzog Albrecht, den einzigen männlichen Nachkommen Rudolfs I., und wählten mit Adolf einen Grafen aus der Gegend nördlich von Frankfurt, der bis dahin wenig in Erscheinung getreten war. Die Kurfürsten erhofften sich von der Entscheidung persönliche Vorteile, die sie sich vor der Wahl in sogenannten Wahlversprechen in Form von Besitzbestätigungen

> **Landvogt**
> Ein Landvogt ist ein Oberamtmann eines direkter königlicher Herrschaft unterstehenden Reichsgebiets, der Landvogtei.

> **Landfrieden**
> Als Landfrieden werden Gesetze bezeichnet, die zum Schutz des Friedens erlassen werden und Fehden oder andere gewaltsame rechtswidrige Selbsthilfemaßnahmen verbieten oder einschränken.

oder -abtretungen, Geldzahlungen und ähnlichem ver-
briefen ließen. Adolf mußte so König Wenzel II. von
Böhmen (1283–1305) sogar die Rückgabe der nunmehr
habsburgischen Herzogtümer Österreich und Steiermark an die böhmische Krone verbindlich zusagen.
Diese Verpflichtungserklärungen schränkten Adolfs
Handlungsspielraum zunächst stark ein, doch schon
bald begann er, sich über seine Versprechen hinwegzu-
setzen. Für die Übergabe der Reichsinsignien, die Herzog Albrecht noch von seinem Vater in Verwahrung
hatte, bestätigte Adolf ihn in seinen Herzogtümern
und brach so die Abmachung mit König Wenzel. Wenig später stieß er auch die anderen Kurfürsten vor
den Kopf. Mit Geldmitteln, die er aus einem Bündnis
mit dem englischen König erhalten hatte, kaufte er die
Landgrafschaft Thüringen, die auch für mehrere der
Kurfürsten von machtpolitischem Interesse war. Erst
nach langwierigen Verhandlungen konnte Adolf seine
Oberhoheit über Thüringen durchsetzen.

Die Kurfürsten mußten nunmehr feststellen, daß es
Adolf wie seinem Vorgänger trotz der Wahlversprechen binnen weniger Jahre gelungen war, die Königsherrschaft zu festigen und seine persönliche territoriale Machtbasis auszubauen. Um dieser Entwicklung
Einhalt zu gebieten, schlossen sich zunächst die drei
östlichen Kurfürsten gegen König Adolf zusammen.
Wenig später gingen auch die ehemaligen Feinde König Wenzel und Herzog Albrecht zur Wahrung ihrer
Interessen ein gegen Adolf gerichtetes Bündnis ein.
Zwar versuchte der Mainzer Erzbischof noch, im Konflikt zu vermitteln, doch waren offene Kämpfe nicht
mehr zu vermeiden. In Anbetracht dieser desolaten
Lage entschlossen sich die Kurfürsten bei Beratungen
in Mainz im Juni 1298, den König abzusetzen und seinen mächtigsten Gegner, Herzog Albrecht, zu seinem
Nachfolger zu bestimmen. Für Adolf war dieser beispiel-
lose Akt nicht hinnehmbar. Er wollte daher mit Gewalt
gegen seine Gegner vorgehen. Dabei kam er im Juli
1298 in einer Schlacht gegen Herzog Albrecht in der
Nähe von Worms ums Leben.

Albrecht I., Bronzestand-
bild am Grabmal Maximi-
lians I. in der Hofkirche
zu Innsbruck, 16. Jahr-
hundert. Albrecht I. ist
am Grab Maximilians I.
in vollem Ornat und den
Insignien der Königs-
macht – Krone, Zepter,
Reichsapfel und Reichs-
schwert – dargestellt.
Auch wenn Albrecht zu
seiner Zeit seinen Söh-
nen – und damit den
Habsburgern – die Kö-
nigsmacht nicht sichern
konnte, war er für Maxi-
milian doch einer der be-
deutenden Vertreter sei-
ner Familie auf dem Kö-
nigsthron.

Der Herrschaftsbeginn von König Albrecht I. (1298–1308) war durch diese Vorfälle mit einer schweren Hypothek belastet. Schon als die Kurfürsten König Adolf absetzten, hatten sie Albrecht zu seinem Nachfolger bestimmt, er war also in den rechtlich äußerst umstrittenen Akt einbezogen gewesen. Zudem sah er sich mit dem Vorwurf des Königsmords konfrontiert, weil Adolf in der Schlacht gegen ihn gefallen war. Um Albrecht von dem Makel zu befreien, wählten ihn die Kürfürsten nach seinem förmlichen Verzicht auf die Rechte am Thron im Juli 1298 noch einmal. In Anbetracht der schwierigen Rechtsverhältnisse fiel die traditionelle Wahlanzeige der Kurfürsten an den Papst besonders ausführlich aus. Das Kurfürstenkollegium fürchtete nach dem Vorgehen gegenüber König Adolf offenbar einen Konflikt mit dem Papst, denn das Absetzen von Königen war – wenn überhaupt – ein (zuletzt von Papst Innozenz III. formuliertes) Vorrecht der Päpste. Mit Bonifaz VIII. (1294–1303) stand zudem ein Papst der Kirche vor, der den Vorrang der geistlichen vor der weltlichen Gewalt vehement vertrat.

Es war daher nicht überraschend, daß Bonifaz die Absetzung Adolfs durch die Kurfürsten für unrechtmäßig erklärte. Aber er verweigerte auch Albrecht die Bestätigung im Amt. Schließlich unterstützte der Papst sogar die Kurfürsten gegen ihn, denn Albrecht war wegen territorialer Besitzansprüche mit ihnen in Streit geraten. Nach ersten militärischen Erfolgen des Habsburgers gegen das kurfürstliche Bündnis fand sich Papst Bonifaz VIII. allerdings 1303 dann doch dazu bereit, ihn als römisch-deutschen König anzuerkennen. Albrecht konnte sich nunmehr dem Osten des Reichs zuwenden, wo er nicht nur (wie sein Vorgänger) die Königsmacht in

1298–1308 Albrecht I.
1301–1302 Krieg zwischen Albrecht und den rheinischen Kurfürsten

Bonifaz VIII. im Kreis des Kardinalskollegiums, Miniatur. Bonifaz VIII. versuchte, die Macht des Papstes gegenüber den weltlichen Gewalten in Europa durchzusetzen und auch seine Autorität in der Kirche zu stärken. Wie in der Miniatur dargestellt, sah er sich an der Spitze der Christenheit, in der alles auf ihn ausgerichtet ist.

Thüringen stärken, sondern auch die Interessen seiner Familie in Böhmen durchsetzen wollte. Dazu sollte es jedoch nicht mehr kommen. König Albrecht I. fiel im Mai 1308 einem Attentat zum Opfer, das einer seiner Neffen im Zusammenhang mit Erbstreitigkeiten auf ihn verübte.

Durch seinen frühen Tod hatte König Albrecht nicht mehr die Möglichkeit, seine Nachfolge zu regeln. Er hinterließ fünf Söhne, von denen aber keiner Aussicht auf den Königstitel hatte, denn nach Albrechts Besitzansprüchen, die ihm die Gegnerschaft der Kurfürsten eingebracht hatte, war die Stimmung im Wahlgremium für die Habsburger denkbar ungünstig. Nach längeren Beratungen brachte Erzbischof Balduin von Trier seinen Bruder als Kandidaten ins Spiel – den Grafen Heinrich von Luxemburg. Ihm wurden im Vorfeld der Wahl von den Kurfürsten wieder zahlreiche Wahlversprechen in Form von Güterübertragungen, Geldzahlungen und Privilegienbestätigungen abgenötigt. Nach mehrtägigen Verhandlungen in Rhens am Rhein wurde Heinrich Ende November 1308 in Frankfurt am Main zum König gewählt.

Heinrich VII. (1308–1313) bemühte sich wie seine Vorgänger im Amt nicht nur um die Sicherung und Stärkung der Königsherrschaft, sondern auch um den Ausbau seiner Hausmacht. Dazu suchte er zunächst eine Verständigung mit den Söhnen König Albrechts. Er bestätigte ihnen auf einem Hoftag in Speyer (1309) zu ihrer Zufriedenheit alle Reichslehen und ließ den Mörder ihres Vaters ächten. Dann wandte er sich Böhmen zu, dessen Königsthron nach dem Tod von König Wenzel III. (gest. 1306) wegen Unstimmigkeiten im böhmischen Adel vakant geblieben war. Nach langwierigen Verhandlungen gelang es Heinrich, seinen erst 14jährigen Sohn Johann mit dem Königreich Böhmen zu belehnen und mit einer Schwester des letzten böhmischen Königs zu vermählen. Auf diese Weise sicherte er seiner Familie eine Herrschaft, die für sie bald wichtiger werden sollte als die luxemburgischen Stammlande im Westen.

Heinrich VII. konnte nun darangehen, ein weiteres Vorhaben seiner Herrschaft in Angriff zu nehmen: Er wollte nach Rom ziehen und sich dort zum Kaiser krönen lassen. Allerdings unterschätzte er die Schwierigkeiten, die mit dem Unternehmen verbunden waren. Diese zeigten sich schon bei der Zusammenstellung des Gefolges. Viele Adelige waren nicht mehr dazu bereit, mit dem König nach Italien zu ziehen. Heinrich mußte seinen Begleittrupp daher zu großen Teilen aus Söldnern zusammenstellen. In Italien erwarteten ihn weitere Probleme. Es gelang ihm zwar, sich im Januar 1311 in Mailand zum König der Lombardei und Italiens krönen zu lassen, doch sah er sich bei der Fortsetzung seiner Romfahrt durch zahlreiche Streitigkeiten zwischen Adeligen und Städten behindert. Wie schon gegenüber den staufischen Herrschern, so demonstrierten sie nun auch gegenüber Heinrich VII. ihre Unabhängigkeit.

Heinrich profitierte allerdings davon, daß die Städte untereinander verfeindet waren und sich zwei verschiedenen Parteien zurechneten: den kaiserfreundlichen Ghibellinen und den papstfreundlichen Guelfen.

Heinrich VII. sitzt zu Gericht, Bilderchronik des Kurfürsten Balduin von Trier über den Italienzug Heinrichs VII. (Landeshauptarchiv Koblenz). Die Miniatur zeigt Heinrich VII. bei einer Gerichtssitzung. Trotz der zahlreichen Schwierigkeiten, die sich ihm auf seinem Italienzug stellten, wollte er in Italien nicht auf seine Machtansprüche verzichten.

Guelfen und Ghibellinen
Die Namen der Parteien gehen auf den Kampf zwischen den Staufern (Ghibellinen nach ihrer Burg Waiblingen) und Welfen zurück.

Alt Sankt-Peter, Fresko von Filippo Gagliardi, vor 1654 (Rom, San Martino ai Monti). Das Fresko vermittelt einen Eindruck vom Innenraum der alten Peterskirche, die noch aus der Zeit Konstantins des Großen stammte und die dem Neubau des Petersdoms im 17. Jahrhundert weichen mußte.

Heinrichs kleine Truppe wurde dann aber doch von Florenz und einigen anderen toskanischen Städten in Kämpfe verwickelt, denen sie nicht gewachsen war. Viele Söldner kündigten danach ihren Dienst auf. Heinrich VII. setzte erst im April 1312 seinen Weg nach Rom fort. Als er im Mai in der Ewigen Stadt ankam, sah er sich dort mit neuen Problemen konfrontiert. Er mußte lange verhandeln, bis er in der Lateranbasilika, der Kirche der Bischöfe von Rom (und damit nicht am traditionellen Krönungsort, der Peterskirche), von einem Kardinal gekrönt werden konnte. Nach über fünfzig Jahren war er damit der erste römisch-deutsche König (nach Friedrich II.), der wieder den Kaisertitel führen konnte. Ihm nützte der Titel allerdings nichts mehr. Heinrich VII. starb im August 1313 auf dem Rückweg in den deutschen Reichsteil in der Nähe von Florenz an Malaria.

Neue Machtkonstellationen in Reich und Kirche
Die Herrschaft Heinrichs VII. krankte, wie die seiner Vorgänger auf dem römisch-deutschen Thron, an ihrer kurzen Dauer. Alle Könige seit 1273 verfügten über die Königsherrschaft in der Form, wie sie die letzten Staufer ausgestaltet hatten, konnten sie aber in ihren kurzen Regierungszeiten nicht weiter stärken. Das führte auf Reichsebene im Vergleich zu den inzwischen auf- und ausgebauten Verwaltungsstrukturen in den Fürstentümern und Städten zu erheblichen Defiziten. Sie zeigten sich vor allem in der Bürokratisierung und der für die Reichsfinanzen immer wichtigeren Steuererhebung. Nicht zuletzt das nach wie vor praktizierte Reisekönigtum, das keine feste Residenz kannte, erschwerte die Verwaltungsorganisation im Reich erheblich.

Diese strukturelle Schwäche wurde von den Fürsten ausgenutzt. Aus diesem Grund griffen die Kurfürsten bei der Königswahl auch vornehmlich auf wenig bedeutende Grafen zurück, die ihre Herrschaft im Reich erst einmal etablieren mußten und dabei auf Unterstützung angewiesen waren. Aber die Rechnung ging nicht auf, weil auch die Gewählten auf ihren Vorteil bedacht waren und ihre Vorrechte als Könige nutzten. Sie stärkten nur vordergründig die Macht des Königtums und bauten vor allem ihre jeweilige Hausmacht aus. Bis ins frühe 14. Jahrhundert sind auf diese Weise zwei Großdynastien entstanden, die von nun an die Politik im Deutschen Reich wesentlich mitbestimmen sollten: die Habsburger und die Luxemburger. Zu ihnen trat nach dem Tod Heinrichs VII. noch ein weiteres Geschlecht hinzu: die Wittelsbacher aus Bayern.

Die Karte zeigt Macht- und Einflußbereiche der Habsburger, Luxemburger und Wittelsbacher im 14. Jahrhundert.

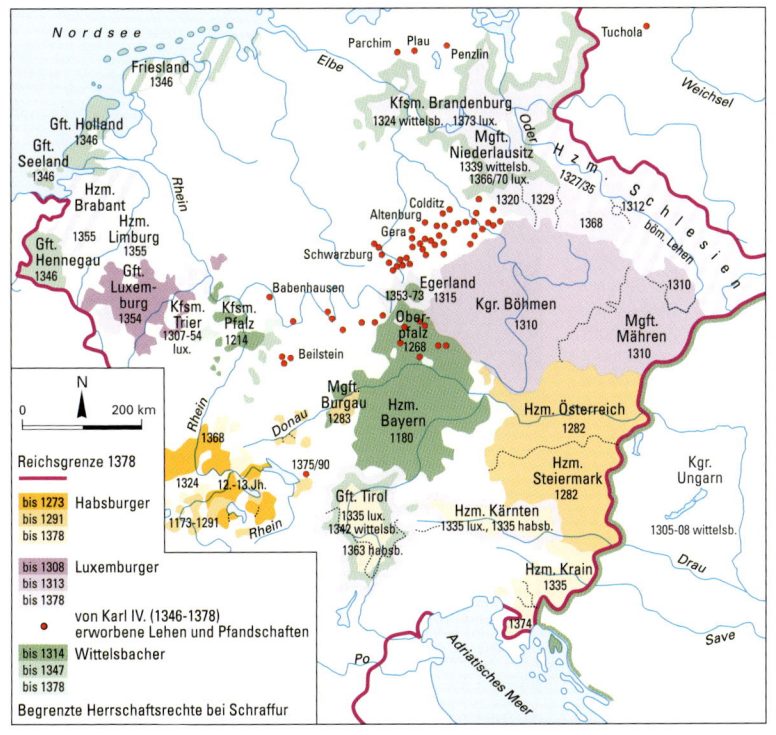

Unam sanctam

Der Papst hatte in seiner Bulle *Unam sanctam* (1202) seine Oberherrschaft auch in weltlichen Dingen postuliert. Der Konflikt mit dem französischen König rührte daher, daß dieser von den Geistlichen in seinem Reich ohne Rücksprache mit dem Papst Steuern erhoben hatte.

Der Papstpalast in Avignon wurde unter Papst Benedikt XII. (1334-42) als großer befestigter Wohnsitz des Papstes und als Gebäude der päpstlichen Kurie und ihrer Behörden errichtet. Diesem »alten Palast« fügte der prachtliebende Papst Klemens VI. (1342–52) den sogenannten »neuen Palast« an, dessen Gestaltung und Ausstattung seiner Meinung nach besser dem – in Kirchenkreisen allerdings vielfach kritisierten – glanzvollen Hofleben an der avignonesischen Kurie entsprachen.

Auch in der Kurie zeigte sich, wie schwer auf Personen Einfluß genommen werden konnte, wenn diese erst einmal Gefolgschaften für ihre Interessen bildeten und mit deren Unterstützung ihre eigenen Wege verfolgten. So verkalkulierten sich die römischen Kardinäle, als sie 1305 einen Franzosen zum Papst wählten. Sie hofften damit zum einen, den Streit beilegen zu können, den Bonifaz VIII. durch seinen universalen Machtanspruch mit dem französischen König heraufbeschworen hatte; zum anderen rechneten sie sich aus, durch ihren Rückhalt bei mächtigen römischen Adelsfamilien Einfluß auf die Entscheidungen des neuen Kirchenoberhaupts nehmen zu können. Papst Klemens V. (1305–1314) verlegte die Kirchenleitung jedoch 1309 nach Avignon, wo sie dann fast 70 Jahre residieren sollte.

Auch nach der Wahl seines Nachfolgers, Johannes XXII. (1316–1334) mußten die Kardinäle einsehen, daß sie sich in ihrem Kandidaten getäuscht hatten. Entgegen früherer Erklärungen, er wolle die Kirchenleitung wieder nach Rom verlegen, baute er den Sitz der Kurie in Avignon aus und wurde trotz hohen Alters und schwacher Konstitution zu einem der mächtigsten Kirchenführer des sogenannten Avignoneser

Papsttums. Aus seinem päpstlichen Selbstverständnis heraus provozierte er einen Konflikt mit dem römisch-deutschen König Ludwig IV. Dieser Streit sollte schließlich ernsthafte innerkirchliche Probleme nach sich ziehen.

Zwischen Konflikt und Ausgleich: Ludwig IV., Karl IV. und die Päpste

Die Wahl des Nachfolgers von Heinrich VII. gestaltete sich schwierig. Im Kurfürstenkollegium gab es zwei Fraktionen, von denen die eine den Luxemburger Johann von Böhmen und die andere den Habsburger Friedrich den Schönen bevorzugte. Ein klares Votum kam nicht zustande. Auch als die Luxemburger Seite mit dem Wittelsbacher Herzog Ludwig von Bayern einen Kandidaten präsentierte, der den Habsburgern nahe stand, fiel keine eindeutige Entscheidung. Es kam zur Wahl und Krönung beider Thronprätendenten. Eine militärische Auseinandersetzung zwischen ihnen war unvermeidlich. Sie zog sich acht Jahre hin, denn erst im September 1321 konnte Ludwig seinen Gegner Friedrich den Schönen in einer Schlacht bei Mühldorf (östlich von München) besiegen und gefangennehmen. Später söhnte er sich mit ihm aus.

Nach der Entscheidung von 1321 erhoffte sich Ludwig die offizielle Anerkennung von seiten des Papstes, um sich so die Anwartschaft auf die Kaiserkrone zu sichern. Doch die päpstliche Bestätigung blieb aus. Ludwig mußte feststellen, daß er in Papst Johannes XXII. einen mächtigen Gegner hatte, der seinen Machtambitionen entschieden entgegentrat. Da auch Ludwig sich in seinen Ansprüchen nicht kompromißbereit zeigte, kam es zwischen ih-

1314–1347
Ludwig IV.
1314 Doppelwahl: Friedrich der Schöne von Österreich und Ludwig IV.
1322 Schlacht bei Mühldorf: Sieg über Friedrich den Schönen
1327–1329 Italienzug
1328 Kaiserkrönung in Rom
1338 Kurverein von Rhense: Päpstliche Einflußnahme auf die Königswahl wird zurückgewiesen
1338 Kaiserliches Gesetz »Licet iuris«
1346 Wahl Karls IV. zum Gegenkönig

Ludwig IV., Marmorbildnis auf der Deckplatte der Marmortumba Ludwigs IV, um 1468 (München, Domkirche zu Unserer Lieben Frau).

nen zu heftigen Auseinandersetzungen, die Ludwigs gesamte Herrschaft schwer belasteten. Papst Johannes bewies dabei langen Atem. Er baute seine Position in der Kirche aus, gestaltete das kuriale Finanzwesen effektiver und erschloß der Kirche neue Einnahmequellen, die er für seine Vorhaben auch dringend benötigte: Er wollte nicht nur die kirchliche Zentralverwaltung ausbauen, sondern auch politisch Einfluß nehmen und militärische Aktionen finanzieren können.

Dem Papst wuchs in Ludwig IV. allerdings ein unerschrockener Gegner heran. Ludwig hatte ungeachtet seiner Auseinandersetzungen mit Friedrich dem Schönen seine Hausmacht im Deutschen Reich festigen und ausbauen können. Er hatte nach dem Aussterben der Markgrafen von Brandenburg seinen Sohn Ludwig 1324 mit Brandenburg belehnt und selbst die erbberechtigte Tochter Wilhelms von Holland geheiratet. Zu einem ersten Konflikt mit Johannes XXII. kam es, als Ludwig in Norditalien als König Rechtsansprüche stellte.

Der Papst, der selbst seine Macht in Italien ausbauen wollte, bestritt ihm dieses Recht und überhaupt sein Königtum. Aus dieser ersten Konfrontation stammt auch Ludwigs Beiname »der Bayer«, denn Johannes XXII. bezeichnete Ludwig nicht als König, sondern nur als »Ludovicus Bavarus«. Ludwig konterte, indem er den Papst zum Ketzer erklärte. Es folgte ein Schlagabtausch, auf dessen Höhepunkt der Papst über das gesamte Deutsche Reich das Interdikt verhängte, also ein allgemeines Verbot, auf dem Gebiet des Reichs Sakramente zu spenden. Damit aber spaltete er auch die Kirche: Der Sache Ludwigs schloß sich eine innerkirchliche Opposition an, die schon geraume Zeit das Geld- und Machtstreben des Papstes kritisiert hatte. Allen voran waren dies die Franziskaner-Spiritualen.

Ludwig IV. zeigte sich vom Vorgehen des Papstes, der nun auch kirchliche Prozesse gegen ihn anstrengte, und von der zunehmenden Unruhe im Reich unbeeindruckt. Er brach Anfang 1327 nach Italien auf, wo

Interdikt
Das Interdikt ist eine schwere Kirchenstrafe, durch die den Gläubigen in einem Territorium heilige Handlungen wie das Abhalten von Gottesdiensten, das Spenden von Sakramenten oder das Beerdigen untersagt ist.

er in Rom zum Kaiser gekrönt werden wollte. Ludwig war sich dabei bewußt, daß die Krönung nicht wie bisher vom Papst oder einem seiner Stellvertreter vollzogen werden würde. Er berief sich zur Begründung seines Vorhabens auf die Arbeiten eines Philosophen, der ihn auf seinem Weg nach Italien begleitete: Marsilius von Padua (1290–1343) hatte sich in seiner Schrift »Defensor pacis« (Verteidiger des Friedens) mit der Volkssouveränität befaßt und so auch die Vergabe der Kaiserwürde als einen Akt der freien Entscheidung des Volkes ausgelegt. In diesem Sinne empfing Ludwig IV. Mitte Januar 1328 in der römischen Peterskirche die Kaiserkrone aus den Händen eines Vertreters des römischen Volkes.

Als ihn daraufhin der Papst ein weiteres Mal bannte, erklärte Ludwig ihn seinerseits für abgesetzt und erhob einen Franziskaner-Spiritualen zum Gegenpapst Nikolaus V. (1328–1330). Ludwigs Residenzstadt München wurde daraufhin während der nächsten Jahrzehnte zum Zentrum der vom Papst verbotenen franziskanischen Armutsbewegung. Die Spiritualen avancierten bald zu den maßgeblichen Anwälten der kaiserlichen Seite im vor allem schriftlich ausgetragenen Streit zwischen dem Papst und Ludwig IV. Angesichts der starren Haltung des Papstes erstarkte mit der Zeit die eher kompromißbereite kaiserliche Fraktion.

Im Juni 1338 erklärten sich die Kurfürsten zugunsten des Kaisers. Sie verkündeten in einer Denkschrift, dem sogenannten Weistum des Rhenser Kurvereins, entgegen der Ansicht des Papstes, daß allein aus der Wahl der Kurfürsten Könige hervorgingen und daß die Gewählten daher keinerlei Zustimmung des Papstes mehr benötigten. Ludwig selbst griff wenig später die Formulierungen auf, ging aber noch einen Schritt weiter. Er stellte in seinem Gesetz »Licet iuris« im August 1338 fest, daß nicht nur die königliche, sondern auch die kaiserliche Würde und Gewalt »unmittelbar von Gott allein« stamme und daß der von den Kurfürsten Gewählte »sofort durch die Wahl allein wahrer König und Römischer Kaiser« sei. Er verabschiedete sich damit also wieder von der Idee des Kaisertums durch Volkssouveränität. Aber auch über den Anspruch der Gottesunmittelbarkeit des Kaisers konnte er mit dem Papst – inzwischen Benedikt XII. (1334–1342) – zu keiner Einigung kommen.

Die Stimmung im Reich war einstweilen zugunsten des Kaisers umgeschlagen, aber Ludwig konnte daraus keinen Nutzen ziehen. Er brachte die Reichsfürsten wiederum gegen sich auf, weil er 1346 eigenmächtig die Ehe der Gräfin Margarethe Maultasch von Tirol mit einem Sohn König Johanns von Böhmen schied und sie wider geltendes Recht (und mit offensichtlichen machtpolitischen Absichten) mit seinem Sohn Ludwig vermählte.

Diese und weitere ähnlich eigenwillige Entscheidungen führten schließlich dazu, daß Ludwig im Juli 1346 von den Kurfürsten abgesetzt wurde. Zu seinem Nachfolger wählte die Mehrheit des Kurfürstenkollegiums den Luxemburger Karl. Als Ludwig im Oktober 1347 überraschend auf der Jagd (vermutlich an einem Herzinfarkt) starb, wußte er noch eine kleine Gruppe von Fürsten und Städten hinter sich. Doch sie zerfiel rasch, als Karl IV. daranging, die Herrschaft im Reich zu übernehmen.

1349–1378 Karl IV.
1356 Goldene Bulle
1373 Erwerb von Brandenburg
1376 Schwäbischer Städtebund

Im Herbst 1347, als Ludwig IV. starb, war der böhmische König Karl bereits über ein Jahr Gegenkönig im Reich gewesen. Mit seiner noch längeren Regierungserfahrung in Böhmen und seinem diplomatischen Geschick hatte er rasch Erfolg. Er brachte nicht nur wichtige Reichsstädte hinter sich, sondern konnte auch die Habsburger für seine Sache gewinnen. Die Söhne des verstorbenen Kaisers mußten daher bald einsehen, daß sie keine Chance hatte, sich gegen ihn durchzusetzen. Schließlich heiratete Karl auch noch eine Wittelsbacherin und trieb damit geschickt einen Keil in die gegen ihn gerichtete wittelsbacherische Front. Damit waren alle Hindernisse zu einer erneuten Wahl des Luxemburgers ausgeräumt und die Kurfürsten stimmten im Juni 1349 einstimmig für ihn.

Seinen Erfolg bei der Wahl verdankte Karl IV. (1347/1349–1378) in erheblichem Maße dem Vertrauen, das man in sein Verhandlungsgeschick setzte. Besonders im Umgang mit Papst und Kurie war nach der Herrschaft Ludwigs IV. viel gut zu machen. Und gerade in religiöser Hinsicht war Karl IV. eine überzeugende Persönlichkeit.

Es war nicht nur politisches Kalkül, wenn er die religiöse Legitimation seiner Herrschaft betonte. Aus tiefer Überzeugung verehrte er den Schutzpatron Böhmens, den heiligen Wenzel, nach dem die Krone des Landes benannt ist. Neben den sterblichen Überresten des Heiligen, die er mit der Wenzelskrone im Prager Veitsdom verwahrte, verfügte Karl über eine umfangreiche persönliche Reliquiensammlung, die neben den

Karl IV., Idealbildnis um 1422 im Salbuch der vom Kaiser 1355 gestifteten Frauenkirche in Nürnberg.

Der Holzschnitt vom Ende des 15. Jahrhundert zeigt die sogenannte Heiltumsweisung, die Karl IV. in Prag eingeführt hat. Einmal im Jahr wurden die Herrschaftszeichen der römisch-deutschen Könige und Kaiser in einem feierlichen Akt öffentlich gezeigt: sie wurden »gewiesen«. 1424 wurden die Herrschaftszeichen wegen der Hussitenkriege von der Burg Karlstein nach Nürnberg gebracht, wo sie im Heilig-Geist-Hospital aufbewahrt wurden. Auf dem Holzschnitt sind oben die Geistlichen dargestellt, die die einzelnen Stücke und Reliquien vorweisen, in der Mitte sind deren bewaffnete Wächter zu sehen und unten befinden sich Pilger, die aus Anlaß der Heiltumsweisung nach Nürnberg gekommen sind.

Karl IV. hat die Burg Karlstein in der Nähe von Prag zum religiös-politischen Mittelpunkt seines Reichs ausgebaut. Dort versammelte er den Thronschatz und einen Großteil seiner Reliquien. Das Allerheiligste der Burg Karlstein bildete die Heilig-Kreuz-Kapelle, in der nur der Karlsteiner Dechant oder die Erzbischöfe die Messe feiern durften. Karl selbst betrat den sakralen Raum nur barfuß.

Karl IV. verfügte über eine große Zahl von Reliquien. Er war um eine gerechte Herrschaft bemüht, die er ganz aus seinem christlichen Glauben heraus gestaltete.

Insignien Böhmens und des Deutschen Reichs auf der Burg Karlstein bei Prag ihren Platz fand.

Vor diesem Hintergrund war auch eine Verständigung mit dem Papst möglich. Karl hatte daher keine Schwierigkeiten, mit Zustimmung des Heiligen Vaters, der sich weiterhin in Avignon aufhielt, die Kaiserkrone zu empfangen. Zu diesem Zweck zog er 1355 nach Italien, wo er durch geschicktes Verhandeln seine Herrschaftsrechte überall durchsetzen konnte. Anfang April traf er in Rom ein, wo er von einem Kardinal zum Kaiser gekrönt wurde. Schon am folgenden Tag brach Karl wieder nach Norden auf. Er bemühte sich, schnell wieder in den deutschen Reichsteil zu gelangen, denn trotz seiner Erfolge auf der Hinreise wußte er um die komplizierten Machtverhältnisse in Italien mit Rivalitäten unter regionalen Machthabern und zwischen den Städten.

Kaiser Karl IV. im Kreise der sieben Kurfürsten. Von links nach rechts: Die Erzbischöfe von Trier, Köln und Mainz, der König von Böhmen, der Pfalzgraf bei Rhein, der Herzog von Sachsen und der Markgraf von Brandenburg.

Karl IV. widmete sich nun vor allem den Aufgaben im deutschen Reichsteil. Seine besondere Aufmerksamkeit galt dabei dem Reichsgut, das er in Form von Landvogteien ausgab. Dabei übertrug er die Vogteien nicht mehr nur an Grafen und niedere Adelige, die er leicht kontrollieren konnte, sondern immer häufiger an Fürsten der jeweiligen Region. Damit riskierte er, daß diese die ihnen anvertrauten Ländereien mit der Zeit ihrem Eigengut zuschlugen, das Reich also hinsichtlich des Reichsguts schwächten. Hinter diesem Vorgehen stand eine taktische Überlegung: Durch die Verkleinerung des Reichsguts, das die wichtigste Einnahmequelle der Herrscher war, mußten künftige Könige selbst über erhebliche Finanzmittel und eine große Hausmacht verfügen, um sich im Reich durchsetzen zu können. Weil Karls Geschlecht, die Luxemburger, im Reich die weitaus größte Hausmacht besaß, diente sein Vorgehen also niemand anderem als seiner Familie.

Karl IV. zeigte sich allerdings in seinem Handeln nicht immer so klug wie hinsichtlich der Landvogteien. Die Mark Brandenburg, die er seinen Ländereien zuschlagen wollte, konnte er nach längeren kriegerischen Auseinandersetzungen mit den Wittelsbachern nur mit hohem Finanzaufwand erwerben. Als er die Summe durch Steuerauflagen über mehrere Reichsstädte eintreiben wollte, bildete sich 1376 der Schwäbische Städtebund, der sich gegen Karl erfolgreich mit Waffengewalt zur Wehr setzte. In einem Friedensvertrag mußte Karl den Städten 1377 zusichern, daß er sie nicht verpfänden oder verkaufen würde.

Epochale Bedeutung erlangte Karl IV. vor allem im gesetzgeberischen Bereich. Mit der Goldenen Bulle von 1356 hat er das erste Reichsgrundgesetz geschaffen. Dabei formulierten Karl und seine Mitarbeiter in dem rechtsverbindlichen Text über die wichtigsten Funktionsträger im Reich keine radikalen Neuerungen. Vielmehr stellten sie größtenteils bestehende Rechte und Gewohnheiten zusammen und nahmen verbindliche Definitionen für die betreffenden Personen, Ämter und Sachverhalte vor.

Städtebünde
Im Spätmittelalter kam es häufig zur Bildung von Städtebünden. Die Städte versuchten auf diese Weise ihre Interessen gegen feindliche Landesherren oder Adelige zu verteidigen. Auch die Adeligen schlossen sich häufig in Bünden, sogenannten Adelsgesellschaften, zusammen.

Goldene Bulle
Die Bezeichnung »Goldene Bulle« leitet sich von dem goldenen Siegel ab, mit dem das Gesetz versehen ist.

Am Hof von Karls Sohn, König Wenzel, wurden einige der schönsten und prunkvollsten Handschriften hergestellt, die aus dem späten Mittelalter überliefert sind. Eine der bedeutendsten ist jene der Goldenen Bulle von 1356, dem Reichsgrundgesetz, das sein Vater erlassen hatte. Die abgebildete Miniatur zeigt die drei geistlichen Kurfürsten – die Bischöfe von Mainz, Trier und Köln.

Wie die geistlichen Kurfürsten, so sind auch die weltlichen Königswähler in der Prachthandschrift Wenzels wiedergegeben: Der König von Böhmen, der Pfalzgraf bei Rhein, der Herzog von Sachsen und der Pfalzgraf von Brandenburg.

So bestimmten sie den römisch-deutschen König als »König der Römer, der zum Kaiser befördert werden soll« und machten damit deutlich, daß der von den Kurfürsten Gewählte auch ohne Bestätigung und Krönung durch den Papst schon kaiserliche Rechte ausübt. Darüber hinaus legten sie die Zahl der Kurfürsten endgültig auf sieben fest, benannten ihre Privilegien,

Die Pest

Der Begriff »Pest« leitet sich vom lateinischen Wort *pestis* her, das übersetzt »Seuche« heißt. Das ist kein Zufall. Die Pest galt vielen Menschen des 14. Jahrhunderts als die Seuche schlechthin. Sie wurde 1347 von der Krim nach Italien eingeschleppt, von wo sie sich in einer großen Welle nach Frankreich, Spanien, England, den Niederlanden, im Reich und Südskandinavien ausbreitete. 1353 erreichte sie Rußland und wurde schwächer.

In den rund sechs Jahren, die die Pest mit größter Wucht in Europa wütete, starben rund 30 Prozent der europäischen Bevölkerung, quer durch alle Schichten. Zwar ist die Pest in ihren beiden Formen, der weniger gefährlichen Beulen- und der in der Regel tödlichen Lungenpest, in Europa bis ins 18. Jahrhundert wiederholt aufgetreten, doch nie mehr hat sie so viele Opfer gefordert wie Mitte des 14. Jahrhunderts.

Heute weiß man, daß die Pest ursprünglich eine Krankheit von Nagetieren ist, die von Ratten aus Zentralasien eingeschleppt wurde und durch den Rattenfloh auf den Menschen übertragen wird. Im 14. Jahrhundert gab es jedoch noch keine schlüssige medizinische Erklärung. Man versuchte ungünstige Gestirnkonstellationen für den »Schwarzen Tod« verantwortlich zu machen. Häufig deutete man die Seuche auch als Strafe Gottes für die sündige Menschheit. Aus diesem Grund kam es zu Judenverfolgungen: Man glaubte durch das Vorgehen gegen die »Feinde Christi« der Seuche entgehen zu können. Vielerorts verstärkte sich die Frömmigkeit in der Bevölkerung und es kamen Buß- und Bittprozessionen auf, sowie die Verehrung neuer »Pest-Heiliger« wie des Heiligen Rochus.

schrieben die Erbfolge in der Kurwürde vor, machten Vorschriften zur Friedenssicherung im Reich und trafen detaillierte Regelungen zum Vorgang der Königswahl. Die Wahl des römisch-deutschen Königs wurde auf diese Weise dauerhaft geregelt: Die in der Goldenen Bulle niedergelegten Bestimmungen waren bis zum Ende des Alten Reichs (1806) gültig.

Konflikte, Lösungsversuche, Reformen: Die Kirche

Seit der Mitte des 14. Jahrhunderts hatten mehrere Päpste die Rückkehr der Kurie von Avignon nach Rom vorbereitet, doch sie kam erst im Januar 1377 unter Gregor XI. (1370–1378) zustande. Der Plan, nun von Rom aus die päpstliche Universalgewalt wieder herzustellen, scheiterte allerdings.

Im September 1378 kam es unter dem Pontifikat von Gregors Nachfolger Urban VI. (1378–1389) in der Kurie zu einer folgenschweren Auseinandersetzung. Da die Kirchenleitung nach fast 70 Jahren in Avignon stark französisch geprägt war, erhob Urban VI. vor allem italienische Kardinäle. Daraufhin wählte eine Reihe vornehmlich französischer Kurienmitglieder aus Protest einen neuen Papst, der den Namen Klemens VII. (1378–1394) annahm und mit seinen Anhängern nach Avignon zurückkehrte. Da nach dem Tod der Päpste ihre Anhänger jeweils Nachfolger wählten, kam es zu einer langwährenden Spaltung der Kirche – zum sogenannten Großen Abendländischen Schisma.

Die Spaltung blieb nicht auf die Kirche beschränkt, denn in der ganzen römisch-katholischen Christenheit suchten und fanden die Päpste Anhängerschaften, sogenannte »Obödienzen« (von lat. *oboedientia*, Gehorsam). Im römisch-deutschen Reich erklärte sich beispielsweise König Wenzel (1376–1419), der seinem Vater Karl IV. im Amt gefolgt war, mit den meisten Kurfürsten für Papst Urban VI. Zur Obödienz von Klemens VII. (1378–1389) zählten dagegen zum Beispiel Frankreich und Schottland.

Karl IV. und sein Sohn Wenzel. Als die Macht von Karl IV. auf seinen Sohn Wenzel überging, war dieser erst 18 Jahre alt – also erheblich jünger als hier dargestellt. Wenzel war in der Herrschaft noch unerfahren. Ihm wurde häufig vorgeworfen, die Regierungsgeschäfte zu vernachlässigen. Später hatte Wenzel gesundheitliche Probleme, die ihn in den Regierungsgeschäften einschränkten. Außerdem litt er an Trunksucht. All dies hat zu seiner Absetzung als römisch-deutscher König im August 1400 beigetragen.

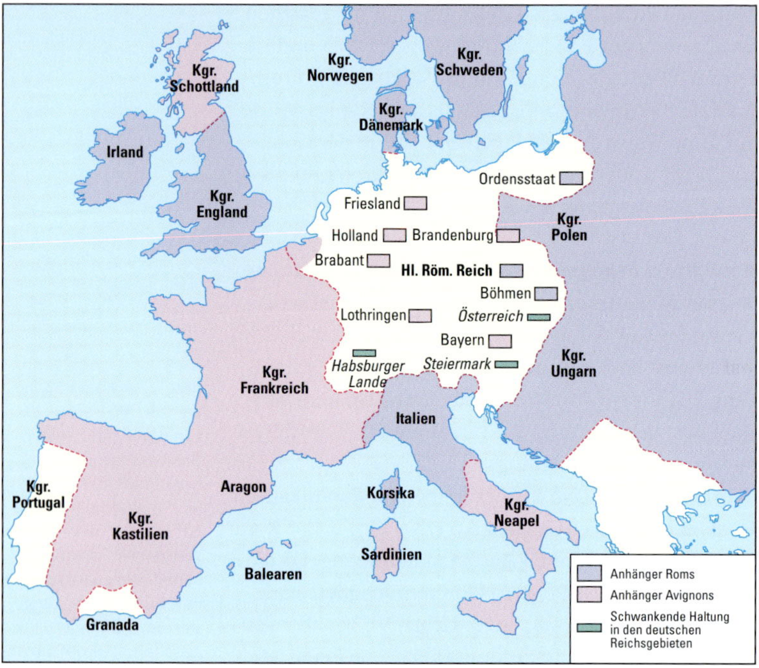

Kgr.
Schottland

Kgr.
Norwegen

Kgr.
Schweden

Kgr.
Dänemark

Irland

Ordensstaat

Kgr.
England

Friesland

Holland Brandenburg

Kgr.
Polen

Brabant

Hl. Röm. Reich

Böhmen

Lothringen

Österreich

Bayern

Kgr.
Ungarn

Habsburger
Lande

Steiermark

Kgr.
Frankreich

Italien

Kgr.
Portugal

Aragon

Korsika

Kgr.
Neapel

Kgr.
Kastilien

Sardinien

Balearen

Granada

Anhänger Roms

Anhänger Avignons

Schwankende Haltung
in den deutschen
Reichsgebieten

Die Anhänger Roms
und Avignons im Großen
Abendländischen Schis-
ma.

John Wyclif war einer der
einflußreichsten Kirchen-
kritiker des 14. Jahrhun-
derts. Er forderte von
der Kirche die Orientie-
rung an der Urkirche und
trat dafür ein, daß die
Heilige Schrift die einzige
Grundlage des Glaubens
bilden sollte. 1377 verur-
teilte Papst Gregor XI. 18
Thesen Wyclifs und ord-
nete seine Gefangennah-
me an. Doch dazu kam
es nicht, unter anderem
weil die Universität Ox-
ford Wyclif unterstützte.

Angesichts der unklaren Lage in der Kirche kam
es wieder verstärkt zu Forderungen nach einer radikalen
Erneuerung des geistlichen Lebens. So erhob etwa der
Oxforder Professor und Prediger John Wyclif (gest.
1384) in verschiedenen Schriften und Predigten radikale Forderungen, mit denen er eine große Anhänger-
schaft hinter sich brachte. Für die christliche Lehre
sollte seiner Meinung nach ausschließlich die Heilige
Schrift Geltung haben. Aus

diesem Grund lehnte er auch
das Ablaßwesen ab und ver-
warf die Verehrung von Heiligen, Reliquien und Bildern,
die kirchliche Hierarchie
und die weltliche Macht des
Papsttums. Wie schon zuvor
bei den Waldensern verband
sich die Erhebung zur religiö-

sen Erneuerung mit sozialen Unruhen und ergriff weitere Kreise der Gesellschaft. Die Forderungen Wyclifs fanden so auch bald über England hinaus Gehör und beeinflußten beispielsweise Jan Hus und seine Bewegung in Böhmen.

Angesichts der Spaltung der Kirche und der von ihr mitverursachten Unruhen in der Bevölkerung wurde eine Lösung des Schismas von seiten der geistlichen wie der weltlichen Gewalten als äußerst dringlich eingestuft. Dazu wurden verschiedene Lösungswege vorgeschlagen. Sie reichten von Empfehlungen zur gewaltsamen Absetzung oder zum freiwilligen Amtsverzicht eines oder beider Päpste über den Vorschlag des Gehorsamsentzugs ihrer Anhänger bis hin zur Forderung nach einem allgemeinen Konzil. Hinsichtlich des Konzils gab es wiederum unterschiedliche Vorstellungen. Die einen verstanden darunter eine Versammlung von Bischöfen, bei denen die volle kirchliche Gewalt liegen sollte, andere eine Zusammenkunft aller geistlichen und weltlichen Obrigkeiten Europas, wieder andere (die radikalsten Konzilsbefürworter) eine Repräsentanz der Kirche durch das Volk. In diesem Zusammenhang wurde auch an die Pflicht des römisch-deutschen Königs erinnert, ein Konzil einzuberufen und zu leiten.

König Wenzel sah sich dazu allerdings nicht in der Lage. Er war in der Reichsregierung zu sehr gefordert und auch diese vernachlässigte er bald, weil ihn Erbstreitigkeiten in seiner Familie stark in Anspruch nahmen. Schließlich wurde er von den Kurfürsten wegen Vernachlässigung der Reichsinteressen abgesetzt.

Auch Wenzels Nachfolger, der Wittelsbacher Ruprecht (1400–1410), konnte sich nicht für die Sache der Kirche engagieren. Da er nur von einem Teil der Kurfürsten gewählt worden war, fehlte ihm während seiner ganzen Regierungszeit ein breiter Rückhalt im Reich.

So kam es 1408 ohne Beteiligung der Reichsregierung zu einem Konzil in Pisa, das aber nicht die gewünschte Lösung des Papstschismas brachte. Im Ge-

1376–1400 König Wenzel
1379 Gründung des Urbanbundes
1381 Gründung des Rheinischen Städtebunds zur Unterstützung von Papst Urban VI.
1384 Heidelberger Stallung (Vertrag) König Wenzels: Die Fürsten erkennen die Städtebünde an
1400 König Wenzel wird von den vier rheinischen Kurfürsten abgesetzt

genteil: Die auf dem Konzil abgesetzten Päpste in Rom und Avignon wichen nicht aus ihren Ämtern und sahen sich nun mit einem dritten Pontifex konfrontiert, der auf dem Konzil gewählt worden war und fortan in Pisa residierte: Alexander V. (1409–1410), auf den 1410 Johannes XXIII. (1410–1415, gest. 1419) folgte.

1414–1418 Konzil von Konstanz

Tatsächlich gelang es erst durch die Initiative des römisch-deutschen Königs Sigismund (1410–1437), erneut ein Konzil einzuberufen, das schließlich im November 1414 in Konstanz eröffnet werden konnte. Bei dieser Kirchenversammlung kam es nach mehrjähri-

Obwohl Kaiser Sigismund dem Prediger Jan Hus sicheres Geleit für die Reisen zum Konzil in Konstanz und zurück nach Böhmen zugesagt hatte, wurde Jan Hus 1415 auf dem Konzil als Ketzer verbrannt. Dem Ansehen des Kaisers in Böhmen hat dies schwer geschadet. 1419 sollte es in Prag und Umgebung deswegen zu schweren Ausschreitungen kommen, die auf das Reich übergriffen.

gen, zähen Verhandlungen und nach mehrfachen Auflösungsdrohungen zur Absetzung aller drei Päpste und 1417 zur Wahl eines neuen Pontifex, der den Namen Nikolaus V. (1417–1431) annahm. Zwei andere Fragen, die während des Konzils gelöst werden sollten, blieben indessen offen: Die Reform der Kirche wurde auf spätere Konzilien vertagt, die fortan allerdings in regelmäßigen Abständen stattfinden sollten. Auch im Fragenkomplex zur »Einheit des Glaubens« wurde keine Einigung erzielt, auch wenn sie angesichts der Lehren des Engländers John Wyclif und ihrer Verbreitung durch Jan Hus in Böhmen dringend nötig gewesen wäre. Stattdessen kam es auf dem Konzil zu einer besonders für das Römisch-Deutsche Reich folgenschweren Entscheidung: Jan Hus wurde wegen Ketzerei zum Tode verurteilt und verbrannt. Aufstände in Böhmen waren die Folge, die bald auf das Reich übergriffen.

Eine Kirchenreform stand nach wie vor aus, obwohl sie wegen des übertriebenen päpstlichen Zentralismus und diverser Mißstände in Priestertum und Seelsorge in immer weiteren Kirchenkreisen als überfällig angesehen wurde. Wie beim Konstanzer Konzil festgelegt, sollten sich weitere Kirchenversammlungen mit dem Themenkomplex befassen. Die Debatten der Versammlungen verliefen jedoch häufig nicht im Sinne der Päpste, vor allem wenn in ihnen die Kirchenführung berührt wurde oder die Überordnung der Konzile über den Papst, die sogenannte Konzilssuperiorität, behauptet wurde. Aus diesem Grund löste beispielsweise Papst Martin V. 1424 das Konzil von Pavia und Siena auf. Und im Dezember 1431 erklärte sein Amtsnachfolger Eugen IV. (1431–1447) das Konzil von Basel für beendet, weil es die kurialen Einkünfte radikal kürzen wollte. Vor allem auf Drängen König Sigismunds konnte die Basler Versammlung ihre Arbeit aber dann doch wieder aufnehmen. Dennoch suchte der Papst eine Gelegenheit zur Beendigung des Basler Konzils und berief schließlich selbst 1437 ein Konzil nach Ferrara ein, das er später nach Florenz (1442) und Rom verlegte.

Konzil und Papst
Als Konziliarismus, konziliare Theorie oder Lehre von der Konzilssuperiorität bezeichnet man die Theorie von der Oberhoheit des Konzils über den Papst.

Die Basler Versammlung löste sich dennoch nicht
auf. Ein erneutes Schisma war die Folge, denn das Basler Konzil erklärte Papst Eugen IV. für abgesetzt und
erhob mit Felix V. (1439–1449; gest. 1451) einen Gegenpapst – den letzten Gegenpapst der Geschichte. Erst
nach zehn Jahren sollte es zu einer Lösung des Schismas kommen: 1448 schloß der römisch-deutsche König Friedrich III. mit Papst Eugen IV. einen Vertrag,
das sogenannte Wiener Konkordat.

Diese Einigung mit dem Papst war ein deutliches
Signal an Felix V. und die Basler Konzilsväter. Sie hatten ihren Rückhalt im Reich nun endgültig verloren.
Es war daher nur konsequent, daß Felix V. im April
1449 zurücktrat und sich kurz darauf auch die Basler
Kirchenversammlung auflöste. Die kirchlichen Verhältnisse waren damit zumindest im Hinblick auf die
Lehr- und Führungsautorität geklärt. Die Gefahr des
Konziliarismus war gebannt. Eine Reform der Kirche
blieb in Kirchenkreisen aber weiterhin eines der zentralen Themen. Doch tiefgreifende Reformen kamen
auch auf längere Sicht nicht zustande. Erst Anfang des
16. Jahrhunderts sollte es durch die Auseinandersetzungen mit Martin Luther zu Reformen in der Kirche
kommen.

Konflikte, Lösungsversuche, Reformen:
Das Römisch-Deutsche Reich

König Sigismund, der Nachfolger König Rudolfs, wurde noch zur Zeit des Großen Abendländischen Schismas gewählt. Die Umstände der Wahl machen deutlich, warum sich Sigismund als König sofort darum
bemühte, ein Konzil nach Konstanz einzuberufen und
das Schisma zu beenden. Es war zu einer Doppelwahl
von Sigismund und seinem Vetter Jost von Mähren gekommen, weil die Kurfürsten und ihre beiden Kandidaten im Schisma unterschiedlichen Obödienzen zu-
gehörten. Die Doppelwahl fiel nur deshalb nicht ins
Gewicht, weil Jost bereits 1411 verstarb.

Für Sigismund bestand seine erste große Aufgabe
darin, sich allgemein im Reich Autorität zu verschaf-

fen. Die Bedingungen dafür waren schlecht, und das nicht nur wegen der unterschiedlichen Obödienzen im Reich. Obwohl Sigismund dem Geschlecht der Luxemburger angehörte, verfügte er im Deutschen Reich über keinen eigenen Besitz. Das Königreich Böhmen (die Luxemburgische Hausmacht im

Kaiser Sigismund, Gemälde von Pisanello 1432/1433 (Wien, Kunsthistorisches Museum). Sigismund war einer der bedeutendsten Herrscher Europas. Er regierte 50 Jahre in Ungarn, 27 Jahre im Römisch-Deutschen Reich, und nominell 18 Jahre in Böhmen. Bei der Regierungstätigkeit kamen Sigismund seine profunden Sprachkenntnisse zugute, die es ihm ermöglichten, in allen Teilen des Reichs in der jeweiligen Landessprache zu verhandeln.

Reich) unterstand seinem älteren Bruder Wenzel. Zudem war Sigismund auch außerhalb des Reichs stark gefordert: Teile seines Herrschaftsgebiets, das neben Ungarn auch die Königreiche Dalmatien, Kroatien, Serbien und Bulgarien umfaßte, waren von den Türken erobert worden, die immer weiter nach Europa vordrangen. Da Sigismund stark in die Landesverteidigung gegen die Türken eingebunden war, stützte er sich zur Bewältigung der vielfältigen Aufgaben der Reichsregierung auf gelehrte Räte und auf ihm ergebene Mitglieder des Hochadels.

Im Reich mußte sich Sigismund besonders mit den Folgen der Hinrichtung von Jan Hus auf dem Konstanzer Konzil auseinandersetzen. Zwar verhielten sich die böhmischen Anhänger des Predigers zunächst ruhig, doch im Juli 1419 kam es in Prag dann doch zu Unruhen, die nur noch schwer einzudämmen waren. Wie schon zu Lebzeiten von Jan Hus ging es um die Mißstände in der Kirche, die sozialen Probleme und die Spannungen mit der vorwiegend deutschen Oberschicht in Böhmen, von der sich die Tschechen gegängelt und bevormundet fühlten. Als Sigismund und seine Räte 1420 versuchten, die Probleme auf dem Ver-

Die Vier Prager Artikel

In den Vier Prager Artikeln wurde gefordert:
1. Der Laienkelch. Die Hussiten erteilten das Abendmahl in »beiderlei Gestalt«, also Brot und Wein. In der katholischen Kirche war bei der Abendmahlsfeier der Wein den Geistlichen vorbehalten. Die Hussiten lehnten mit der Forderung nach dem Laienkelch jede Sonderstellung der Geistlichen ab.
2. Der Verzicht der Kirche auf ihre weltliche Macht und die Enteignung des Kirchenbesitzes. Auch die Institution Kirche sollte ihre überragende Stellung verlieren.
3. Die Freiheit der Predigt.
4. Die Bestrafung sündiger Priester.

Reichsmatrikel

Die Reichsmatrikel ist eine Liste zur Festlegung der militärischen und finanziellen Reichshilfen der Reichsstände. Die erste Reichsmatrikel wurde 1422 auf dem Reichstag in Nürnberg beschlossen. Weitere folgten im späten 15. Jahrhundert.

handlungsweg zu lösen, stellten die Hussiten dafür die sogenannten Vier Prager Artikel zusammen.

Da sie in ihnen sowohl die theologischen Lehren als auch die Berechtigung der Kirche in Frage stellten, kam es zu keiner Verständigung mit den kirchlichen Unterhändlern. Sigismund versuchte nun auf andere Weise gegen die Hussiten vorzugehen. Er brachte 1320 Papst Nikolaus V. dazu, den Krieg gegen die Aufständischen zum Kreuzzug zu erklären. Doch auch dies änderte nicht viel. Das von Sigismund geleitete Kreuzzugsunternehmen war genauso erfolglos wie viele weitere Kriegszüge, die verschiedene Reichsfürsten gegen die Hussiten unternahmen.

Die kostspieligen Militäraktionen forderten das Reich als Ganzes und machten seine schwerwiegenden strukturellen und verwaltungstechnischen Probleme offenkundig. Für eine effektive Organisation der Landesverteidigung wäre beispielsweise ein Verzeichnis all jener Städte, Dörfer und Personen notwendig gewesen, die dem Reich direkt unterstanden und als »Glieder des Reichs« zu seiner Verteidigung verpflichtet waren, doch eine solche Reichsmatrikel gab es nicht. Als 1427 zum ersten mal versucht wurde, für die Verteidigung gegen die Hussiten und die auf dem Balkan vordringenden Türken eine reichsweite Steuer zu erheben, gelang es nicht, dafür ein effektives Einzugsverfahren zu entwickeln. Daran sollte sich auch nichts ändern, denn als die Auseinandersetzungen mit den Hussiten 1436 durch Verhandlungen eine Lösung fanden, wurden die Ansätze zum Aufbau einer effektiven Verwaltung und Besteuerung in der Praxis kaum noch weiterverfolgt.

An Theoriebildungen hat es dagegen nicht gefehlt. Die Anstöße dazu kamen aus dem Bereich kirchlicher Reformen, wie aus zahlreichen Schriften deutlich wird, in denen seit dem frühen 15. Jahrhundert Reformvorschläge für das Reich ausgebreitet wurden. In einer der bekanntesten dieser Reformschriften, der »Reformatio Sigismundi« (ca. 1439) bediente sich ein anonymer Verfasser sogar des kaiserlichen Namens, um Prestige und Wirkung seines Textes zu erhöhen. Kaiser Sigismund selbst versuchte eher vorsichtig Anstöße zu Reformen etwa in den Bereichen Friedenssicherung und Gerichtsbarkeit zu geben. Mit einer Reihe von 16 Artikeln zur Abstellung von Mißständen im Reich, die er 1434 für eine Reichsversammlung zusammenfaßte, veränderte er nicht viel, aber er förderte zumindest die Diskussionen.

Kaiser Sigismund hatte keine männlichen Nachkommen. Daher bemühte er sich noch kurz vor seinem Tod (gest. Dezember 1438) darum, seinen Schwiegersohn bei den Kurfürsten als seinen Nachfolger durchzusetzen, mit Erfolg: Im März 1438 wurde der Habsburger Herzog Albrecht V. von Österreich zum römisch-deutschen König gewählt.

König Albrecht II. (1438–1439) trat auch in Böhmen und Ungarn die Nachfolge seines Schwiegervaters an, was ihn vor die gleichen organisatorischen Probleme stellte wie diesen. Da er seine Stellung in Böhmen erst noch festigen mußte und zudem in Ungarn einen Feldzug gegen türkische Truppen zu unternehmen hatte, die das Land bedrohten, war er gezwungen, die Regierungsgeschäfte im Reich zu delegieren. Er baute dabei auf die gelehrten Räte, die schon Kaiser Sigismund zu diesem Zweck herangezogen hatte. Sie befaßten sich jetzt verstärkt mit Vorschlägen zu strukturellen Veränderungen im Reich, konnten aber trotz intensiver Debatten mit den Reichsfürsten zu keinen Ergebnissen

1438–1439
Albrecht II.
1440–1493
Friedrich III.
1442 Reichslandfriede »Reformatio Friderici«
1453 Eroberung Konstantinopels durch die Türken
1457 Tod von Ladislaus Postumus
1471 Regensburger Christentag
1486 Wahl Maximilians I. zum römisch-deutschen König

Albrecht II., anonymes Gemälde des 15. Jahrhunderts (Wien, Kunsthistorisches Museum). Albrecht II. hat das Römisch-Deutsche Reich nur wenig mehr als anderthalb Jahre regiert, von denen er sich die meiste Zeit in Böhmen und Ungarn aufhielt. So kam er nicht dazu, seine politischen Vorstellungen im Reich durchzusetzen.

Kaiser Friedrich III., Gemälde des 16. Jahrhunderts (Wien, Kunsthistorisches Museum). Friedrich III. ist hier mit einer mitraförmigen Krone abgebildet, die von der Kaiserkrone der Reichsinsignien abweicht. Vermutlich ist er hier mit der Krone dargestellt, mit der er von Papst Nikolaus V. als letzter Kaiser des Römisch-Deutschen Reichs 1452 in Rom gekrönt wurde, denn in Rom soll Friedrich vom Papst eine derartige Krone erhalten haben. Sie ist nicht erhalten.

Gemeine Tage
Die Reichsstände versammelten sich im späten Mittelalter häufig ohne das Reichsoberhaupt. Zur Unterscheidung von Hoftagen in Anwesenheit des Königs oder Kaisers spricht man von »Gemeinen Tagen«.

kommen. Noch bevor Albrecht sich selbst mit Reformen im Reich befassen konnte, starb er im Oktober 1439 in Ungarn an der Ruhr.

Der Thronfolger war zur Zeit von König Albrechts Tod noch nicht geboren. Ladislaus »Postumus« kam erst vier Monate nach dem Tod seines Vaters auf die Welt. Die Kurfürsten wählten daher Albrechts nächsten männlichen Verwandten zum römisch-deutschen König – Herzog Friedrich V. von Österreich. Als Reichsoberhaupt bezeichnete er sich als Friedrich III. und überging damit in der Zählung Friedrich den Schönen, den Gegenkönig Ludwigs IV.

König Friedrich (1439–1495) wurde durch Konflikte mit seiner Verwandtschaft in den habsburgischen Erblanden und durch die Vormundschaftsregierung, die er auf längere Zeit für Ladislaus in Böhmen und Ungarn versah, stark in Anspruch genommen. Im Hinblick auf die Reichsregierung ergab sich daher bei ihm das gleiche Bild wie bei seinen Vorgängern: Er konnte sich nur phasenweise in die Reichspolitik einschalten und überließ die Regierungsgeschäfte weitgehend den bewährten Räten.

Friedrich III. fand erst 1442, also zwei Jahre nach seiner Wahl, Zeit, sich in Aachen krönen zu lassen. Auf dem Rückweg in seine österreichischen Erblande kam es zu einem seiner seltenen Auftritte bei einer Reichsversammlung. Er nahm am Gemeinen Tag in Frankfurt am Main teil. Dort wurden, wie schon so oft zuvor bei ähnlichen Versammlungen, Probleme der Friedenswahrung im Reich erörtert. Nach jahrelangen Vorverhandlungen führten die Debatten in Frankfurt endlich zu greifbaren Ergebnissen. Sie fanden in einen Landfrieden Eingang, den Friedrich im August desselben Jahres erließ. Der auch als »Reformatio Friderici« bezeichnete Text ergänzte die Ausführungen der Goldenen Bulle von 1356 zu Fehdeführung und Friedenswahrung. Da Friedrich und seine Räte sich persönlich für die Verbreitung des Gesetzeswerks einsetzten, wurden seine Bestimmungen wenn auch nicht überall eingehalten, so doch im ganzen Reich bekannt.

Auch Friedrich III. befaßte sich, wie seine Vorgänger, mit Fragen der Reichsreform. Nach wie vor erwiesen sich die Entscheidungsprozesse im Reich als äußerst langwierig. Dabei standen den Verantwortlichen die Probleme, die damit verbunden waren, deutlich vor Augen. In den 40er Jahren erwies sich die Schwäche des Reichs vor allem in zwei Fällen: Beide Male erfolgten militärische Übergriffe auf Reichsgebiet und beide Male gelang es nicht, Fürsten, Adel und Städte zu vereintem militärischem Handeln zu bewegen. So blieb die Militäraktion unbeantwortet, mit der Herzog Philipp der Gute von Burgund im Herbst 1443 das Herzogtum Luxemburg eroberte. Und auch als der Dauphin Ludwig 1444 die südlichen Teile des Elsaß mit seinen französischen Truppen besetzte und die Reichsstädte im oberen Elsaß in Gefahr waren, konnte kein Heer zum Eingreifen aufgeboten werden.

Zehn Jahre später bot sich ein ähnliches Bild. Im Mai 1453 wurde Konstantinopel von den Türken erobert – ein Ereignis, dem ganz Europa eine symbolische Bedeutung beimaß. Denn auch wenn das osmanische Reich schon in Südosteuropa Fuß gefaßt hatte, sah man mit dem Untergang von Konstantinopel-Byzanz als Bollwerk christlicher Kultur im Osten durch die Hand von Glaubensfeinden das christliche Europa in ernsthafter Gefahr. Als deshalb der Papst zu einem Kreuzzug gegen die Türken aufrief, fanden sich auch im Deutschen Reich viele zur Hilfe für die christlichen Glaubensbrüder am Bosporus und auf dem Balkan bereit. Doch als 1455 ein Aufgebot für den gemeinsamen europäischen Zug gegen die Türken beschlossen werden sollte, versagten einige Reichsfürsten ihre Hilfe, und es wurde schließlich kein Truppenkontingent bereitgesellt. Der Sieg, den das Kreuzzugsheer im Juli 1456 bei Belgrad über die Türken davontrug, erfolgte ohne offizielle Beteiligung des Römisch-Deutschen Reichs.

1449 Soester Fehde des Erzbischofs von Köln
1449 Nürnberger Städtekrieg des Albrecht Achilles von Brandenburg
1460 Kriege zwischen Wittelsbachern und Hohenzollern

Papst Pius II. und Kaiser Friedrich III., kolorierter Holzschnitt aus der Weltchronik von Hartmann Schedel, 1493. Der Holzschnitt zeigt Friedrich III. und Pius II. in gutem Einvernehmen. In Schedels Weltchronik, in der von der Schöpfung der Welt und von den Ereignissen in den sechs Weltaltern berichtet wird, stehen der geistliche und der weltliche Herrscher am Ende der historischen Darstellung.

Wieder einmal hatte sich das Reich als unfähig erwiesen, auf Gefahren und Probleme angemessen und schnell zu reagieren. Trotz verschiedener Landfriedensinitiativen König Friedrichs wurde das Reich nach wie vor von Fehden und Kriegen unter Adelsgeschlechtern und Städten erschüttert und blockierten Eifersüchteleien und Rivalitäten zwischen Reichsfürsten die Entscheidungsfindung in den Reichsversammlungen.

So lebten die Diskussionen über eine strukturelle Veränderung der politischen Organisation im Reich wieder auf. Da die Reichsfürsten vor allem die ständige Abwesenheit König Friedrichs von den Reichsversammlungen als Problem begriffen, entwickelten sie verschiedene Lösungsvorschläge: So sah ein vom Trierer Erzbischof vorgeschlagenes Modell die Beteiligung der Kurfürsten an der Regierung des Reichs vor. Aber auch die Wahl eines neuen, zusätzlichen römischen Königs wurde erwogen, wobei dieser als Reichsvikar die Aufgaben des abwesenden Herrschers übernehmen sollte. Doch scheiterten alle Veränderungen, die den Fürsten mehr Macht eingeräumt hätten, am Widerstand Friedrichs.

Christentag
Auf dem Christentag in Regensburg waren nicht nur Reichsfürsten, deren Vertreter und Abgesandte der Reichsstädte anwesend, sondern auch Gesandte anderer europäischer Herrscher und des Papstes.

In späteren Jahren kam es bei der Bereitstellung von Truppen auch ohne Umgestaltung der Reichsverwaltung zu Verbesserungen. Als in den späten 60er und frühen 70er Jahren türkische Verbände in die Krain (das heutige Slowenien) und die Steiermark einfielen, wurde auf einer Reichsversammlung (dem sogenannten Christentag) in Regensburg 1471 die Bereitstellung von Kampftruppen zur Verteidigung der Territorien bewilligt.

Und auch als Karl der Kühne, Herzog von Burgund, in den 70er Jahren Angriffe auf das Reichsgebiet startete, erhielt König Friedrich militärische Unterstützung von den Gliedern des Reichs. So kam es schließlich doch aufgrund der Bedrohung durch äußere Feinde zu einer stärkeren Kooperation der politischen Gewalten im gemeinsamen Bemühen um den Erhalt und die Funktionsfähigkeit des Heiligen Römischen Reichs Deutscher Nation.

Die vielschichtigen Prozesse, die diese Veränderungen heraufführten, waren noch lange nicht abgeschlossen, als Friedrich III. im August 1495 starb.

Maximilian I., die Habsburger und der Weg in die Neuzeit

Friedrich hinterließ seinem Sohn ein schwieriges Erbe. Maximilian I. (1487–1519), der 1487, also noch zu Lebzeiten seines Vaters, von den Kurfürsten zum König gewählt worden war, setzte die Bemühungen um eine Reform des Reichs fort und mußte dabei manchen Kompromiß mit den Reichsfürsten eingehen. Dies zeigt sich in den Verhandlungen zu den wichtigsten Beschlüssen, die während Maximilians Herrschaft für das Deutsche Reich gefaßt wurden – die Beschlüsse des Wormser Reichstags von 1495.

Die Unterhandlungen machen noch einmal schlaglichtartig die Machtverhältnisse und -ansprüche im Reich deutlich. Auf der einen Seite stand der Herrscher, der von den Gliedern des Reichs die Zusage von Finanzmitteln forderte und Friedenssicherung wie Gerichtsbarkeit an seine Autorität gebunden sehen wollte. Auf der anderen Seite standen die Fürsten, die darauf aus waren, finanzielle Zusagen möglichst zu vermeiden sowie Friedenswahrung und Rechtsprechung selbst unter Kontrolle zu haben. Nach zähen Verhandlungen kam es zu einem Kompromiß, in dem ein ewiger Reichslandfriede erlassen, die Modalitäten der Ämterbesetzung im Reichskammergericht geregelt und die Einführung des »Gemeinen Pfennigs« als reichsweit zu erhebende Steuer beschlossen wurde. Außerdem wurde verabredet, daß sich die Reichsstände nun regelmäßig auf sogenannten Reichstagen versammeln sollten, wie dies von 1498 an auch geschah.

Nicht nur diese wegweisenden Beschlüsse, auch Maximilians familienpolitische Entscheidungen sollten für die Zukunft des Deutschen Reichs (und Europas) von größter Bedeutung sein. Maximilian selbst hat durch seine Ehe mit der Tochter Karls des Kühnen, des Herzogs von Burgund, die Niederlande unter seine Herrschaft gebracht. 1496 vereinbarte er die Ehe seines Sohnes Philipp mit Johanna, der Tochter des spanischen Königs. Da

Maximilian I., Gemälde aus der Werkstatt von Bernhard Strigel (Augsburg, Gemäldegalerie). Maximilian ist hier in jungen Jahren mit den Herrscherzeichen – Krone, Zepter und Reichsschwert – dargestellt. Das Gemälde ist eines von vielen aus der Werkstatt des aus Memmingen stammenden Hofmalers von Kaiser Maximilian I. Strigel schuf den Typus eines Repräsentationsbildes des Kaisers, das in zahlreichen Exemplaren gemalt wurde. Die wenigsten dieser Bilder sind eigenhändige Arbeiten Strigels. Sie wurden in seiner Werkstatt hergestellt.

Maximilian I., Porträt des Kaisers von Albrecht Dürer (Wien, Kunsthistorisches Museum). Kaiser Maximilian benutzte Porträts zur Darstellung seiner Macht. So hat er auch Albrecht Dürer, einen der berühmtesten Maler seiner Zeit, mit einem Porträt beauftragt. Dürer fertigte dazu die ersten Skizzen 1518 auf einem Reichstag in Augsburg an. Das Bild wurde erst nach dem Tod Maximilians vollendet. Dürer zeigt den Kaiser nicht als Herrscher mit den Insignien seiner Macht, sondern stellt ihn als adeligen Herrn im Pelzmantel dar. Als einziges Zeichen für Macht und Reichtum hält Maximilian – anstelle des Reichsapfels – einen Granatapfel in seiner Linken.

Philipp »der Schöne« nach dem Tod aller anderen potentiellen Thronfolger in das Erbe der spanischen Krone eintrat, wurde mit dieser habsburgisch-spanischen Verbindung der Grundstein zu jener Rivalität zwischen Spanien, Österreich und Frankreich gelegt, die das politische Geschehen in Europa in den folgenden Jahrhunderten maßgeblich beeinflussen sollte.

Der Übergang in ein neues Zeitalter vollzog sich im politischen Bereich langsam und ohne merkliche Zäsur. Nach wie vor liefen Veränderungen schleppend ab und die Machthaber taten sich schwer damit, Umgestaltungen vorzunehmen oder überhaupt durchzusetzen.

Anders im kulturellen Bereich. In einem Sektor, in dem sprachlich-retorisches Geschick traditionell eine beherrschende Stellung einnahm, ging es zur Durchsetzung von Neuen vor allem darum, die eigene Position argumentativ zu rüsten und dadurch den Kontrast zwischen dem eigenen Standpunkt und dem Überkommenen herauszuarbeiten. Brüche in der kulturellen Entwicklung wurden so ausdrücklich thematisiert, um auf diese Weise das Neue faßbar zu machen. Kaum eine Kulturbewegung war darin so erfolgreich wie der Renaissance-Humanismus: Aus seinem Begriffsarsenal stammt eine der argumentationsstrategisch erfolgreichsten Chiffren – die des »finsteren Zeitalters«.

Renaissance und Humanismus

Mit »Renaissance« (franz. »Wiedergeburt«) wird in der Geistes-, Philosophie- und Kunstgeschichte der Zeitraum von etwa der Mitte des 14. bis zum Ende 16. Jahrhunderts bezeichnet. »Wiedergeboren« wurden in dieser Periode die geistigen und künstlerischen Errungenschaften der Antike. So zumindest sah es eine wachsende Zahl von Gelehrten und Künstlern dieser Zeit. Sie suchten neue Ausdrucksformen und Denkweisen und erlebten dabei Literatur, Philosophie, Kunst und Architektur des Altertums als unerschöpfliche Quelle der Inspiration. Zugleich wandten sie sich polemisch gegen die Gelehrten, die andere Auffassungen als sie vom Zweck geistigen und künstlerischen Schaffens hatten.

Seit der Spätantike hatten die christlichen Gelehrten den Nutzen der sieben freien Künste in ihrem Beitrag zum Verständnis der Heiligen Schrift und zum Lobe Gottes gesehen. An dieser Haltung formierte sich im 14. Jahrhundert Kritik. Sie wurde von Gelehrten vorgebracht, denen es konkret um die Menschen und um die Welt ging. Sie lasen andere Texte, und sie lasen Texte anders: Sie beschäftigten sich mehr mit den Schriften antikheidnischer Autoren als mit biblisch-christlichen Texten. Sie hoben mit Begeisterung die Leistungen der antiken Gelehrten und Künstler hervor und erkannten in ihnen eine wesentliche Bereicherung für das praktische menschliche Leben. Ihr Ziel war es, die Menschen auch unabhängig von den christlichen Lehren zur vollkommenen Menschlichkeit (humanitas) heranzubilden. Aufgrund ihres Bemühens um die humanitas wurden sie als »Humanisten« bezeichnet. Sie propagierten alle Lehrgegenstände als wahrhaft menschenbildend, die die für den Menschen charakteristischen Eigenschaften förderten. Wie der erste bedeutende humanistische Gelehrte Francesco Petrarca (1304–1374) empfahlen sie für die Ausbildung sprachlicher Fertigkeiten Grammatik, Redekunst und Dichtung; Zur Entwicklung von Kompetenzen im Umgang mit anderen Menschen diente ihnen die Beschäftigung mit historischen Beispielgeschichten und mit dafür einschlägigen philosophischen Texten, also mit Geschichte und Moralphilosophie. Durch den persönlichen Umgang mit den Texten des Altertums war es ihrer Meinung nach möglich, ein eigenes, unverwechselbares Profil auszubilden, zum Individuum zu werden.

Die Künstler profitierten von den Kenntnissen ihrer gelehrten humanistischen Zeitgenossen. Nicht selten waren auch sie humanistisch gebildet und versuchten die architektonischen und künstlerischen Lehren der Antike in ihrer Zeit wiederzubeleben.

Renaissance und Humanismus sind in Italien entstanden, wo die Zeugnisse der antiken Kultur in einzigartiger Dichte erhalten waren. Dazu kam im 14. Jahrhundert die Wirtschaftsmacht von Städten wie Florenz und großen Fürstenhäusern etwa in Ferrara, Mantua und Urbino. Städte, reiche Bürger und Adelige haben Gelehrte und Künstler wesentlich gefördert. Da die Bildungsbewegung des Humanismus von Anfang an auf den Austausch von Wissen und Informationen in Gespräch und Brief angelegt war, verbreitete sie sich über ein Netz von Korrespondenzen bald in ganz Europa. Die Vergabe von Aufträgen an italienische Künstler in allen Teilen Europas tat ein übriges, die Ideen der Renaissance über den Kontinent zu verbreiten.

Nicht das Mittelalter ist finster – finster ist sein Mythos, der schon vor Jahrhunderten gebildet wurde und der das populäre Bild der Epoche bis heute prägt. Damals, im 14. Jahrhundert, wollten die Gelehrten der Renaissance ihre eigene Zeit von einer Epoche abheben, die sie in vielerlei Hinsicht als rückständig und »dunkel« ansahen. Heute dagegen ist es gerade diese »Rückständigkeit« und »Dunkelheit«, die das Mittelalter für die breite Öffentlichkeit interessant macht. Etwas Finsteres, Undurchschaubares und damit Unheimliches fasziniert – aus sicherer Distanz – ungleich stärker als alles Verständliche und Klare.

Dabei gibt es zahlreiche Möglichkeiten, sich zuverlässig über das Mittelalter zu unterrichten: Wissenschaftler erforschen Kultur und Politik der Epoche und informieren darüber in Büchern, Zeitschriften und Ausstellungen; experimentelle Archäologen versuchen in großangelegten Projekten die Lebensbedingungen der Menschen im Mittelalter zu rekonstruieren; und spezialisierte Reenactment-Gruppen widmen sich der Aufgabe, das Leben der Menschen von vor hunderten von Jahren persönlich nachvollziehbar zu machen. Doch ungeachtet dessen liegt der Reiz des Mittelalters offensichtlich in seiner »Finsternis«, denn Räume, die nicht bis in den letzten Winkel ausgeleuchtet sind, bieten sich für alle Arten von Projektionen an: Jeder kann in die Dunkelheit das hineinlesen, was er will und daraus eigene Bilder und Geschichten entwickeln. Das Mittelalter war und ist nicht zuletzt deshalb von allen historischen Epochen der mit Abstand beliebteste »Projektionsraum«.

Die bis heute wirkungsvollsten dieser »Lesarten« des Mittelalters gehen auf das späte 18. und frühe 19. Jahrhundert zurück – die Zeit der Romantik. Den Einfluß des Mittelalters auf die »romantische Schule in Deutschland« hat schon Heinrich Heine hervorgehoben. Für ihn war die deutsche Romantik »nichts anders als die Wiedererweckung der Poesie des Mittelalters, wie sie sich in dessen Liedern, Bild- und Bauwerken, in Kunst und Leben manifestiert hatte.« Bereits während des Siebenjährigen Kriegs (1756–1763) entwickelte sich im Deutschen Reich ein Gefühl für die Zusammengehörigkeit der deutschen Stämme und ein Interesse für ihre gemeinsame Vergangenheit. Dabei stand zunächst das Germanentum im Mittelpunkt der Nachforschungen. Bald wurde aber auch der Entwicklung des Fränkischen und Römisch-Deutschen Reichs größere Aufmerksamkeit geschenkt. Gelehrte und Dichter trugen die Überreste der gemeinsamen Vergangenheit zusammen und machten diese bekannt. Die Erkenntnisse aus ihrer Beschäftigung mit der Volksdichtung sollte dem höheren Ziel der »National-Erinnerung« dienen, deren Bedeutung Friedrich Schlegel hervorhob: »National-Erinnerungen, das herrlichste Erbteil, das ein Volk haben kann, sind ein Vorzug, der durch nichts anderes ersetzt werden kann; und wenn ein Volk dadurch, daß es eine große Vergangenheit, daß es solche Erinnerungen aus uralter Vorzeit, daß es mit einem Wort eine Poesie hat, sich selbst in seinem eigenen Gefühle erhoben und gleichsam geadelt findet, so wird es eben dadurch auch in unserem Auge und Urteil auf eine höhere Stufe gestellt.«

Wie in Frankreich und England waren die Gelehrten auch im Deutschen Reich der Auffassung, der wahren Bestimmung der Menschheit am deutlichsten in der Frühzeit der Völker begegnen zu können. Dabei fanden sie häufig in den historischen Zeugnissen das, was sie zuvor in die Geschichte hineininterpretiert hatten. Dies führte zu mancher Verzerrung in der Darstellung historischer Sachverhalte. So kam es beispielsweise in Opposition gegen das Despotentum absolutistischer Herrscher zu einer Verklärung des mittelalterlichen Kaisertums; die Kritik an den gesellschaftlichen Verhältnissen der eigenen Zeit führte zu einem realitätsfremden Bild eines harmonischen Zusammenspiels der mittelalterlichen Stände; und selbst in religiöser Hinsicht sprach man ohne den schweren Konflikten innerhalb der mittelalterlichen Christenheit Rechnung zu tragen wie Novalis von den »schönen glänzenden Zeiten, wo Europa ein christliches Land war« und »ein

Karl Friedrich Schinkel, Gotischer Dom am Wasser, nach 1813 (München, Neue Pinakothek). Das Bild ist von Schinkel zu einer Zeit gemalt worden, als er im Zuge der Befreiungskriege gegen Napoleon von einer romantisch-vaterländischen Stimmung ergriffen wurde und sich auf vermeintlich nationale Traditionen besann. Die effektvoll präsentierte Kathedrale ist im gotischen Stil gehalten, der in Frankreich seinen Ursprung hat.

Oberhaupt« allein die großen politischen Kräfte »lenkte und vereinigte«.

Das patriotische Engagement sollte jedoch nicht beim Studieren, Veröffentlichen und Ausdeuten historischer Texte stehen bleiben. Es sollte auch eine nationale Dichtung und Literatur hervorbringen. Gerade im Rahmen der gegen Napoleon gerichteten Befreiungskriege kam es denn auch im Deutschen Reich zur Ausbildung einer entsprechend patriotisch gestimmten Literatur und Dichtung. In ihr spielten Gestalten und Ereignisse des Mittelalters eine wichtige Rolle. So erhob etwa Friedrich Rückert in einem Gedicht Kaiser Friedrich Barbarossa zur mythischen Gestalt: Er sitze, schrieb Rückert im Rückgriff auf Volkserzählungen, im Berg Kyffhäuser und warte dort nur auf seine Auferstehung und werde mit ihr »des Reiches Herrlichkeit« wieder herauführen. Und Ludwig Uhland war mit seinem Gedicht »Jung Siegfried« der erste in einer langen Reihe von Dichtern, die sich an der Geschichte des jungen Helden und der Nibelungen orientierten und auf diese Weise Siegfried zur repräsentativsten Gestalt deutscher heroischer Wunschträume machten.

Maßgeblichen Einfluß auf das Bild, das sich die Gesellschaft im Deutschen Reich des 19. Jahrhunderts von Siegfried, den Nibelungen und überhaupt vom Mittelalter machte, sollte Richard Wagner haben. Wie viele seiner dichtenden Zeitgenossen bot er in seinen musikalischen Bühnenwerken ein äußerst eigenwilliges Bild des Mittelalters. Wagner war der Überzeugung, daß die mittelalterlichen Dichter die ursprünglich mündlich überlieferten Erzählstoffe nicht adäquat wiedergegeben, sondern vielmehr verfälscht hatten. Insofern glaubte Wagner, erst er habe in seinen Werken aus Tannhäuser, Parsifal, Lohengrin, Tristan und Isolde und dem Nibelungenstoff den wahren mythischen Gehalt herausgearbeitet und habe, wie er selbst schrieb, »die ganze heilige Poesie, wie sie uns aus den Sagen und Gedichten der Vorzeit anweht, in dem ganzen ihr eigenen Dufte« hervorgezaubert. Dabei unterschlug er allerdings, daß auch er das tat, was er den mittelalterlichen Dichtern unterstellte: Er brachte mithilfe der Personen und Ereignisabläufe der mittelalterlichen Erzählungen Probleme

Christian Jank: Entwurf zur Gralshalle im 1. Aufzug von Richard Wagners »Parsifal«, 1879 (Bayerische Verwaltung der staatlichen Schlösser, Gärten und Seen). Der Bayerische König Ludwig II. hat den Entwurf vier Jahre vor der Uraufführung des »Parsifal« bei dem Münchener Hoftheatermaler Christian Jank in Auftrag gegeben. Der Bühnenbildentwurf war als Geschenk zu Wagners 66. Geburtstag im Mai 1879 gedacht. Dargestellt ist das Innere der Gralsburg Monsalvat in einem der Romanik nachempfundenen Stil.

Friedrich Rückert: Barbarossa

Der alte Barbarossa, der Kaiser Friedrich,
im unterird'schen Schlosse hält er bezaubert sich.
Er ist niemals gestorben, er lebt darin noch jetzt,
er hat im Schloß verborgen zum Schlaf sich hingesetzt.
Er hat hinabgenommen des Reiches Herrlichkeit
Und wird einst wiederkommen mit ihr zu seiner Zeit.
Der Stuhl ist elfenbeinern, darauf der Kaiser sitzt,
der Tisch ist marmelsteinern, worauf sein Haupt er stützt.
Sein Bart ist nicht von Flachse, er ist von Feuersglut,
ist durch den Tisch gewachsen, worauf sein Kinn ausruht.
Er nickt als wie im Traume, sein Aug halb offen zwinkt,
und je nach langem Träume er einem Knaben winkt.
Er spricht im Schlaf zum Knaben: »Geh' hin vors Schloß,
                               o Zwerg,
und sieh', ob noch die Raben herfliegen um den Berg.
Und wenn die alten Raben noch fliegen immerdar,
so muß ich auch noch schlafen, bezaubert hundert' Jahr.«

seiner eigenen Zeit auf die Bühne. Vor allem der Nibelungen-Stoff bot ihm die Möglichkeit, seine Vorstellungen von der Zukunft der gesellschaftlichen Verhältnisse im Deutschen Reich »aus Bildern der Vergangenheit zu sinnlicher Erkennbarkeit zu gestalten«.

In geschickter Kombination von textlicher und musikalischer Gestaltung gelang es Wagner, zusammen mit den von ihm eigens beauftragten Bühnenbildnern in den Inszenierungen seiner Werke den national-pathetischen Geschmack seiner Zeitgenossen zu treffen und sein letztlich sehr persönliches Bild von Mittelalter in breiten Kreisen der Bevölkerung durchzusetzen.

Die von Wagner inspirierte Mittelalter-Euphorie erfaßte auch König Ludwig II. von Bayern. Wie er dem von ihm schwärmerisch verehrten und geförderten Komponisten im Frühjahr 1868 schrieb, wollte er die alte Burgruine Hohenschwangau bei Füssen »im echten Stil der alten deutschen Ritterburgen« neu aufbauen lassen. Und sie sollte vor allem einem Zweck dienen: An einem der schönsten Orte, »die zu finden sind, heilig und unnahbar« sollte »ein würdiger Tempel für den göttlichen Freund« Richard Wagner entstehen, »durch den einzig Heil und wahrer Segen der Welt erblühte.« Aus diesem Grunde sollte die Burg – das heutige Schloß Neuschwanstein – auch »Reminiszenzen aus ›Tannhäuser‹ (Sängersaal mit Aussicht auf die Burg im Hintergrunde)« und »aus ›Lohengrin‹ (Burghof, offener Gang, Weg zur Kapelle)« enthalten. Trotzdem glich der Neubau keiner mittelalterlichen Burg, denn Ludwig II. vertrat die Ansicht, daß

Carl Grünwedel: Deckel des sogenannten Tagebuchs Ludwigs II., Porzellan mit Aufglasurmalerei, 1885. Das Bild zeigt den Tempel des Heiligen Gral als neugotischen Bau von Engeln und Rittern umgeben. Die Darstellung wurde von Carl Grünwedel im Auftrag Ludwigs II. nach dem Gralszyklus des Malers Edward von Steinle angefertigt. Sie schmückt den Deckel eines Prachtalbums, das Ludwig II. in seinen letzten Lebensjahren als Tagebuch benutzt haben soll. Das Album weist heute – offensichtlich nach einer Neubindung – nur leere Seiten auf.

»die inzwischen gemachten Errungenschaften im Gebiete der Kunst und Wissenschaft« auch »dem unternommenen
Bau zugute kommen« sollten. Man solle
sich daher nicht ganz in die »alte Zeit«
zurückversetzen und nicht auf Erfah-
rungen verzichten »welche sicherlich
schon damals verwertet worden wären,
wenn sie bestanden hätten.« Schließlich
änderte Ludwig II. auch das Baupro-
gramm. So verwandelte er das ursprünglich bescheidene »Audienzzim-
mer« in einen riesigen Thronsaal, der
als Denkmal für sein Königtum und als
Abbild der sagenhaften Gralshalle dienen sollte. In Verbindung mit einem
»Ritterbad«, das als Reminiszenz an die
rituellen Bäder der Gralsritter gedacht
war, sollte das (nach Ludwigs Tod 1886 nicht vollende-
te) Schloß zu einer einzigartigen Gralsburg ausgestaltet werden.

Schloß Neuschwanstein
bei Füssen. Das Schloß
Neuschwanstein ließ Kö-
nig Ludwig II. von Bayern
nach Entwürfen eines
Münchener Bühnenma-
lers gestalten. Dies er-
klärt seine effektvolle
Gestalt, mit der es für
viele romantisch-phanta-
stische Schloß- und
Burgbauten bis hin zur
Burg in Disney-Land als
Modell diente. Nach den
Vorstellungen Ludwigs II.
sollte das Schloß zu-
nächst als Ort der Ver-
herrlichung Richard
Wagners dienen. Später
wollte er das Gebäude
zu einer Art Gralsburg
umgestalten lassen.

Die Mittelalterbegeisterung, die Ludwig II. in gro-
ßem Stil ausleben konnte, spiegelt sich auch in den
Villen, Häusern und Wohnungen des Bürgertums wider und prägte sein »altdeutsch«-schwülstiges Mobiliar
bis weit ins 20. Jahrhundert hinein.

Auf die Popularität des Mittelalters und den heroi-
schen Sagenstoff setzten schließlich auch Adolf Hitler
und die nationalsozialistische Bewegung. Um ihre Ziele durchzusetzen, griffen sie auf all jene kulturellen
und politischen Strömungen zurück, die ihren Interessen entgegenkamen. Hitler selbst war ein begeister-
ter Wagnerianer und Verehrer des deutschen Mittelalters. Er und sein Führungskader richteten daher auch
die Organisation von Partei, Militär und Herrschaft an
mittelalterlichen Modellen aus – oder an dem, was sie
dafür hielten. So dienten beispielsweise die sogenannten Ordensburgen als militärische Ausbildungsstätten.
Nicht zuletzt machten die Parteioberen schon mit der
Bezeichnung »Drittes Reich« deutlich, daß sie sich in

Adolf Hitler und die Reichskleinodien im September 1939 im Nürnberger Rathaus. Adolf Hitler ließ die seit dem Beginn des 19. Jahrhunderts in Wien verwahrten Reichskleinodien schon kurz nach dem »Anschluß« Österreichs an das Deutsche Reich nach Nürnberg bringen.

der Tradition des im Mittelalter ausgebildeten ersten deutschen Reichs sahen, das bis 1806 bestand und im ›zweiten‹ Kaiserreich (1871–1917) wiederbelebt worden war.

In der Zeit nach dem zweiten Weltkrieg prägten vor allem englische Autoren das populäre Mittelalter-Bild. Sie bauten dabei auf einer ebenfalls bis ins 18. Jahrhundert zurückreichende Tradition auf. In ihr erhielt alles, was auch nur entfernt als »mittelalterlich« betrachtet werden konnte, das Etikett »gothic«. Den Anstoß dazu hatte Mitte des 18. Jahrhunderts Sir Horace Walpole gegeben. Er ließ sein Landhaus »Strawberry Hill« in gotisierendem Stil erbauen und erntete dafür nicht nur in England in weiten Kreisen der höheren Gesellschaft Bewunderung. Sein Landhaus wurde stilprägend.

Anfang des 19. Jahrhunderts löste Walter Scott mit seinen zahlreichen Mittelalter-Romanen wie »Ivanhoe« (1819) und »Quentin Durward« (1823) in England eine Mittelalter-Mode aus, die auf den Kontinent übergriff und beispielsweise Victor Hugo zu »Der Glöckner von Notre Dame« (1831) inspirierte. Und im späten 19. Jahrhundert feierte John Ruskin mit seinen Werken über gotische Architektur und mit seinen Idealvorstellun

James Archer: Der Tod Arthurs, 1860 (Manchester City Art Galleries). Auch in England waren Darstellungen mittelalterlicher Mythen beliebt. James Archer stellte in diesem Bild vermutlich den Tod von König Artus dar, der von seiner Frau (links kniend) zu seiner Schwester Morgan Le Fay auf die Insel Avalon gebracht wurde. Seine Schwester soll über magische Kräfte verfügt haben und stand im Ruf, Kranke hat heilen zu können.

gen von den glücklichen mittelalterlichen Handwerkern Erfolge.

Im 20. Jahrhundert erhielt die am Mittelalter inspirierte Literatur eine grundsätzlich neue Ausrichtung. Ihre geistigen Väter waren zwei Professoren aus Oxford: Clive Staples Lewis und John Ronald Reuel Tolkien. Die beiden ausgewiesenen Mittelalterforscher legten mit ihren literarischen Werken die Grundlagen für eine ganze Unterabteilung populärer Romane, der sogenannten »Fantasy«-Literatur.

Lewis erzählt in seinen erstmals zwischen 1950 und 1956 veröffentlichten »Chroniken von Narnia«, wie Kinder in einem alten englischen Landhaus hinter einem Wandschrank den Zugang zu dem magischen Land »Narnia« finden. In diesem Land, in dem Tiere sprechen können und »jeder Fels, jede Blume und jeder Grashalm aussah, als habe er eine tiefere Bedeutung« herrscht durch die Macht der Hexe Jardis ewiger Winter. Die Kinder erleben an der Seite des Löwen Aslan, eine Art christlicher Erlöserfigur, den phantastischen Kampf um die Befreiung Narnias aus der Macht der Hexe. Sie erkennen dabei, daß die Welt der mittelalterlichen Romanze, auf der Narnia aufbaut, eine in vielerlei Hinsicht extremere Welt als die ihrer Gegenwart war, verstanden, welche Bedeutung in ihr der christliche Glaube an den Sieg des Guten hat und was man daraus für die heutige Zeit lernen kann.

Tolkien feierte mit seinem umfangreichen Epos »Der Herr der Ringe« noch weit größere Erfolge. Anders als sein Kollege Clive Lewis ließ er sich nicht allein von der Literatur des spätmittelalterlichen England inspirieren. Er griff für sein großes Epos auf alte norwegische, isländische, keltische und englische Sagen und Mythen zurück und kombinierte sie geschickt zu etwas völlig Neuem: Zu einem Werk, in dem er gleichermaßen Züge einer kosmologischen Saga, einer Legende und einer romantischen Zauberer-und-Feen-Geschichte verband. In »Der Herr der Ringe« sollen der Hobbit Frodo Beutlin von Beutelsend im Auenland und seine Kameraden den Großen Ring den Feuern des Schicksalsberges über-

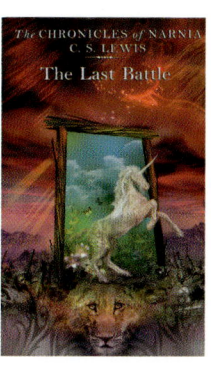

Das siebenbändige Werk »Chroniken von Narnia« von Clive Staples Lewis hat wie kaum ein anderes die Fantasy-Literatur des letzten Jahrhunderts beeinflußt. Im Rahmen der Psychedelischen Bewegung der 60er Jahre des 20. Jahrhunderts kam es auch zu entsprechenden Buchillustrationen.

John Ronald Reuel Tolkien hat nicht nur in seinem Werk »Der Herr der Ringe« einen kompletten eigenen Kosmos entworfen. Er hat auch Skizzen zu den Werk angefertigt, die seine Vorstellungen über die von ihm beschriebene Welt wiedergeben. Weniger mit seinen Zeichnungen als mit seinen literarischen Beschreibungen ist er – wie sein Kollege Clive Staples Lewis – durch die psychedelische Bewegung zum literarischen Klassiker erhoben worden.

geben und so verhindern, daß er in die Hände der Mächte der Finsternis gelangt. Auch bei Tolkien geht es also um den Kampf zwischen Gut und Böse und darum, zu zeigen, welche Bedeutung Ehre, Ritterlichkeit, Pflichterfüllung und Kameradschaft für den Sieg des Guten haben. Tolkien hoffte, daß nach ihm andere die Aufgabe übernehmen würden, sein Epos nachzuerzählen und auszuschmücken, so daß es einen festen Platz in der Kultur seiner Zeit erhielte. Tolkien hat die Anfänge der breiten Rezeption noch erlebt, die »Der Herr der Ringe« in der psychedelischen Bewegung der 60er und frühen 70er Jahre erfuhr.

Dabei zeigt sich, daß es in Film und Literatur immer weniger um eine realitätsnahe Darstellung des Mittelalters geht. Im Mittelpunkt des Interesses steht vielmehr der Mythos der Epoche, der in unterschiedlichster Weise bearbeitet wird. So sagte etwa John Boorman über seinen Film »Excalibur« (1981) rund um den Sagenkreis des König Artus, daß er in ihm bewußt seine Phantasie zeitweise habe »Amok laufen« lassen und erklärte: »Die historischen Fakten besitzen für mich ziemlich geringe Bedeutung. Was zählt, ist der Mythos.« Boorman begründete seine Haltung nicht anders als im 19. Jahrhundert Richard Wagner: »Ein Großteil der Legenden hat mit dem zwölften Jahrhundert [also nicht mit der Zeit des König Arthus] zu tun, mit Rittern in Rüstungen, in Turnierkämpfen und so weiter. Die Dichter, die darüber geschrieben haben, haben dabei auch immer die Werte ihrer eigenen Zeit mit eingearbeitet. ... Ich glaube nicht, daß man dagegen etwas haben kann. ... Wesentlich ist, nicht den Mythos zu widerlegen, sondern ihn neu zu beleben.«

Eine derartige Erneuerung des Mythos »Mittelalter« betrieb auch Umberto Eco in einem der erfolgreichsten historischen Romane der letzten Jahrzehnte – in »Der Name der Rose«. Eco schildert darin, wie im frühen 14. Jahrhundert der Franziskaner William von Baskerville mehrere Mordfälle in einem norditalienischen Kloster aufklärt. Bruder William weist dabei nach, daß die Morde in Art und Reihenfolge den Katastrophen entsprechen, die in der Johannes-Apokalypse auf die Öffnung eines jeden der dort beschriebenen sieben Siegel folgen. Eco hat seinen Roman als intellektuelles Spiel bezeichnet und darauf hingewiesen, daß das Werk auf verschiedene Weise lesbar ist: Als historischer Roman, als Kriminal- und als Schauerroman. Nach wie vor ist es das dunkle, undurchschaubare und »mystische« Bild vom Mittelalter, das in der populären Literatur in allen Facetten vorherrscht und fasziniert. Mit diesem Bild spielen auch – um nur zwei Beispiele zu nennen – so unterschiedliche Bestseller Autoren wie Ken Follett und Dan Brown: Ken Follet, der in »Die Säulen der Erde« ein Panorama des Lebens in England des 12. Jahrhundert entwirft; und Dan Brown, der in seinem Roman »Sakrileg« seine Protagonisten den Spuren eines im Mittelalter gegründeten finstern Geheimbundes folgen läßt. Die beiden Werke stehen für viele, die stets aufs Neue klar machen, daß das Mittelalter nach wie vor ein Thema ist und Stoff bietet für freie Assoziationen im Zeichen des Klischees vom »dunklen Zeitalter«.

Der Roman »Der Name der Rose« von Umberto Eco wurde 1986 unter der Regie von Jean-Jacques Annaud verfilmt. Dazu wurde in den norditalienischen Bergen die Kulisse des Benediktinerklosters nachgebaut, in dem sich der Franziskanermönch William von Baskerville bemüht, der Ursache für eine Reihe von Morden auf die Spur zu kommen.

Renaissance des Mittelalters

Umberto Eco hat die verschiedenen Formen, die die Wiederentdeckung des Mittelalters nach der Renaissance angenommen hat, in zehn Kategorien eingeteilt.

1. Das Mittelalter als Vorwand, als mythologische Bühne, auf der moderne Charaktere agieren, ohne auch nur den Versuch zu unternehmen, mittelalterliche Authentizität herzustellen.

2. Das Mittelalter als ironisches Wiedersehen, als Kommentar zu heutigen, weniger farbenprächtigen Sitten und Gebräuchen.

3. Das Mittelalter als Barbarei, als schäbige, dunkle Zeit voll brutaler Gewalt.

4. Das Mittelalter als romantische Zeit, als Ära voller sturmgepeitschter Burgen und in ihren Rüstungen klappernder Geister und voller Ritterlichkeit.

5. Das Mittelalter als ewig währende Philosophie, wie sie in den Verlautbarungen des Vatikans zum Ausdruck kommt.

6. Das Mittelalter als nationale Identität, wobei die vergangene kulturelle Größe und Unabhängigkeit als ein politisches Modell gesehen wird.

7. Das Mittelalter der Dekadenz von den Symbolisten des späten 19. Jahrhunderts bis zu den »Millennariern«.

8. Das Mittelalter als philologische Rekonstruktion, als die Geisteshaltung eines mittelalterlichen Gelehrten in heutiger Zeit.

9. Das Mittelalter der sogenannten Tradition, ein buntes Sammelsurium frei übersetzter Texte und überhasteter Interpretationen, das alles zusammenführt.

10. Das Mittelalter des Millenniums und der Apokalypse.

Acht, Aberacht
Ausschluß eines Menschen aus der Gemeinschaft als Strafe für bestimmte Gewalttaten und bei Mißachtung gerichtlicher Urteile; Zustand der Rechtlosigkeit. Die Aberacht wurde über Menschen verhängt, die sich nicht binnen Jahr und Tag aus der Acht gelöst hatten.

Bann
Verbannung aus der Gemeinschaft; ursprünglich gegen Personen, Orte oder Gegenstände gerichtetes Gebot der Meidung.

Bulle
Kapsel, die das Siegel einer Urkunde umschließt; später auch Bezeichnung für die Urkunde selbst.

Codex
Bezeichnung für ein Blätter-Buch mit Heftung am Rücken; Gegensatz zur Buchrolle der Antike (*rotulus*).

Dienstmannen
siehe Ministeriale.

Erzämter
Oberste Reichswürden, die von den Herzögen (später: von den weltlichen Kurfürsten) am Königshof wahrgenommen wurden: Truchseß (Oberster des Gefolges), Marschall (Pferdeknecht, Stallmeister), Kämmerer (Kammerdiener) und Mundschenk. Später zusätzlich die von den drei geistlichen Kurfürsten wahrgenommenen Ämter als Erzkanzler des Reichs, Italiens und von Gallien/Burgund.

Evangeliar
Buch mit den vier Evangelien in der biblischen Abfolge (Matthäus, Markus, Lukas, Johannes).

Fehde
Feindschaft, Rache, Streit zwischen zwei Freien oder deren Sippen, die bestimmten Regeln unterworfen ist, z. B. Erklärung durch Fehdebrief, Beendigung durch Friedensschwur.

Föderaten
Vertragspartner, vertraglich Verbündete, Bündnispartner. Von lat. *foedera* (Verträge).

Fürsten
Höchste Amtsträger im Reich, Herzöge, Pfalz-, Burg- und Gaugrafen; auch Bischöfe und Äbte, wenn die von ihnen verwalteten Territorien reichsunmittelbar waren. Von lat. *principes* (die Ersten).

Gemeiner Tag
Versammlung der Reichsstände ohne das Reichsoberhaupt, im Unterschied zum Hoftag, der in Anwesenheit des Königs oder Kaisers stattfand.

Ghibellinen, Guelfen
Parteibezeichnungen in Italien, die auf den Gegensatz von Staufern und Welfen zurückgehen, wobei »Ghibellinen« eine italienische Umformung von »Waiblingen« ist, einem der Stammgüter der Staufer.

Gottesgnadentum
Ein Herrscher sah sich als durch göttliche Verfügung über die Untertanen eingesetzt, was er zum Beispiel mit der Formel »von Gottes Gnaden« in seinem Titel oder in Urkunden zum Ausdruck brachte.

Guelfen siehe Ghibellinen.

Gottesfrieden
Gemeinsame Friedenseide weltlicher und geistlicher Herrschaftsträger für bestimmte Territorien, mit denen unter Androhung von Kirchenstrafen besondere Personengruppen wie Kleriker und Mönche sowie überhaupt alle unbewaffneten Bevölkerungsteile vor Gewalttaten durch waffentragende Schichten (etwa im Rahmen von Fehden) geschützt werden sollten.

Gral
Wohl auf frühchristliche Legenden zurückgehender geheimnisvoller, heiliger Gegenstand, der seinem Besitzer irdisches und himmlisches Glück verheißt und den nur eine reine, auserwählte Person finden kann. Unterschiedlich gedeutet z. B. als Gefäß zur Aufbewahrung der Hostie (verstanden als Leib Christi) oder als Gefäß, in dem Joseph von Arimathia das Blut des gekreuzigten Christus auffing.

Häresie
Ansicht, die der kirchlichen Lehre widerspricht. Von griech. *haíresis* für »die erwählte Meinung«.

Heerschild
Das militärische Kommando bzw. das Recht, Vasallen aufzubieten und das Kommando über sie zu führen.

Hausmeier
Vorstand der königlichen Hofhaltung. Von mittellat. *maior domus* (Hausvorsteher).

Herzog
Im Frühmittelalter Haupt eines Stammes. Unter den Karolingern in der Regel Verwalter eines ausgedehnten Gebietes (Amtsherzog). Seit dem 10. Jahrhundert die (in der jüngeren Forschung häufig als »Unterkönige« bezeichneten) Träger von Herrschaftsbefugnissen in Franken, Bayern, Schwaben und Sachsen.

Hoftag
Vom König einberufene Versammlung der mächtigen Adeligen des Reichs zwecks Rat und Hilfe.

Glossar

Illumination
Jegliche Art künstlerischer Ausgestaltung (Malerei oder Zeichnung) einer Handschrift. Von lat. *illuminatio* (Beleuchtung).

Inquisition
Ein strafrechtliches Verfahren, in dem Anklage, Untersuchung und Verurteilung durch dieselbe Instanz vorgenommen werden. Bis ins 10. Jahrhundert nur innerhalb der Kirche gebräuchlich; seit dem 12. Jahrhundert Bestrafung der Verurteilten in Zusammenarbeit mit weltlichen Machthabern. Seit dem 13. Jahrhundert z. T. Einsatz von Folter. Von lat. *inquirere* (untersuchen).

Interdikt
Schwere Kirchenstrafe, durch die den Gläubigen in einem Territorium heilige Handlungen wie das Abhalten von Gottesdiensten, das Spenden von Sakramenten oder Bestattungen untersagt sind.

Interregnum
In Wahlmonarchien allgemein die Zeit zwischen zwei Herrschern, im Röm.-Dt. Reich die Zeit vom Tod Friedrichs II. (1250) bis zur Wahl Rudolfs von Habsburg (1273). Von lat. *inter-regnum* (Zwischenherrschaft).

Investitur
Im Kirchenrecht das Einsetzen eines Geistlichen in weltliche Besitzrechte und zugleich in die geistlichen Befugnisse seines Amtes. Von lat. *investire* (bekleiden).

Ketzer
Personen, die vom rechten Glauben abweichen, hergeleitet vom Sektennamen »Katherer«, einer der größten kirchenfeindlichen Gruppierungen des 12. und 13. Jahrhunderts.

Konklave
Von der Außenwelt abgeschlossener Raum, in dem die Kardinäle zur Papstwahl zusammenkommen, später auch Bezeichnung für den Modus der Papstwahl selbst. Seit dem II. Konzil von Lyon (1274) war es kirchliches Recht, daß zur Sicherstellung baldiger und unbeeinflußter Wahl der Beginn des Konklaves zehn Tage nach dem Ableben oder dem Rücktritt des Papstes zu erfolgen hatte, die Kardinäle als Papstwähler in einem Raum hermetisch abgeschlossen wurden und für die Zeit der Wahl keine Einkünfte aus ihren Ämtern erhielten.

Konkordat
Eine zwischen der römisch-katholischen Kirchenleitung und einer weltlichen Herrschaft getroffene Vereinbarung zur Regelung von Angelegenheiten, die sowohl im kirchlichen wie im weltlichen Interessensbereich liegen.

Kreuzzug
Von der Kirche geförderter Krieg gegen Ungläubige zur Ausbreitung bzw. Wiederherstellung des Glaubens, später auch zur Durchsetzung politischer Ziele. Erster Kreuzzug 1096–1099; Zweiter Kreuzzug 1147–1149; Dritter Kreuzzug 1189–1192; Vierter Kreuzzug 1202–1204; Fünfter Kreuzzug 1228–1229; Sechster Kreuzzug 1248–1254; Siebter Kreuzzug 1270.

Krongut
An das Königtum gebundener Land- und Güterbesitz als materielle Grundlage der Königsherrschaft.

Kurfürst
Zur Königswahl berechtigter Fürst. Seit dem frühen 13. Jahrhundert (und endgültig seit der Goldenen Bulle von 1356) die Erzbischöfe von Köln, Trier und Mainz, der König von Böhmen, der Pfalzgraf bei Rhein, der Herzog von Sachsen und der Pfalzgraf von Brandenburg.

Landfrieden
Gesetze, die zum Schutz des Friedens erlassen werden und Fehden oder andere gewaltsame rechtswidrige Selbsthilfemaßnahmen verbieten oder einschränken.

Landvogt
Oberamtmann eines Reichsgebiets (Landvogtei), das direkter königlicher Herrschaft untersteht.

Lehen, Lehnswesen
Ein auf ein Leiheverhältnis aufbauendes Rechtssystem, in dem ein Herr einem Untergebenen etwas für erwiesene oder noch zu erbringende Leistungen leiht, wobei das Geliehene (das Lehen) gewöhnlich ein Stück Land ist, das der Beliehene zu seiner Versorgung auf Lebenszeit erhält. Mit dem Leiheverhältnis verbunden ist ein wechselseitiges Treueverhältnis, wobei der Leihende (Lehnsherr) dem Beliehenen (Lehnsmann, Vasall) Schutz garantiert und von diesem im Gegenzug Rat und Hilfe, Hof- und Kriegsdienste erhält, wann immer er sie einfordert.

Miniatur
Alle selbständigen, nicht an den Text gebundenen figürlichen Malereien in Handschriften. Von lat. *minnium* (Mennigrot), der ursprünglich verwendeten Farbe.

Ministeriale
Unfreie Dienstleute, Dienstmannen in Verwaltung, Wirtschaft, Gerichtsbarkeit und Kriegsdienst, die von der Kir-

Glossar

che oder dem König mit Lehen ausgestattet werden.

Patrimonium Petri
Seit dem 6. Jahrhundert Bezeichnung für Ländereien, die von Kaisern, frommen Laien und Mitgliedern des Klerus der römischen Kirche vor allem in Mittelitalien übertragen wurden. Als ihr Eigentümer galt der Heilige Petrus, als ihr irdischer Verwalter der Papst.

Perikopenbuch
Buch mit voll ausgeschriebenen Evangelienlesungen (Perikopen) in der Abfolge des liturgischen Jahres; auch Evangelistar.

Pfalz
Gebäudekomplex, der zur Aufnahme des Königs und seines Gefolges diente. Wie das Wort »Palast« und das lateinische Wort *palatium* vom Namen des römischen Hügels Palatin hergeleitet, auf dem die römischen Kaiser seit Augustus ihre Residenz hatten.

Regalien
Rechte, die nur dem König zustehen (lat. *iura regalia*, königliche Rechte), etwa das Recht, Zölle zu erheben, Münzen zu schlagen, das Abhalten von Märkten zu erlauben, Stadtrechte zu verleihen, Befestigungen zu errichten, Brücken zu bauen, Jagd und Fischfang zu betreiben, Bergwerke auszubeuten, Juden zu schützen und dafür von ihnen Abgaben zu erheben.

Reichskleinodien
Die Herrschaftszeichen (Reichsinsignien), der Krönungsschmuck (Reichsornat) und die Reichsreliquien der römisch-deutschen Könige und Kaiser.

Reichsstadt
Stadt, die auf Königs- oder Reichsgrundbesitz lag und damit unmittelbar dem König bzw. Kaiser unterstand, dem sie eine Reichssteuer zahlte und dessen Hoheitsrechte in ihr von einem Vogt wahrgenommen wurden. Freie (Reichs-)Städte wurden Städte genannt, die ursprünglich geistlichen Herren (z. B. Bischöfen) unterstanden, deren Macht sie brechen konnten und die von Reichssteuer und Vogtei frei waren.

Reichsstände
Reichsunmittelbare Glieder des Reichs mit Sitz und Stimme im Reichstag: 1. Geistliche R.: Geistliche Kurfürsten, Äbte und Äbtissinnen der Reichsabteien, Hoch- und Deutschmeister, Johannitermeister. 2. Weltliche R.: Weltliche Kurfürsten, Herzöge, Fürsten, Grafen, Landgrafen, Markgrafen und weitere Fürsten. 3. Reichsstädte.

Reichstag
Aus den Hoftagen erwachsene Versammlung zunächst von Fürsten, später von Vertretern der Reichsstände, in der im allgemeinen Belange des Reichs wie Heerfahrt, Reichskrieg, Reichssteuern, Reichsgesetze und Erhebungen in den Reichsfürstenstand verhandelt wurden.

Reliquien
Sterbliche Überreste von Heiligen oder die durch ihre Berührung geheiligte Gegenstände.

Schisma
Spaltung der Kirchengemeinschaft vor allem aufgrund von Meinungsverschiedenheiten hinsichtlich der kirchlichen Lehre.

Simonie
Ämterkauf, abgeleitet von Simon Magus, der in der biblischen Apostelgeschichte (8,18–25) vom Apostel Petrus die Fähigkeit kaufen wollte, Wunder zu tun.

Synode
Bischofsversammlung. Von griechisch *syn-hodos* (Mit-Weg).

Treuga Dei
Lateinisch: »Waffenstillstand im Namen Gottes«. Von geistlicher und weltlicher Obrigkeit festgelegte Tage (z. B. Karwoche, Advent, Heiligenfeste, Sonntag), an denen unter Androhung von Kirchenstrafen Kampfhandlungen verboten waren.

Vasall
Lehnsmann. Von keltisch *gwas* (Knecht).

Vogt
Rechtsvertreter einer kirchlichen Institution (z.B. vor Gericht), später auch Amtstitel eines Dienstmanns als Verwalter von Reichsgütern. Siehe auch: Landvogt.

Weistum
Mit Weistum wird eine Vielzahl mittelalterlicher Rechtsquellen bezeichnet. Sie gehen allesamt auf Weisungen (also verbindliche Anweisungen zur Lösung bestimmter Rechtsfälle) durch Rechtskundige zurück. Die Weisung steht im Zusammenhang mittelalterlicher Vorstellungen vom Recht als einer vorgegebenen Ordnung, die für den Einzelfall nur zu finden und entsprechend auszuweisen war.

Zehnt
Regelmäßige Abgabe an geistliche oder weltliche Herren in Form eines Zehntels des landwirtschaftlichen Ertrags oder des zehnten Teils des Wertes einer in ein bestimmtes Gebiet eingeführten Ware.

Literatur

Lexikon
Lexikon des Mittelalters, 10 Bde., München und Stuttgart 1980–1999.

Atlas
Großer Historischer Weltatlas, Teil II: Mittelalter, 2. A., München 1983

Zeeden, E. W.: Kommentarband mit Erläuterungen zum Großen Historischen Weltatlas, München 1983

Überblickswerke
Althoff, G.: Die Deutschen und ihr Mittelalter, Darmstadt 1992

Bloch, M.: Die Feudalgesellschaft, Frankfurt/M. 1982

Blumenthal, U.-R.: Der Investiturstreit, Stuttgart 1982

Boockmann, H.: Stauferzeit und spätes Mittelalter. Deutschland 1125–1517, Berlin 1987

Borst, A.: Lebensformen im Mittelalter, Hamburg 2004

Bumke, J.: Höfische Kultur. Literatur und Gesellschaft im hohen Mittelalter, München 1986

Ehlers, J.: Die Entstehung des deutschen Reiches, München 1998

Fichtenau, H.: Lebensordnungen des 10. Jahrhunderts. Studien über Denkart und Existenz im einstigen Karolingerreich, München 1992

Flasch, K.: Das philosophische Denken im Mittelalter.

Von Augustin zu Machiavelli, 2. A., Stuttgart 2000

Fleckenstein, J.: Grundlagen und Beginn der deutschen Geschichte, Göttingen 1980

Fried, J.: Der Weg in die Geschichte. Die Ursprünge Deutschlands bis 1024, Berlin 1994

Fuhrmann, H.: Deutsche Geschichte im hohen Mittelalter, 3. A., Göttingen 1993

Fuhrmann, H.: Überall ist Mittelalter. Von der Gegenwart einer vergangenen Zeit, 2. A., München 2003

Fuhrmann, H.: Einladung ins Mittelalter, 3. A., München 2004

Goez, W.: Kirchenreform und Investiturstreit, 910–1122, Suttgart/Berlin/Köln 2000

Hartmann, M.: Aufbruch ins Mittelalter. Die Zeit der Merowinger, Darmstadt 2003

Heimann, H.-D.: Einführung in die Geschichte des Mittelalters., Stuttgart 1997

Hlawitschka, E.: Vom Frankenreich zur Formierung der europäischen Staaten- und Völkergemeinschaft 840–1046, Darmstadt 1985

Keller, H.: Zwischen regionaler Begrenzung und universalem Horizont. Deutschland im Imperium der Salier und Staufer 1024–1250, Berlin 1986

Leuschner, J.: Deutschland im späten Mittelalter, Göttingen 1983

Moraw, P.: Von offener Verfassung zu gestalteter Verdichtung. Das Reich im späten Mittelalter, 1250-1490, Berlin 1985

Müller, R. A., Hartmann, W.: Deutsche Geschichte in Quellen und Darstellung, Bd. 1: Frühes und hohes Mittelalter, 750–1250, 1995

Müller, R. A., Moeglin, J.-M.: Deutsche Geschichte in Quellen und Darstellung, Bd. 2: Spätmittelalter, 1250–1495, 2000

Rexroth, F.: Deutsche Geschichte im Mittelalter, München 2005

Riché, P.: Die Welt der Karolinger, Stuttgart 1981

Schulze, H. K.: Vom Reich der Franken zum Land der Deutschen, 2. A., Berlin 1994

Schulze, H. K.: Hegemoniales Kaisertum. Ottonen und Salier, Berlin 1994

Weinfurter, S.: Herrschaft und Reich der Salier. Grundlinien einer Umbruchszeit, Sigmaringen 1992

Studieneinführungen/ Studienanleitungen
Brandt, A. v.: Werkzeug des Historikers. Eine Einführung in die Historischen Hilfswissenschaften, 16. A. Stuttgart 2003

Hartmann, M.: Mittelalterliche Geschichte studieren, Stuttgart 2004

Personenregister

Register

Bildnachweis

Archäologisches Nationalmuseum, Neapel 34
Archiv des Autors 8, 10, 146, 154 M.
Archiv des Verlages 12, 70, 91, 94, 103, 126, 158
Archiv für Kunst und Geschichte, Berlin 11, 35 o., 49, 118
Bayerische Staatsbibliothek, München 79, 83, 85, 177 u.
Bayerische Verwaltung der Staatlichen Schlösser, Gärten und Seen 175, 176
Bérenger, L., Cerciat-Estades 45
Biblioteca Apostolica Vaticana, Rom 33, 38 u., 42 o., 47 l., 56, 58 u., 111, 128, 129 u., 130
Biblioteca Capitolare, Modena 47 r.
Biblioteca Laurenziana Medicea 9
Biblioteka Kapitulna, Krakau 102
Bibliothèque Nationale, Paris 40, 60, 72, 106 o., 107 o.
Bildarchiv Preußischer Kulturbesitz, Berlin 174
Bridgeman Art Library 31, 44, 50, 52, 75, 137, 143
British Museum, London 74
Burgerbibliothek, Bern 120, 121
Ciol, Elio, Casara 77 o.
Die deutschen Kaiser, Urbes Verlag, Gräfelfing 69, 142, 145, 163, 165, 166, 169, 170
Domschatzkammer, Essen 42 u.
Dr. Ludwig Reichert Verlag, Wiesbaden 88 o.
Forschungs- und Landesbibliothek Gotha 53
Gaud, Henri 136 u.
Götze, Heinz 132
Haller, Marianne 39
Herzog August Bibliothek, Wolfenbüttel 65 u.

Hilbich, Markus, Berlin 57
Hirmer, München 113
Hub, A./laif, Köln 177
Hubel, Achim, Bamberg 84 o.
Institut für Realienkunde, Krems/P. Böttcher 79 u.
Jeiter, Michael, Morschenbroich 86 u.
John Rylands University, Manchester 78
Kersting-Ziolo, A. F. 95 u.
Kupferstichkabinett Staatliche Museen Preußischer Kulturbesitz, Berlin 104
Longo Editore, Ravenna 27 u., 28, 30
Manchester City Art Galleries, Manchester 178 u.
Master Design, Köln 22 u.
Monheim, Florian, Meerbusch 68
Münchow, Ann 81 o.
Musei Vaticani, Rom 38 o.
Museo Civico Medievale, Bologna 109
Museo del Duomo e Biblioteca Capitolare, Monza 27 o.
Neue Constantin, München 181
Niedersächsische Staats- und Universitätsbibliothek, Göttingen 41
Nordrhein-Westfälisches Hauptstaatsarchiv, Düsseldorf 19
Norman, Das Haus Gottes 35 u.
Österreichische Nationalbibliothek, Wien 2, 58 o., 156
Oxford Illustrated History, Illustrierte Geschichte der Kreuzzüge 95 o., 106 u., 129 o.
Réunion des Musées Nationaux, Paris 73
Scala, Antella (Florenz) 117 o., 125, 135, 136 o.
Schnellkurs Skulptur, Köln 1995 21
Staats- und Universitätsbibliothek Bremen 90, 94

Staatsarchiv Nürnberg 153
Staatsbibliothek Bamberg 76, 80, 84 u.
Staatsbibliothek Preußischer Kulturbesitz, Berlin 13, 50 u.
Stuhler, Werner 148
The Art Archive/San Apollinare Nuovo, Ravenna/Dagli Orti 29
The Master and Fellows of Corpus Christi College, Cambridge 65 o., 77 u., 86 o., 103 u.
Tomio, Frank 82 o.
Ullstein 88 u.
Universitätsbibliothek Gießen 81 u.
Universitätsbibliothek Uppsala 89
Unwin/Harper Collins Publishers 180
Zanetti, Fulvio 21 u.

Der Verlag hat sich bemüht, alle Rechteinhaber ausfindig zu machen. Leider ist dies in einigen Fällen nicht gelungen. Berechtigte Ansprüche werden selbstverständlich im Rahmen der üblichen Vereinbarungen abgegolten.

Bitte beachten Sie auch folgende Veröffentlichungen

Von Christoph Höcker,
192 Seiten mit 196
überwiegend farbigen
Abbildungen und Karten,
Literaturverzeichnis und
Register (DuMont Ta-
schenbücher, Band 506)
ISBN 3-8321-4257-6

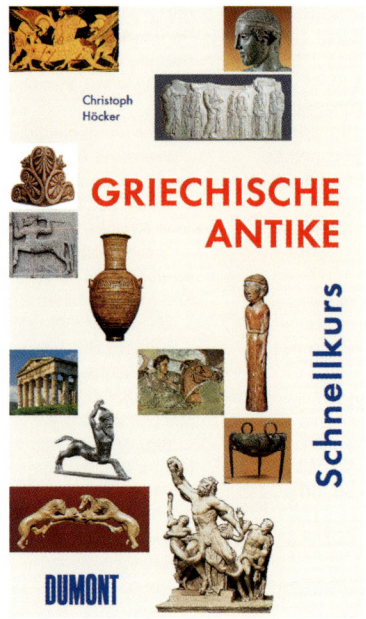

Die Geschichte Griechenlands von der Bronzezeit über
die Klassik bis zur römischen Eroberung im 2. Jahrhundert vor Christus

Über Politik und Wirtschaft, Kriege und Kolonisation,
Kunst, Philosophie und Theater, Alltags- und Festkul-
tur, Götter und Mythen, Technik und Handwerk

Die griechische Antike als Ideal: ihr Nachleben in
Kunst und Architektur der Neuzeit, ihre Problematik
als Leitbild abendländischer Kulturvorstellungen

Mit zahlreichen Karten, einem geschichtlichen Überblick, einer Auflistung wichtiger Ausgrabungen und
Museen, einem Glossar und weiterführender Literatur

Eine Einführung in die Welt der alten Griechen, so
übersichtlich wie ein Lexikon, so unterhaltsam wie ein
Roman, so anschaulich wie ein Bilderbuch

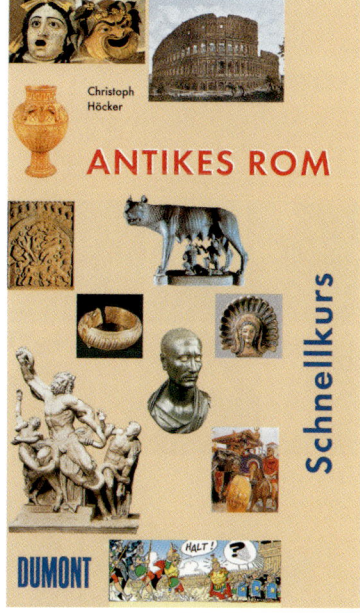

Von Christoph Höcker, 192 Seiten mit 232 Abbildungen und Karten, Glossar, Literaturverzeichnis und Register (DuMont Taschenbücher, Band 510) ISBN 3-8321-3937-0

Die Geschichte des römischen Altertums, von Romulus bis Justinian, von den etruskisch-griechischen Wurzeln bis in die christliche Spätantike

Die Stadt Rom, das ländliche Italien, die Provinzen nördlich der Alpen und rund um das Mittelmeer, das Nachleben in Mittelalter und Neuzeit

Kunst und Handwerk, Architektur, Wissenschaft und Technik, Wirtschaft und Ingenieurswesen in ihrem kulturellen Zusammenhang

Mit einem Überblick über historische Eck-Daten, wichtige Ausgrabungen, Museen und Sammlungen sowie weiterführende Literatur

Eine Einführung in die Welt der römischen Antike, so übersichtlich wie ein Lexikon, so unterhaltsam wie ein Roman, so anschaulich wie ein Bilderbuch

Bitte beachten Sie auch folgende Veröffentlichungen

Von Heinz-Gerd Ries,
222 Seiten mit ca. 160
überwiegend farbigen
Abbildungen und Karten,
Literaturverzeichnis und
Register (DuMont Ta-
schenbücher, Band 553)
ISBN 3-8321-7625-X

Wie wir wurden, was wir sind: germanische Wurzeln, römische Einflüsse, christliche Traditionen

Das Mittelalter: vom Ostfränkischen zum Heiligen Römischen Reich Deutscher Nation

Die Überwindung der alten Ordnung: Reformation und Glaubenskämpfe, der Aufstieg Brandenburg-Preußens, die Auswirkungen der Revolution

Die Entstehung eines einheitlichen Nationalstaats: das Deutsche Kaiserreich

Nationalsozialismus und Zweiter Weltkrieg, die friedliche Revolution im Osten und die Wiedervereinigung

Eine Einführung in die Deutsche Geschichte, so übersichtlich wie ein Lexikon, so unterhaltsam wie ein Roman, so anschaulich wie ein Bilderbuch